Josef Braml

Der amerikanische Patient

Josef Braml

Der amerikanische Patient

**Was der drohende Kollaps der USA
für die Welt bedeutet**

Siedler

Verlagsgruppe Random House FSC-DEU-100
Das für dieses Buch verwendete FSC®-zertifizierte
Papier *Munken PremiumCream* liefert
Arctic Paper Munkedals AB, Schweden.

Erste Auflage

Copyright © 2012 by Siedler Verlag, München,
in der Verlagsgruppe Random House GmbH

Umschlaggestaltung: Rothfos + Gabler, Hamburg
Lektorat und Satz: Ditta Ahmadi, Berlin
Zeichnungen: Peter Palm, Berlin
Druck und Bindung: GGP Media GmbH, Pößneck
Printed in Germany 2012
ISBN 978-3-88680-998-1

www.siedler-verlag.de

Für Alina

Inhalt

Vorwort

Während Medien und Analysten mit ihrem Abgesang auf den Euro in Europa Untergangsstimmung verbreiten, rückt die ökonomische Schieflage Amerikas in den Hintergrund. Dort nehmen die wirtschaftlichen Probleme infolge der andauernden Wirtschafts-, Finanz- und Energiekrise ebenso zu und vergrößern die soziale Ungleichheit. Je weiter sich der Tanker USA aber zur Seite neigt, desto mehr wird die politische Manövrierfähigkeit der Regierung im Innern wie nach außen eingeschränkt.

Die sozialen und wirtschaftlichen Probleme verstärken die von den Gründervätern angelegte Konkurrenz der politischen Gewalten so sehr, dass sie sich allmählich blockieren und die politische Handlungsfähigkeit im Innern wie nach außen lähmen. Zwar erheben die Vereinigten Staaten nach wie vor den Anspruch, eine liberale Weltordnung amerikanischer Prägung aufrechtzuerhalten, doch die wirtschaftliche Schwäche und die Einschränkungen der politischen Führung hindern sie zunehmend daran, so die zentrale These der hier vorgelegten Analyse, ihre globale Ordnungsfunktion wahrzunehmen, indem sie so genannte öffentliche Güter wie Sicherheit, freien Handel und eine stabile Leitwährung bereitstellen. Das ist die Voraussetzung dafür, dass andere Länder die Vormachtstellung der USA, des liberalen Hegemons, akzeptieren und seiner Führung folgen. Doch Amerika wird in Zukunft mehr Gewicht darauf legen, seine vitalen Eigeninteressen rücksichtsloser durchzusetzen, und versuchen, Lasten abzuwälzen – und damit Konkurrenten, aber auch Verbündete in Asien und Europa massiv belasten.

Die Wirtschafts- und Finanzkrise hat bestehende Grundprobleme der amerikanischen Wirtschaft verstärkt und das Land in dem

Moment getroffen, als die ersten *Baby Boomer*, die »goldene Generation« der zwischen 1946 und 1964 Geborenen, in den Ruhestand traten. Ausgestattet mit den bis dato exorbitant gestiegenen Vermögenswerten, freuten sie sich darauf, einen finanziell sorglosen Lebensabend zu genießen. Aber nun zeigte sich, dass die amerikanische Gesellschaft und Politik nicht auf die Wucht des demographischen Wandels und die damit verbundenen Kosten, insbesondere im Gesundheitswesen und in der Altersvorsorge, vorbereitet sind. Zwar verjüngt sich die Bevölkerung permanent durch die ins Land strömenden Einwanderer, aber dieser Zustrom kann die Überalterung inzwischen nur noch abschwächen. Die jüngeren Generationen werden künftig nicht mehr in der Lage sein, die älteren finanziell zu unterhalten. Infolge der drastisch gestiegenen Arbeitslosigkeit, die insbesondere jüngere Arbeitsuchende trifft, und der schlechten Ausbildung in den oftmals maroden Bildungseinrichtungen sind die Jüngeren gar nicht in der Lage, im erforderlichen Umfang zum Bruttonationaleinkommen beizutragen und damit überhaupt erst die Voraussetzung für Unterstützungsleistungen zu schaffen.

Freilich gibt es in den USA nach wie vor einige Elite-Universitäten – und damit wichtige technische und wirtschaftliche Innovationsförderer, die auch international in der so genannten *Ivy League* spielen. Doch deren Vermögen blieben von der Finanzkrise auch nicht verschont; die horrend angestiegenen Studiengebühren können sich – sieht man von den paar Stipendiaten ab – nur noch wenige wohlhabende Studenten leisten. Für die so genannten oberen Zehntausend lohnt sich diese Investition allerdings allemal, denn sie werden – nicht zuletzt aufgrund ihrer in den Elite-Einrichtungen geknüpften Kontakte zu künftigen politischen und wirtschaftlichen Entscheidungsträgern – nach dem Studium ein Vielfaches dessen »verdienen«, was ihre mit schlechteren Startchancen versehenen Mitbürger zu erwarten haben. Ihr Einkommen wird auch nicht merklich durch Sozialabgaben oder Steuern geschmälert, mit denen man die verrottende öffentliche Infrastruktur oder die prekäre Lage sozial Schwächerer verbessern könnte.

Es gibt im Land der unbegrenzten Möglichkeiten und Risiken einige, die von diesen Problemen überhaupt nicht, und andere, die davon umso mehr betroffen sind. Sieht man sich die Verteilung der Vermögen und Einkommen in den USA genauer an, fallen einem sofort gravierende Unterschiede auf, die sozialen Sprengstoff bergen und geradezu verhindern, dass die Wirtschaft wieder in Gang kommt. Wenn nämlich stimmt, dass die amerikanische Wirtschaft zu zwei Dritteln durch Nachfrage, also vom Privatkonsum, angetrieben wird, dann ist die soziale Schieflage Gift für die wirtschaftliche Erholung. Woher kann die Kaufkraft bei hartnäckig hoher Arbeitslosigkeit kommen, wenn – wie bei der letzten Anhebung der Schuldenobergrenze vereinbart – der Schuldenabbau in erster Linie durch die Kürzung von Sozialleistungen und anderen nachfragewirksamen Ausgaben des Bundes und der Bundesstaaten erfolgen soll? Im Vergleich zu anderen hochindustrialisierten Ländern ist in den USA die Umverteilung in Form von Arbeitslosengeld und Sozialabgaben recht gering.[1] Das hat zur Folge, dass immer mehr Amerikaner immer weniger kaufen können, weil das Konsumieren auf Pump nicht mehr möglich ist.

In dieser misslichen Lage müssen die USA obendrein die in den letzten Jahrzehnten angehäuften Schuldenberge abbauen, um ihre Kreditwürdigkeit aufrechtzuerhalten. Die inländische Sparquote trägt wenig zur Beseitigung des Problems bei, da sie traditionell niedrig ist und viele private Haushalte sogar hoch verschuldet sind. Und so wird der Staat seine Ausgaben umso drastischer senken müssen, je weniger das Ausland fähig oder bereit ist, Amerikas Staatsschulden zu finanzieren.

Das trifft auch die Politik, die keinen finanziellen Handlungsspielraum mehr hat für weitere Wirtschaftsförderprogramme. Spätestens im Sommer 2011, als die heftigen Auseinandersetzungen um die Anhebung der Schuldenobergrenze Amerika erschütterten, wurde deutlich, dass das politische System blockiert ist. Sollte der Präsident versuchen, die Wirtschaft mit kreditfinanzierten Ausgaben anzukurbeln, wird er am Kongress scheitern, denn dort verhindern die libertären, staatsfeindlichen Repräsentanten der republikanischen *Tea-Party*-Bewegung die Kreditaufnahme, unterstützt von den fiskalkonservativen Demokraten, den *Blue Dogs*. Auch in der Handelspolitik sind dem Präsidenten bis auf Weiteres die Hände gebunden. Er wird kein Mandat für Freihandelspolitik erhalten – falls er diesen Machtkampf mit dem Kongress überhaupt wagen sollte.

Bei dieser finanz- und handelspolitischen Blockade bleibt die US-Notenbank die einzige handlungsfähige Institution. Amerika versucht, sich aus der Schuldenfalle zu befreien, indem es durch seine Notenbank jene Staatsanleihen aufkaufen lässt, die über den Markt von ausländischen Investoren nicht mehr bedient werden. Dieses Vorgehen wird beschönigend als »quantitative Lockerung« bezeichnet. In Wahrheit druckt man neues Geld. Die internationale Leitwährung Dollar gerät dadurch unter Druck, wird also abgewertet. Das hat zwei Nebeneffekte, die aus amerikanischer Sicht durchaus willkommen sind: Amerika kann sich einerseits eines Großteils seiner Schulden entledigen, andererseits verbilligen sich seine Exportwaren und sind damit wieder mehr gefragt.

Selbst wenn die Strategie, den Dollar zu schwächen, kurzfristig erfolgreich sein sollte, bleiben die langfristig grundlegenden Strukturprobleme der US-Wirtschaft bestehen. Die USA haben in den vergangenen Jahrzehnten ihre Industrieproduktion dahinsiechen lassen und sich zu einer Dienstleistungsgesellschaft entwickelt, die sich auf Finanzdienstleistungen spezialisiert hat. In diesem Sektor gab es viele begrüßenswerte Innovationen, leider aber auch einige, die in die Wirtschafts- und Finanzkrise geführt haben. Während man sich in Amerika am Aufschwung im Dienstleistungssektor erfreute, blieben die weniger beweglichen Europäer dem Produktions- und Industriegewerbe verhaftet, was durchaus vernünftig war. Mittlerweile müssen die Verantwortlichen in Amerika einsehen, dass es sich rächt, wenn man die Produktion vernachlässigt.

Amerika muss wieder produzieren. Mit dem *Green New Deal* will Präsident Obama sowohl Arbeitsplätze schaffen als auch die binnenwirtschaftlichen wie außenpolitischen Kosten und Risiken senken. Dazu wurde der Wirtschaft zunächst eine Ölentzugskur verordnet. Amerikas Ölverbrauch muss drastisch reduziert werden, da die hohen Ölpreise die Wirtschaftskraft Amerikas lähmen und dessen außenpolitische Handlungsfähigkeit einschränken, weil die dafür erforderlichen Mittel nicht mehr aufgebracht werden können. Die weltweite Sicherung der vitalen Interessen Amerikas – dem mit dem aufstrebenden China ein mächtiger Konkurrent erwachsen ist – macht das nicht leichter.

Zwar wird in absehbarer Zeit die Militärmacht, die so genannte harte Macht der USA, unangefochten bleiben, denn kein anderes Land der Welt verfügt über annähernd so viel militärische Schlagkraft wie die Supermacht. Doch diese Ausrüstung ist in den drohenden Währungskriegen wenig hilfreich, ja könnte sogar zu einer schweren Bürde werden. Um den Haushalt zu konsolidieren, müssen die USA also auch umfangreiche Einsparungen im Militärbereich vornehmen. Das wird die amerikanische Wirtschaft, die von diesem Sektor im hohen Maße abhängt, noch mehr schwächen.

Auch die »weiche« Macht[2] der USA, seine Vorbildfunktion und Anziehungskraft auf kulturellem und wirtschaftlichem Gebiet, ist schwer beeinträchtigt. Vor allem der so genannte Washington-Konsensus, nach dem alle Länder ihre Gesellschaften und Märkte nach dem Vorbild Amerikas liberalisieren sollen, hat als Orientierungsmaßstab weltweit an Bedeutung verloren. Sogar in den USA selbst ist – wie schon so oft in der amerikanischen Geschichte – ein heftiger Streit darüber entbrannt, welche Rolle dem Staat im Verhältnis zur Wirtschaft und zur Einwanderungsgesellschaft beigemessen werden soll.

Das alles wird Amerika im Wahljahr 2012 beschäftigen und die Welt in Atem halten, denn die Handlungsschwäche der einstigen Weltordnungsmacht droht die Welt in Unordnung zu bringen.

Gleichgewichtsstörungen

Es liegt eine gewisse Ironie darin, dass der mittlerweile in den USA reüssierende jüdisch-russische Schriftsteller Gary Shteyngart, der als Jugendlicher seiner Heimat, dem untergehenden Sowjetimperium, entfloh, seiner Wahlheimat, der Siegermacht USA, ein ähnliches Schicksal prophezeit. Fasziniert vom grenzenlosen Selbstbewusstsein der Amerikaner und bemüht, seine Herkunft wie seinen Akzent zu verbergen, stellt der Einwanderer heute nicht ohne Sarkasmus fest: »Mein ganzes Leben lang habe ich versucht, aufzuholen. Und jetzt, wo ich aufgeholt habe, geht das Land zum Teufel. Jedes Weltreich, in das ich einen Fuß setze, zerfällt.«[1] In seinem Bestseller *Super Sad True Love Story* erzählt Shteyngart vom sozioökonomischen Zerfall der Weltmacht Amerika, von einem Land, das pleite ist, dessen Leitwährung vom chinesischen Yuán abgelöst wird und dessen europäische Freunde sich abwenden, um die eigene Währung stark zu halten. Damit liegt er erschreckend nahe an der »Realität«, wie sie mittlerweile auch von Politikern und Journalisten in Washington mit kräftigen Pinselstrichen an die Wand gemalt wird.

Man muss kein Politiker, Untergangsapologet oder Kulturpessimist sein, um zu erkennen, dass die bei Shteyngart in der satirischen Fiktion überhöhten »posthumanen Dienstleistungen« – die den real existierenden, außer Kontrolle geratenen Finanzdienstleistern sehr ähneln – letzten Endes auch den Amerikanern mehr geschadet als genutzt haben. Die alarmierenden Wirtschafts- und Sozialstatistiken sprechen Bände. Zwar gibt es in den USA noch keinen Aufstand des Prekariats – die Protagonisten der gegen die soziale Ungleichheit und den Kasinokapitalismus gerichteten *Occupy-Wall-Street*-Bewegung sind im Vergleich zu den vielen in Armut lebenden Afro-

Amerikanern und Latinos besser situierte Jugendliche und Studenten –, aber die sozioökonomischen Konflikte haben das Land bereits tief gespalten und den amerikanischen Traum vom unbegrenzten Wirtschaftswachstum durch Konsum auf Pump zerstört.

Allmählich weicht die amerikanische Überzeugung, dass es der nächsten Generation besser gehen wird als der vorigen, der Furcht,[2] dass die Jugendlichen von heute einer »verlorenen Generation« angehören könnten. Im Vergleich zu der mittlerweile ins Rentenalter tretenden »goldenen Generation« der *Baby Boomer* wird die amerikanische Bevölkerung zukünftig im Durchschnitt merklich älter, außerdem größer, ethnisch heterogener,[3] weniger gebildet und finanziell ärmer sein. Das wird sich belastend auf die wirtschaftlichen und sozialen Verhältnisse und damit auf den Wohlstand des Landes auswirken.

Regeneration und Wachstum durch Immigration

Seit den 1950er Jahren nimmt der Anteil der Alten in der amerikanischen Gesellschaft zu, während der Anteil der Jungen schrumpft. 2030, wenn die zwischen 1946 und 1964 geborenen *Baby Boomer* aus dem Arbeitsprozess ausgeschieden sein werden, wird voraussichtlich einer von fünf Amerikanern im Rentenalter sein.[4] Wie in anderen Industrienationen ist auch in Amerika die durchschnittliche Lebenserwartung in den letzten Jahrzehnten merklich gestiegen, mittlerweile auf knapp achtzig Jahre.[5] Auf der anderen Seite sind die jährlichen Geburtraten seit den 1970er Jahren zu gering, um die Bevölkerungszahl der USA zu halten. Bevölkerungsstatistisch geht man davon aus, dass in Industrieländern der Erhalt der Bevölkerung gesichert ist bei 2,1 Geburten je Frau. Diese Reproduktionsmarke haben die Amerikaner – mit Ausnahme der Jahre 2006 und 2007 – seit 1971 nicht erreicht.[6] Dennoch hat sich die amerikanische Bevölkerung seit 1950 von 152 Millionen auf gegenwärtig 309 Millionen verdoppelt.[7] Für dieses Bevölkerungswachstum haben seit den

Tabelle 1.
Einwanderung in die USA, 1931–2009

Zeitraum	Netto-Einwanderung[*]
1931–1940	–121 000
1941–1950	754 000
1951–1960	2 090 000
1961–1970	2 422 000
1971–1980	3 223 000
1981–1990	5 655 000
1991–2000	6 743 000
2001–2009	6 656 000

Quelle: Laura B. Shrestha und Elayne J. Heisler, »The Changing Demographic Profile of the United States«, CRS Report for Congress, Congressional Research Service, Washington, D.C., 31. März 2011, S. 12.

* Als Nettoeinwanderung wird die Menge der Einwanderer abzüglich der Auswanderer bezeichnet.

1940er Jahren Millionen Einwanderer aus aller Welt gesorgt (siehe Tabelle 1).[8]

2009, das letzte Jahr, für das offizielle Daten vorliegen, meldeten über eine Million Menschen erstmals ihren ständigen Wohnsitz in den USA an. Sie kamen hauptsächlich aus Mexiko (14,6 Prozent), China (6,0 Prozent), den Philippinen (5,3 Prozent), Indien (5,1 Prozent), der Dominikanischen Republik (4,4 Prozent), Kuba (3,4 Prozent) und Vietnam (2,6 Prozent). Seit 1971 finden die legalen Einwanderer ihre neue Heimat vornehmlich in Kalifornien, New York, Texas, Florida, Illinois und New Jersey. Daneben gibt es überall im Land illegale Einwanderer; ihre Zahl wird von Forschern des *Pew Hispanic Center* auf über 11 Millionen geschätzt.[9]

Mittlerweile übertrifft die »inländische Reproduktion« der Eingewanderten den Zustrom der Einwanderer. Das ist unter anderem darauf zurückzuführen, dass die Zuwanderung der größten Gruppe, der aus Mexiko stammenden Latinos, wegen der verschärften Grenzüberwachung und mangelnder Arbeitsperspektiven merklich zurückgeht. Dennoch hat sich die Gruppe der *Mexican Americans* zwischen 2000 und 2010 um 11,4 Millionen Menschen vergrößert – durch 4,2 Millionen Zuwanderer und 7,2 Millionen Neugeborene. Im Vergleich zur übrigen Bevölkerung sind Amerikaner mexikanischer Herkunft jünger und fruchtbarer.[10] Die Altersstruktur der größten Minderheit – Amerikaner hispanischer Herkunft machen mittlerweile knapp ein Sechstel (16 Prozent) der amerikanischen Bevölkerung aus – ist dementsprechend: Kinder und Jugendliche sind in dieser Gruppe stark vertreten.[11] Nach den Untersuchungen des *National Research Council* ist die hispanische Bevölkerung in den USA aber nicht nur gekennzeichnet durch »eine jugendliche Altersstruktur«, sondern auch durch »niedrige Ausbildungsniveaus« sowie durch eine »unverhältnismäßig hohe Konzentration in Beschäftigungen mit niedrigen Qualifikationsanforderungen und geringer Bezahlung«.[12]

Der Alterungsprozess und der Zuzug von Immigranten, die wegen ihrer unzureichenden Sprachkenntnisse und mangelhaften Ausbildung schlechte Chancen auf dem Arbeitsmarkt haben, zeigen bereits Wirkung. So verschlechtert sich etwa das Verhältnis der arbeitenden zur unbeschäftigten, unterstützungsbedürftigen Bevölkerung (Kinder, ältere Menschen). Immer weniger und schlechter ausgebildete Arbeitnehmer und Angestellte müssen immer mehr Rentner unterhalten. Neben der Frage der Generationengerechtigkeit wird längst auch die allgemeinere Frage gestellt, ob der Staat Fürsorge leisten sollte oder nicht vielmehr der Einzelne für sich selbst vorsorgen soll – und kann.

Soziale Ungleichheit am Start

Im »Land der Freien« dominiert die kapitalistische Orthodoxie, und deren Verfechter gehen davon aus, dass der Markt dem Staat überlegen sei, weil rational handelnde Individuen selbst am besten wissen, was das Beste für sie ist. Diese den meisten ökonomischen Modellen nach wie vor zugrundeliegende Annahme setzt allerdings voraus, dass diese Individuen lesen, schreiben und rechnen können, also über die Grundvoraussetzungen verfügen, ohne die man das Marktgeschehen nicht begreifen und nicht daran teilnehmen kann.

Wer sich die Befunde zum Bildungsniveau jedoch genauer ansieht, muss feststellen, dass es in Amerika viele Analphabeten gibt und selbst in vermeintlich höheren Bildungsschichten erschreckend viele die Grundrechenarten nicht beherrschen und kein wirtschaftliches Basiswissen besitzen.[13]

Im Februar 2002, also in George W. Bushs erster Amtsperiode, wiesen wirtschaftliche und politische Entscheidungsträger bereits auf dieses Kernproblem einer »auf Wissen basierten Wirtschaftsordnung« hin. So räumte der damalige Notenbankchef Alan Greenspan bei einer Anhörung vor dem Kongress ein, dass eine finanzielle Grundbildung »verletzliche Konsumenten« davor schützen könnte, sich in finanziell ruinöse Kreditkonstruktionen verwickeln zu lassen.[14] Wie groß das Ausmaß der Verletzlichkeit und Verwirrung vieler Einzelner – und damit auch der gesamten US-Wirtschaft – tatsächlich war, sollte sich dann in den Jahren 2007 und 2008 im Zuge der Wirtschafts- und Finanzkrise offenbaren. Im Januar 2008 richtete der Präsident dann per Exekutivorder einen *Advisory Council on Financial Literacy* ein. Im Oktober 2009 haben zwei renommierte akademische Einrichtungen – das *Dartmouth College* und die *Wharton School* – gemeinsam mit dem größten amerikanischen *Think Tank*, der *RAND Corporation*, das *Financial Literacy Center* ins Leben gerufen. Diese Einrichtung hat Programme entwickelt, die unzureichend ausgebildete Menschen in die Lage versetzen sollen, qualifizierte Finanzentscheidungen zu treffen.[15]

Wenn das Bildungsniveau sinkt, sinken auch die Einkommen. Wie Bildung Menschen befähigt aufzusteigen, kann Bildungsmangel ihren Abstieg befördern. Kinder aus sozial schwachen und bildungsfernen Elternhäusern – und darunter sind besonders viele Kinder von Einwanderern – haben schlechtere Startchancen und finden seltener einen besser bezahlten Job – wenn sie überhaupt einen finden. Dagegen hilft nur eine effiziente Sozial- und Bildungspolitik, die letztlich zum Wohle aller ist.

Die Erfolgsgeschichten Einzelner, die es vom Tellerwäscher zum Milliardär gebracht haben, können nicht darüber hinwegtäuschen, dass im Einwanderungsland USA wie in fast[16] allen Ländern der Organisation für wirtschaftliche Zusammenarbeit und Entwicklung (OECD), die einen hohen Anteil von Immigrantenkindern aufweisen, Menschen mit Migrationshintergrund sozial benachteiligt sind und oft nur mäßige schulische Leistungen vorweisen können.[17] Im Berufsleben haben sie dann sehr viel schlechtere Aussichten, ein Einkommen zu erzielen, mit dem sie ihren Lebensunterhalt bestreiten können. Das betrifft neben den Latinos auch viele Angehörige der mittlerweile nur noch zweitgrößten Minderheit in den USA, der afro-amerikanischen Bevölkerung. Während jeder dritte »weiße« Amerikaner einen College-Abschluss vorweisen kann, schaffen das nur zwei von zehn Afro-Amerikanern und lediglich jeder zehnte Latino.[18] Entsprechend niedrig sind die mittleren Jahreseinkommen: Etwa 32 000 Dollar verdienen Afro-Amerikaner und rund 38 000 Dollar Latinos, während ihre weißen Mitbürger im Schnitt 55 000 Dollar pro Jahr beziehen.[19]

Bei schlechter Wirtschaftslage wird das Ausbildungsniveau geradezu ausschlaggebend bei der Entscheidung, ob jemand überhaupt einer Beschäftigung nachgehen kann: Mittlerweile haben nur noch acht von zehn Akademikern der höchsten Ausbildungsstufe (*tertiary education*) einen Arbeitsplatz, der Anteil der Beschäftigten bei geringerer Ausbildungszeit (*upper secondary education*) liegt lediglich noch bei zwei Dritteln, und von den Amerikanern mit dürftiger Ausbildung (*below upper secondary education*) ist sogar die Hälfte arbeitslos.[20] Angehörige der schlechter ausgebildeten Minderheitengruppen der Afro-Amerikaner und der Latinos sind grundsätzlich öfter arbeitslos als Weiße. Die Arbeitslosenquote bei Weißen liegt bei 8 Prozent, die der Afro-Amerikaner ist doppelt so hoch, nämlich 16 Prozent, und selbst bei den Latinos übertrifft die Quote mit über 11 Prozent deutlich den nationalen Durchschnitt von 9 Prozent.[21] Das sind wohlgemerkt nur die offiziellen Zahlen. Nicht eingerechnet ist die etwa ebenso große Gruppe der Langzeitarbeitslosen, die die Arbeitssuche bereits aufgegeben haben und in keiner Statistik mehr erfasst werden.

In einer Gesellschaft, die über ein schwaches soziales Auffangnetz verfügt, bedeutet Arbeitslosigkeit sehr schnell Armut. Amerika ist im letzten Jahrzehnt sehr viel ärmer geworden. Das Durchschnittseinkommen eines amerikanischen Haushalts hat sich insbesondere während der Amtszeit von George W. Bush merklich verringert. Dieser Trend wird erst recht deutlich, wenn man die Inflation berücksichtigt und die Kaufkraftwerte verschiedener Jahre vergleicht. Die Kaufkraft sank seit 2000 von 72 339 auf 67 530 Dollar ein Jahrzehnt später.[22] Wirft man einen Blick hinter die Kulisse rechnerischer Durchschnittswerte, dann wird das Problem noch gravierender: Aufgrund der enormen Einkommensunterschiede gibt es nur ganz wenige »Durchschnittsamerikaner«. Eine kleine Elite erhält überproportional viel vom Einkommenskuchen, während sich sehr viele mit sehr wenig zufriedengeben müssen. Der Gini-Index, ein statistisches Maß, das die ungleiche Verteilung innerhalb einer Gesellschaft misst,[23] zeigt, dass die Ungleichheit der Einkommen in den USA seit den 1970er Jahren beständig zunimmt.[24] Unter den OECD-Staaten weisen heute nur noch Chile, Mexiko und die Türkei schlechtere Werte auf.[25]

Bei den Vermögen ist die Ungleichheit noch ausgeprägter. Die Wirtschafts- und Finanzkrise hat die ohnehin schon große Kluft noch vertieft. Die Vermögenswerte weißer Amerikaner sind jetzt achtzehn- beziehungsweise zwanzigmal so hoch wie die der afroamerikanischen oder hispanischen Bevölkerung.[26] Ein typischer afro-amerikanischer Haushalt verfügte 2009, nach dem Platzen der Immobilienblase, nur noch über 5677 Dollar, ein hispanischer über 6325 Dollar; ein weißer Haushalt dagegen kam auf 113 149 Dollar Vermögen in Form von Bargeld, Bankguthaben, Autos, Haus- und Grundbesitz, Aktien, Anleihen oder Rentenansprüchen. Das sind die größten Unterschiede seit 25 Jahren – seitdem diese Daten überhaupt erhoben werden. Auch hier offenbart ein Blick hinter die statistischen Mittelwerte noch trostlosere Verhältnisse: Jeweils ein Drittel der afroamerikanischen und hispanischen sowie 15 Prozent der weißen Bevölkerung hat überhaupt kein Vermögen, sondern Schulden.

46 Millionen Amerikaner leben inzwischen in Armut.[27] Das ist der höchste Wert, den diese seit 52 Jahren erhobene Statistik jemals ausgewiesen hat. Die Armut bei Kindern und Jugendlichen (unter 18 Jahren) ist geradezu alarmierend: Jeder fünfte Heranwachsende fällt in dem angeblich reichsten Land der Welt unter die Armutsgrenze. Besonders prekär ist die soziale Lage der Minderheiten: Die Armutsrate von Amerikanern afro-amerikanischer und hispanischer Herkunft ist fast dreimal so hoch (jeweils 27 Prozent) wie die der weißen Bevölkerung (10 Prozent). Die Zahl der Latinos und Latinas, die unter der Armut besonders schwer zu leiden haben – darunter alleine über sechs Millionen Kinder –, steigt rapide. In einem Drittel der hispanischen Haushalte gibt es nicht mehr genügend zu essen – sie sind von *food insecurity* (Nahrungsmittel-Versorgungsunsicherheit) betroffen, wie es im sozialstatistischen Kauderwelsch vernebelnd heißt.[28] Einer von sechs Amerikanern, das sind insgesamt knapp 50 Millionen Menschen, kann sich auch keine Krankenversicherung mehr leisten.[29] Die meisten dieser Amerikaner gehören den beiden großen Minderheiten an: Jeder fünfte Afro-Amerikaner und gar jeder dritte Latino genießt keinen Krankenversicherungsschutz.

Sollte Barack Obamas nach wie vor heftig umstrittene Gesundheitsreform vom März 2010, mit der künftig diese sozialen Missstände abgemildert werden können, auf juristischem Weg vom Obersten Gericht oder politisch von einem seiner möglichen Nachfolger im Präsidentenamt zurückgenommen werden, würde das Elend noch zunehmen. Wenn Millionen von Amerikanern künftig keine Arbeitslosenbezüge mehr erhalten, werden weitere drei Millionen Menschen unter die Armutsgrenze fallen. Noch werden 26 Millionen Kinder von der staatlichen Krankenfürsorge (*Medicaid*) aufgefangen. »Mehr Menschen denn je bestreiten gar ihren Lebensunterhalt mit Hilfe von *Medicaid*«, gab Ron Pollak, Direktor der Organisation *Families USA*, jenen Politikern in Washington zu bedenken, die diese Hilfen kürzen wollen.[30] Und der in Wirtschaftsfragen eher marktliberal gesinnte *Economist* fügte diesen »schockierenden Daten« aus Amerika noch eine weitere Statistik hinzu: Ohne die staatliche Rentenfürsorge würden noch fünfmal mehr ältere Menschen verarmen als ohnehin schon.[31]

Welche Wirkung wirtschafts- und sozialpolitische Maßnahmen entfalten können, haben die 1990er Jahre gezeigt. Zwischen 1990 und 2000, in den Zeiten des wirtschaftlichen Aufschwungs, verbesserte sich die soziale Lage insbesondere der Minderheiten zusehends. In der prosperierenden Clinton-Ära herrschte allgemein die Auffassung, dass jeder, der arbeiten will, auch Arbeit findet. Angesichts dieser Verhältnisse verkündete der Präsident 1996, dass die mit dem *New Deal* der 1930er Jahre begründete Epoche des Staatsinterventionismus endgültig vorbei sei: *The era of Big Government is over.*[32] Unter dem Slogan *Ending welfare as we know it* wurde unter Bill Clinton die staatliche Fürsorge beschnitten.[33]

Nach den zwei Amtsperioden seines republikanischen Nachfolgers George W. Bush sah sich Amerika jedoch wieder mit massiven sozioökonomischen Problemen konfrontiert. Im Zuge der größten Wirtschafts- und Finanzkrise seit den 1930er Jahren nahm die in Amerika ohnehin nicht große Wertschätzung staatlicher Eingriffe durch Wirtschafts- und Finanzpolitik noch deutlich ab. Doch mit dem Auftritt des Präsidentschaftskandidaten Barack Obama wurden in der politischen Auseinandersetzung plötzlich neue Töne laut.

Der Demokrat Obama wurde in erster Linie von den afro-amerikanischen und hispanischen Minderheiten gewählt in der Hoffnung, dass er ihre prekäre wirtschaftliche Situation verbessern werde. Wie Bill Clinton 1992 konnte Barack Obama 2008 die angespannte Wirtschaftslage bei den Präsidentschaftswahlen zu seinem Vorteil nutzen.[34] Obama sensibilisierte die mittlere Einkommensschicht für wirtschaftspolitische Themen, und nicht zuletzt mobilisierte er afro-amerikanische und hispanische Wähler[35] für seine wirtschafts- und sozialpolitischen Ziele. Bei der afro-amerikanischen Bevölkerung erhielt er 95 Prozent der Stimmen,[36] und auch bei den Latinos konnte er den Wähleranteil der Demokraten deutlich erhöhen. Dass er mehr als zwei Drittel der Stimmen hispanischer Wähler gewann, hat in vielen hart umkämpften Bundesstaaten wie Florida, New Mexico und Colorado den Ausschlag gegeben.[37]

Obamas Erfolgsrezept war einfach: Seinen Wahlkämpfern gelang es, den auf sexualmoralische Themen fixierten »religiösen Rechten« und Republikanern *moral issues* entgegenzuhalten, die seinen Wählern mehr am Herzen lagen.[38] So haben die Basisbewegungen der »religiösen Linken« (im Sinne der katholischen Soziallehre) unter anderem Armutsbekämpfung, Bildung, Krankenversicherung und Alterssicherung als moralische Themen definiert. Mit dem Amt hat Präsident Obama dann gewissermaßen die Pflicht übernommen, seine auf diesen Feldern gegebenen wirtschafts- und sozialpolitischen Versprechen einzulösen. Er musste seinen Worten also Taten folgen lassen.

Alles reine Kopfsache:
die Ohnmacht der Politik

Ideologische Gegensätze, der Einfluss von Interessengruppen und ein blockadeanfälliges politisches System schränken den Handlungsspielraum der Politik – und damit vor allem des amerikanischen Präsidenten – erheblich ein und erschweren das Vorhaben, die notwendigen Weichen für die Zukunft zu stellen. In der derzeitigen Machtkonstellation sind Präsident und Kongress kaum in der Lage, wenigstens die akuten Probleme zu lösen. Im Gegenteil: Die wirtschaftliche Schwäche vertieft die ideologischen Gräben zwischen Demokraten und Republikanern. Das verstärkt die Dysfunktionalität des Regierungssystems. Seit dem politischen Debakel bei der Anhebung der Schuldenobergrenze im Sommer 2011 wird zudem die Kreditwürdigkeit der USA von den internationalen Märkten und Ratingagenturen in Frage gestellt – *Standard and Poor's* (S&P) stufte diese auf AA+ herab.

Wie sehr das Grundvertrauen der amerikanischen Bevölkerung in ihre Regierung inzwischen erschüttert ist, offenbart eine repräsentative Umfrage der *Washington Post*,[1] wonach acht von zehn Befragten unzufrieden sind mit der Art und Weise, wie das politische System funktioniert beziehungsweise nicht mehr funktioniert: Sieben von zehn Amerikanern stimmen der Begründung der Ratingagentur S&P zu, dass ihr Regierungssystem »weniger stabil, ineffektiver und weniger berechenbar« geworden sei. Genauso viele potenzielle Wählerinnen und Wähler haben wenig oder keine Hoffnung, dass die Regierung in Washington die wirtschaftlichen Probleme des Landes lösen kann.

In dieser politischen Legitimationskrise und unter den bis auf Weiteres bestehenden fiskal- und handelspolitischen Beschränkungen ist die US-Notenbank die einzige noch handlungsfähige Institution, und sie versucht nach Kräften das Land aus der Wirtschaftskrise herauszuführen. Ginge es nach den Vorstellungen staatsfeindlicher libertärer Köpfe wie den republikanischen Präsidentschaftsbewerber Ron Paul, dann müsste jedoch die *Federal Reserve* abgeschafft werden.

Staat versus Markt –
eine ideologische Auseinandersetzung

Welche Rolle dem Staat zukommt, wie viel Verantwortung der Einzelne hat und welche Freiräume der Wirtschaft – die nach der Theorie von rational handelnden Individuen bestimmt wird – zugestanden werden sollten, war in Amerika schon immer umstritten. So suchten bereits die Gründerväter der Nation die Fesseln staatlicher Gängelung, wie sie im alten Europa üblich waren, abzuschütteln. In der Neuen Welt sollte eine Ordnung errichtet werden für eine Gesellschaft freier Menschen. Diese Freiheit wird in den USA bis heute ins Feld geführt, wenn es darum geht, den ungeregelten Waffenbesitz zu rechtfertigen, die Trennung von Kirche und Staat zu erklären oder Besitz und Eigentum gegen den Zugriff des Fiskus zu verteidigen. Auf der anderen Seite werden der amerikanische Bürgerkrieg, die Emanzipation der schwarzen Bevölkerung und der Krieg gegen die Armut in Stellung gebracht, wenn staatliche Interventionen gefordert oder verteidigt werden. In dieser Auseinandersetzung hat sich die Waagschale im Laufe der Zeit mal der einen, mal der anderen Seite zugeneigt.

In seiner Analyse des amerikanischen »Marktplatzes der Ideen« hat der Historiker James Allen Smith grundlegende Veränderungen in der Diskursstruktur ausgemacht.[2] Mitte des 19. Jahrhunderts, als in den USA höhere Schulen und Sozialwissenschaften noch nicht etabliert und die philanthropischen Aktivitäten noch gering waren, blieben die moralischen und intellektuellen Rechtfertigungen des Laissez-faire mehr oder weniger unangefochten. Doch im Zuge der industriellen Revolution wurde nicht nur die neue industrielle Technik von Europa übernommen, sondern auch intellektuelles Gedankengut: Mit dem Übergang von der Agrar- zur Industriegesellschaft stellte sich angesichts gesellschaftlicher Missstände auch die »soziale Frage«. Als europäische Soziologen die Macht der Fakten entdeckten, das Ausmaß des Problems bestimmten und damit ins öffentliche Bewusstsein rückten, führte an der Beantwortung dieser Frage kein Weg mehr vorbei. Erste Lösungsansätze wie die Bismarcksche Sozialgesetzgebung inspirierten Vordenker in Amerika, die aus Europa stammten oder dort ausgebildet worden waren. Damit gab die »Sozialpolitik« den Anstoß für die Herausbildung der Zunft der Sozialforscher und Sozialreformer in der Neuen Welt.

Beflügelt von der Überzeugung, mit empirischen Methoden ideologische Differenzen und Meinungsverschiedenheiten überwinden und konkrete Reformvorschläge entwickeln zu können, riefen progressive Pragmatiker Anfang des 20. Jahrhunderts die erste Generation von praxisrelevanten Forschungsinstituten ins Leben. Die *Russell Sage Foundation*, der *Twentieth Century Fund* und das *Institute for Government Research* als Vorläufer der *Brookings Institution* gelten als Prototypen einer Bewegung, der es darum ging, über »objektives Faktenwissen« zum Fortschritt einer »intelligenten Demokratie« beizutragen. Diese Ideen inspirierten dann später Hoovers *Technokraten*, Roosevelts *Brain Trusts*, Trumans *Cold War Liberals*, Eisenhowers *Modern Republicans*, Kennedys *New Frontiersmen* und die »Architekten« der *Great Society* in der Johnson-Ära.

Als in den 1960er und 1970er Jahren der Vietnam-Krieg, Rassenunruhen und das ökonomische Phänomen der Stagflation – eine Kombination aus wirtschaftlicher Stagnation und Inflation, die bis dato für unmöglich gehalten worden war – das Land erschütterten, sah man sich allerdings jäh wieder auf den Boden der Tatsachen zurückgeholt.[3] Nun zeigte sich, dass die neuen Ideen auch unrealistische Erwartungen genährt hatten: »Zu viel wurde zu schnell versprochen, und es gab zu wenig Verständnis für schwer zu handhabende soziale Probleme. Wissenschaft und Vernunft schienen ins Wanken zu geraten, und auch unsere Tradition des pragmatischen Diskurses wurde in Frage gestellt. Sie wurde von Parteigängern am linken und rechten Rand des politischen Spektrums herausgefordert.«[4]

In der Folgezeit fanden die Stimmen der vom totalitären Staat des Naziregimes traumatisierten Wirtschaftswissenschaftler mehr Gehör. Diese warnten seit dem Ende des Zweiten Weltkriegs vor dem »Weg in die Knechtschaft« und erhoben den Individualismus zur Grundidee wirtschaftlicher Ordnungsvorstellungen.[5] Der Chicagoer Schule der Marktliberalen und den Monetaristen um Milton Friedman[6] gelang es schließlich, den bislang vorherrschenden Keynesianismus, der einen starken Staat und damit auch eine prominente Rolle für technokratische Experten vorsah, zu verdrängen und ein neues wirtschaftsliberales Paradigma zu etablieren. Staatliches Handeln sollte nunmehr im Sinne des marktliberalen Vordenkers Adam Smith durch die »unsichtbare Hand« des Marktes ersetzt werden.

Beim Aufbau von »Gegeninstitutionen«, die von der Wirtschaft und von privaten Stiftungen finanziert wurden, tat sich eine Gruppe zum rechten Glauben bekehrter Linksintellektueller hervor. Die ehemaligen Verfechter kommunistischer Ideen, die, wie Irving Kristol nicht ohne Selbstironie erklärte, von der Realität »hinterrücks überfallen« *(mugged by reality)*, die politischen Fronten wechselten, wurden von ihren einstigen Weggefährten als Neokonservative geschmäht. Doch die neue geistige Bewegung war nicht ohne Einfluss, denn sie verfügte mit Kristol, Nathan Glazer und Daniel Bell über prominente intellektuelle Fürsprecher und mit der 1965 etablierten Zeitschrift *Public Interest* über ein gewichtiges Sprachrohr.

In den 1970er Jahren betraten schließlich die christlichen Fundamentalisten die politische Arena. Ohnehin schon aufgeschreckt durch die gesellschaftliche Liberalisierung, sahen sie sich zum Handeln aufgefordert durch staatliche Eingriffe in ihre bislang politisch unberührte, abgeschiedene Lebenswelt, und zwar durch Urteile des *Supreme Court* im Abtreibungsfall *Roe versus Wade* 1973 und 1978 hinsichtlich der Steuerbegünstigung christlicher Schulen. Anders als in der Sexualmoral stimmen die Vorstellungen der rechten Christen bei wirtschaftspolitischen Themen durchaus mit dem konservativen Denken der Republikaner überein. Sie sind sich einig in der Zielsetzung, den Einfluss des Staates auf die Wirtschaft zu reduzieren. Doch während wirtschaftslibertär überzeugte Republikaner an die unsichtbare Hand des Marktes glauben, sind für überzeugte Evangelikale persönliche Verfehlungen und unmoralisches Handeln die Ursache für wirtschaftliches Versagen: »Schwarze sind meist selbst verantwortlich für ihre Lage«, meinen zum Beispiel rund zwei Drittel der engagierten Evangelikalen.[7] Staatliche Sozialleistungen und Wohlfahrt haben in diesem Denken keinen Platz. Das deckt sich mit den Forderungen der Republikaner.

Defunding the government, lautet ihr Slogan, und das bedeutet, dem Staat keine Mittel zur Verfügung zu stellen, es sei denn, die Finanzierung betrifft militärische oder sicherheitspolitische Belange. »Weniger Sozialstaat« und »weniger Steuern« sind Glaubenssätze konservativen Wirtschaftsdenkens in den Vereinigten Staaten. Wirtschaftssubjekte gelten als Individuen in freier Verantwortung. Staatliche Interventionen durch Wirtschafts- oder gar Sozialpolitik sind demzufolge überflüssig, ja kontraproduktiv.

Dieses staatsfeindliche Gedankengut wurde gemäß dem Slogan »Ideen haben Konsequenzen«[8] über *Think Tanks* in praktische Politik übersetzt. Dabei zeigte sich, dass es nicht nur eine Gegenbewegung zur positivistisch-pragmatischen Weltanschauung darstellte, sondern auch den ideengeschichtlichen Nährboden und das geistige Klima schuf, in dem konservative Organisationen – vor allem *Think Tanks*, private Stiftungen und Basisbewegungen – prächtig gedeihen und wuchern konnten.[9] Vom durchschlagenden Erfolg der politischen Rechten wachgerüttelt, ist man seither auch auf Seiten der Linken bemüht, eine »intellektuelle Gegenmacht« in Stellung zu bringen, so William Marshall, Mitbegründer der *New-Democrat*-Bewegung und Präsident des 1989 gegründeten *Progressive Policy Institute* (PPI), eines den Demokraten nahe stehenden *Think*

Tanks.[10] PPI hatte großen Einfluss auf das Wahl- wie auch auf das Regierungsprogramm Bill Clintons.

Die traditionellen Vertreter zentristisch orientierter, das heißt politisch nicht festgelegter akademischer *Think Tanks* wie die renommierte *Brookings Institution* sehen sich zunehmend mit ideologischen Organisationen konfrontiert, die im »Krieg der Ideen« spezifische, festgelegte politische Interessen vertreten. Die *Heritage Foundation*, sicherlich das prominenteste Beispiel für eine ideologisch geprägte Institution, träumte in den 1990er Jahren gar davon, als Avantgarde der »Konservativen Revolution« in die Weltgeschichte einzugehen.

Ganz ohne Frage hat die konservative Bewegung durch *Think Tanks* merklich an Boden und Einfluss gewonnen, doch es bleibt festzuhalten, dass die zunehmende Politisierung nicht allein von der politischen Rechten ausgeht. Unter dem bezeichnenden Titel *Academics to Ideologues* hat James McGann die Entwicklung vom akademischen *Think Tank* der Gründerzeit hin zum Modell des advokatischen *Think Tanks*,[11] das heute weit verbreitet ist, beschrieben. Prototypen advokatischer Organisationen drängten zwar schon nach dem Ende des Zweiten Weltkrieges auf den »Marktplatz der Ideen«, doch ihr massenhaftes Auftreten ist erst seit den 1970er und 1980er Jahren zu beobachten. Wie Abbildung 1 verdeutlicht, hat sich in den USA seit dieser Zeit die Zahl der *Think Tanks* generell und die der (politischen beziehungsweise ideologischen) advokatischen Institute überproportional erhöht.

Für Kenner des amerikanischen »Marktplatzes der Ideen« ist offensichtlich, dass sich in den vergangenen Jahrzehnten die Eigenschaften und Arbeitsweisen der *Think Tanks* grundlegend verändert haben, was sich in einer Politisierung der Beratung amerikanischer Politik widerspiegelt: »In den ersten Jahrzehnten bis zur Mitte des 20. Jahrhunderts wurden *Think Tanks* allgemein als objektive und sehr glaubwürdige Produzenten von Expertisen für politische Akteure angesehen«, erinnert sich R. Kent Weaver, der Nestor der *Think-Tank*-Forschung. »In der heutigen, viel dichter besiedelten *Think-Tank*-Landschaft werden sie zunehmend zu streitsüchtigen

Abbildung 1.
US-amerikanische *Think Tanks*, 1900–1996

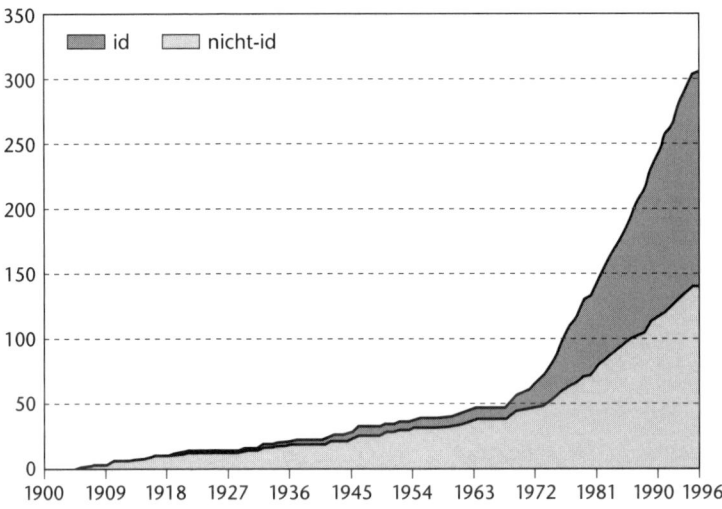

Quelle: Andrew Rich und R. Kent Weaver, »Advocates and Analysts: Think Tanks and the Politicization of Expertise«, in: Allan J. Cigler und Burdett A. Loomis (Hgg.), *Interest Group Politics*, Washington, D.C., 1998, S. 235–254.

id = ideologisch eindeutig identifizierbar

Advokaten in fragmentierten Debatten über politische Richtungs-entscheidungen oder werden zumindest so wahrgenommen.«[12]

Es ist eine Ironie der amerikanischen Ideengeschichte, dass ausgerechnet jene progressiven Reformer der Wende vom 19. zum 20. Jahrhundert, die das Wirtschaften und die politische Auseinandersetzung in Amerika rationalen Prinzipien unterwerfen wollten, das Gegenteil bewirkten: Die progressive Bewegung, die das politische System »von Korruption säubern« wollte und unter anderem durch die Einführung der Vorwahlen, der *Primaries*, die Macht der »Parteibosse« und »Parteimaschinen« brach,[13] bereitete den Nährboden für die Ideologisierung von Wissenschaft und Politik. Sydney Blumenthal, der ehemalige Berater Bill Clintons im Weißen Haus, meint, dass die Beschneidung der Rolle der Parteien das Regierungshandeln letztlich anfälliger gemacht habe für ideologische Einflüsse.[14]

Mittlerweile füllen *Think Tanks* das funktionale Vakuum, das die im politischen System der USA ohnehin schwach angelegten und mit der progressiven Bewegung zusätzlich in ihrer Macht beschnittenen Parteien hinterlassen haben. Das Unvermögen der Parteien, Politik zu gestalten und für personellen Nachschub zu sorgen, eröffnet Interessengruppen und *Think Tanks* größere Aufgabengebiete und Einwirkungsmöglichkeiten.[15] Sie tragen nicht nur mit Ideen zur politischen Willensbildung und Entscheidungsfindung bei, sondern stellen auch das Personal für politische Ämter. In diesem System der *revolving doors*, des ständigen Wechsels von *in* und *out*, werden auch fortwährend Personen und mit ihnen Ideen und Interessen ausgetauscht. Mit jedem neuen Präsidenten wechseln etwa 5000 Interessenvertreter und Experten. Auch dabei leisten *Think Tanks* ihre Dienste als Personalpools.

Nicht zuletzt hat der zunehmende Einfluss von Geld im politischen System der USA die *Think Tanks* verändert, sie zu neuen Strategien inspiriert und vor allem Politikunternehmern vielfältige Nischen auf dem Marktplatz der Ideen eröffnet. Gerade advokatische, interessenorientierte *Think Tanks* mit entsprechendem rechtlichen Status[16] arbeiten strategisch mit politisch gleichgesinnten Gruppen von Abgeordneten und Senatoren, deren Mitarbeitern sowie Lobbyisten und Journalisten in »Themennetzwerken«[17] oder »Tendenzkoalitionen«[18] zusammen, um ihre Politikvorstellungen in die Tat umzusetzen.

Bei manchen so genannten Spalt-Themen (*wedge issues*) sind die verschiedenen Erwartungen jedoch nur schwer in Übereinstimmung zu bringen. So wartet eine heikle Gratwanderung auf jeden republikanischen Präsidentschaftskandidaten, der seine Partei in den Wahlkampf führen möchte. Er muss Christlich-Rechte, die sich für staatliche Eingriffe in Privatangelegenheiten, etwa Ehe und Familienplanung, stark machen, mit libertären Parteifreunden unter einen Hut bringen, die wenig von so genannten moralischen Themen halten und einfach nur unbehelligt von staatlichen Regulierungen ihren Geschäften nachgehen wollen. Auf der anderen Seite des politischen Spektrums finden die Grabenkämpfe zwischen gewerkschaftsnahen Demokraten, so genannten *Old Liberals*, die mehr staatliche Interventionen in Form von Wirtschafts- und Sozialpolitik fordern, und progressiven Demokraten statt, jenen *Blue Dogs* Clintonscher Prägung, die freie Märkte, Deregulierung und Freihandel befürworten.

Gewaltenteilung und Machtkontrolle

Das fragmentierte politische System, der institutionelle Rahmen für politische Auseinandersetzungen, macht es den Parteiführern in beiden Lagern zusätzlich schwer, die vielfältigen Widersprüche in den eigenen Reihen auszutarieren und die Wahlkampfversprechen in praktische Politik umzusetzen. Die Fragmentierung erwuchs aus dem Misstrauen gegen die Staatsgewalt. Mit der Gewaltenteilung sollte verhindert werden, dass die Rechte und Freiheiten des Einzelnen, die so genannten *civil liberties*, über Gebühr eingeschränkt werden. Anders als bei den parlamentarischen Regierungssystemen europäischer Prägung, in denen die politischen Gewalten miteinander verschränkt sind, stehen im amerikanischen System Exekutive, Legislative und Judikative in Konkurrenz zueinander, was Machtmissbrauch verhindern soll.

Politische Einzelunternehmer

Im System der *checks and balances*, der konkurrierenden, sich gegenseitig kontrollierenden politischen Gewalten,[19] ist Partei- oder Fraktionsdisziplin nicht erforderlich. Im amerikanischen Kongress, der aus zwei – ebenfalls miteinander um Einfluss konkurrierenden – Kammern, dem Senat und dem Abgeordnetenhaus, besteht, wird Politik also nicht durch Parteien gesteuert, denn diese verfügen in der legislativen Auseinandersetzung nicht über die Ressourcen und

Sanktionsmechanismen, mit denen sich der Gesetzgebungsprozess gestalten lässt.[20] Die Legislative besteht also nicht aus Parteisoldaten, sondern ist vielmehr eine Ansammlung politischer Einzelunternehmer, die nur sich selbst, Gott und ihren Wahlkreisen beziehungsweise den Bundesstaaten Rechenschaft schulden. Die Abgeordneten und Senatoren müssen ihr Abstimmungsverhalten persönlich verantworten und können sich nicht hinter einer Partei- oder Fraktionsdisziplin verstecken. Diese Freiheit birgt auch Gefahren. Sie kann sie über die Maßen abhängig machen von den Bedürfnissen ihrer Wähler und offen für den Einfluss von *Think Tanks* und Interessengruppen, die ihre Sonderinteressen unter anderem auch mit Geld zum Ausdruck bringen können. *Money talks*, das trifft oft im wahrsten Sinne des Wortes zu. Geld ist Ausdruck von Redefreiheit und kann dafür sorgen, dass in der politischen Auseinandersetzung einigen Interessen mehr Gehör verschafft wird als anderen. Nach Auslegung des Obersten Gerichts der USA (grundlegend 1976 im Fall *Buckley versus Valeo*) würde mit der Begrenzung von Wahlkampfspenden das Grundrecht auf Redefreiheit beschnitten. So werden mit Wahlkampfgeldern teure Werbespots finanziert und über eine Vielzahl privater Fernsehsender verbreitet. Die Medien, die von diesem Geldsegen ganz gut leben, sind verständlicherweise die verlässlichsten Anwälte der Redefreiheit und politisieren gegen jegliche Beschränkung von Wahlkampfspenden.

Die Zuwendungen – sowohl für die Präsidentschaftswahlkämpfe als auch für die Kongresswahlen – haben mittlerweile astronomische Höhen erreicht. Barack Obama hat im Präsidentschaftswahlkampf von 2008 alle Rekorde gebrochen. Der Senator aus Illinois, der im Hauptwahlkampf auf staatliche Gelder verzichtete, musste sich nicht an Obergrenzen halten, die ihm sonst gesetzt gewesen wären, und konnte im Vor- und Hauptwahlkampf mit insgesamt knapp 750 Millionen Dollar wuchern. Kandidaten, die bei den letzten Kongresswahlen 2010 einen vakanten Sitz im Senat gewannen, setzten durchschnittlich 8 Millionen Dollar an Wahlkampfspenden ein; wer einen Amtsinhaber besiegen wollte, musste ein wenig mehr investieren: 9,8 Millionen Dollar. Senatoren, die ihre Sitze erfolgreich verteidigten, gaben im Schnitt 8,4 Millionen Dollar aus. Die Wahlkämpfe für weniger prestigeträchtige und einflussreiche Sitze im Abgeordnetenhaus erforderten entsprechend weniger Einsatz: 1,9 Millionen Dollar für einen offenen Sitz; knapp 2 Millionen Dollar, wenn ein Amtsinhaber geschlagen werden musste; 1,3 Millionen Dollar, wenn der Sitz verteidigt werden sollte.[21]

Es gibt noch andere Machtwährungen. Wer über ein politisches Netzwerk von Basisorganisationen verfügt, kann über eine Vielzahl Gleichgesinnter, die von Haus zu Haus gehen, potenzielle Wählerinnen und Wähler direkt ansprechen und ist nicht auf die diffuse und teure Massenkommunikation der Fernsehsender angewiesen. Bereits in den 1970er Jahren kommunizierten die Pioniere der Christlichen Rechten mit Gleichgesinnten unmittelbar über so genannte *Direct-mail*-Kanäle. Zielgruppenspezifische Kommunikationsformen mit geringen Streuverlusten wie Briefappelle, die mittlerweile durch E-Mail-Kommunikation und soziale Netzwerke ersetzt wurden, sind besonders gut geeignet, kostengünstig den harten Kern der Stammwähler zu mobilisieren und Wahlkampfgeld zu akquirieren.

»Betrachtet man die Gesamtheit der Organisationen auf der Neuen Rechten, so übernehmen diese Aufgaben, die in westeuropäischen parlamentarischen Regierungssystemen überwiegend oder ausschließlich von Parteien wahrgenommen werden«, brachte es Parteienforscher Peter Lösche auf den Punkt. »In ihnen sind häufig junge, hochintelligente, eiskalte Politmanager tätig, die nicht nur wissen, wie man organisiert, mobilisiert, manipuliert und Wahlkämpfe führt, sondern dabei die neuen Technologien einsetzen«, erläutert der Kenner amerikanischer Politik die Praxis in den USA.[22]

Amerikanische Experten wie Anthony Corrado begrüßen diese Entwicklung als Demokratisierung der Wahlkampffinanzierung: Die Macht der Kleinspender habe zugenommen.[23] So machten viele Anhänger der Demokratischen Partei ihrem Unmut über die Politik George W. Bushs Luft, indem sie via Internet an die Demokratische

Partei spendeten. Durch den Einsatz solch moderner Kommunikationsmittel gelang es dem Herausforderer John Kerry im Präsidentschaftswahlkampf 2004, den traditionellen Vorsprung der Republikaner beim Eintreiben von Wahlkampfspenden wettzumachen. Dabei waren Einzelspenden über das Internet Kerrys am üppigsten sprudelnde Finanzierungsquelle.[24]

Auch die Republikaner versuchen, ihre (vor allem religiös-rechte) Basis an Kleinspendern zu erweitern und mit Hilfe des Internets zu mobilisieren. Als großer Vorteil erweist sich dabei, dass bei der persönlichen Ansprache der religiösen Kernklientel über die neuen Medien moderate Wähler nicht verprellt oder weitere politische Gegner aktiviert werden, was bei diffus gestreuten Fernsehkampagnen häufig der Fall ist. Ralph Reed, ein führender Kopf der Christlichen Rechten und ehedem im Team von Bushs Wahlkampfberatern, erklärte die Neuausrichtung der Wahlkampfstrategie vom »Luft-« hin zum »Bodenkrieg« folgendermaßen: »Das ist meines Wissens das erste Mal, dass ein amtierender Präsident derartige Anstrengungen unternimmt, eine regelrechte Basiskampagne zu organisieren, die sich auf Wahlbezirke und Wohngegenden konzentriert, anstelle bisheriger Strategien, die ausschließlich auf Fernsehbilder und die Medien setzten.«[25]

Barack Obama perfektionierte diese Strategie. Im Präsidentschaftswahlkampf 2008 gelang es ihm sowohl im Vor- als auch später im Hauptwahlkampf gegen John McCain ein Drittel seiner Wahlkampfgelder in kleineren Beträgen von bis zu 200 Dollar einzuwerben.[26] Das Organisationsgeflecht Gleichgesinnter auf der Ebene der Basisorganisationen ist also in mehrfacher Hinsicht nützlich und vorteilhaft: zum einen bei der Wahlkampffinanzierung, zum anderen bei der direkten permanenten Wählermobilisierung. Doch häufig werden Politiker die vielen gleichgesinnten Geister, die sie vor der Wahl gerufen haben, danach nicht mehr los. Diese Organisationen können nämlich ebenso wie andere wirtschaftliche Interessengruppen massiven Druck auf die Politik ausüben, nicht zuletzt indem sie damit drohen, ihre Unterstützung bei den nächsten Wahlen wieder zu entziehen.

Einflussnahme von Interessengruppen

Seit den 1960er und 1970er Jahren hat die Einflussnahme von Interessengruppen und Wirtschaftsvertretern auf das politische System deutlich zugenommen. Spätestens seit Mitte der 1970er Jahre haben sich Wirtschaftsunternehmen professionell gerüstet, den politischen Entscheidungsprozess zu beeinflussen: »Sie haben eine Vielzahl von Lobbyisten und Anwälten beschäftigt, Büros in Washington eröffnet, *political action committees* (PACs) gegründet und finanziert, die Mitarbeiterstäbe ihrer *Government-relations*-Büros vergrößert, ausgefeilte Strategien entworfen, um die öffentliche Meinung zu beeinflussen, und gelernt, wie man Basisbewegungen organisiert.«[27]

Ein besonders wirksames Mittel für Interessengruppen, die Einfluss auf den Gesetzgebungsprozess und die Wiederwahl eines Kandidaten nehmen wollen, sind Wahlprüfsteine (*scorecards* oder *voter guides*), also Anfragen an die Abgeordneten und deren Antworten, die zur Unterrichtung der Wähler veröffentlicht werden. So machen Interessengruppen der Christlichen Rechten gerne kritische Abstimmungen publik, »damit unsere Abgeordneten und Senatoren wissen, dass die Bevölkerung in ihrem Wahlkreis genau erfahren wird, wie sie abgestimmt haben«, erläutert etwa Lori Waters, die über vier Jahre das *Eagle Forum* geleitet hat.[28] Auch die *Christian Coalition*, die prominenteste Organisation der Christlichen Rechten, ist sehr darum bemüht, im Vorfeld von Wahlen ihre Anhängerschaft auf das Abstimmungsverhalten einzelner Abgeordneter aufmerksam zu machen.[29]

Dieser externe Einfluss einer Vielzahl unterschiedlicher und oft widerstreitender Interessen vor allem bei den Kongresswahlen ist nicht zu unterschätzen. Die Politiker laufen ständig Gefahr, im Rahmen einflussreicher Kampagnen an den Pranger gestellt und gegebenenfalls beim Antritt zur Wiederwahl persönlich zur Rechenschaft gezogen zu werden. Deshalb wägen sie bei jeder einzelnen Abstimmung gründlich ab, wie sich ihre Entscheidung bei den nächsten Wahlen für sie persönlich auswirken könnte.

Politikblockade

Der amerikanische Präsident muss im Kongress ständig um Zustimmung für seine Politik werben, das heißt je nach Politikinitiative unterschiedliche und zumeist parteiübergreifende Ad-hoc-Koalitionen schmieden. Mit anderen Worten: Der Präsident muss politische Führung, *leadership*, demonstrieren und dafür sorgen, dass die (qualifizierte)[30] Mehrheit der Abgeordneten und Senatoren seiner Politik folgt.[31] Das ist keine leichte Aufgabe, denn die Umworbenen haben ihrerseits eine institutionelle Identität als Mitglieder des Kongresses und fühlen sich der »anderen Staatsgewalt« *(the other branch of government)* zugehörig.

Der amerikanische Kongress übernimmt nicht automatisch die politische Agenda der Exekutive,[32] sprich des Präsidenten, selbst wenn im Fall des *united government*[33] das Weiße Haus und das Kapitol von derselben Partei »regiert« werden, und erst recht dann nicht, wenn Präsident und Kongress von unterschiedlichen Parteien »kontrolliert« werden, also in Zeiten des *divided government* – eine Konstellation,[34] die mit den Zwischenwahlen 2010 wieder eintrat.

Dass der Kongress dem Präsidenten nicht folgt, obwohl seine Parteifreunde dort die Mehrheit stellen, musste Obamas Vorgänger in einer höchst gefährlichen Situation erleben, nämlich als es darum ging, das amerikanische Bankensystem vor dem Kollaps zu bewahren. George W. Bush scheiterte beim ersten Versuch mit dem 700-Milliarden-Dollar-Stabilisierungsprogramm *(Troubled Asset Relief Program*, TARP) an der Blockadehaltung der republikanischen Mehrheit im Abgeordnetenhaus. Erst als die Märkte panisch reagierten – der *Dow-Jones*-Index fiel nach der Abstimmungsniederlage vom 29. September 2008 innerhalb eines Handelstages um über 700 Punkte,[35] ein Rekord –, erhielt Präsident Bush im zweiten Anlauf die erforderlichen Stimmen seiner Parteifreunde.

Nach dieser für viele staatskritische Republikaner politisch riskanten Stimmabgabe konnte Bushs Nachfolger Obama bei der nächsten Intervention – es ging um den 787 Milliarden Dollar schweren *American Recovery and Reinvestment Act* (ARRA) – nicht mit Unterstützung von republikanischer Seite rechnen und musste sich also ganz allein auf seine Parteifreunde im Kongress verlassen. Nicht wenige folgten ihm nur widerwillig, und gerade fiskalkonservative *Blue-Dog*-Demokraten widersetzten sich sogar mit Verweis auf das aus dem Ruder laufende Haushaltsdefizit.

Spätestens seit den Zwischenwahlen von 2010 ist die Schuldenlast für die Abgeordneten nicht nur ein politisch, sondern auch persönlich heikles Thema. So wurden republikanische Mandatsträger, die für Bushs 700-Milliarden-Rettungsplan gestimmt hatten, von ihren eigenen Parteifreunden, nämlich den libertären Anhängern und Herausforderern der *Tea-Party*-Bewegung, an den Pranger gestellt. Regelrecht abgestraft wurden am Wahltag jene *Blue-Dog*-Demokraten, die in Wahlkreisen mit eher fiskalkonservativer Wählerklientel zur Wiederwahl antreten mussten. Darunter waren selbst langjährige Abgeordnete wie der Vorsitzende des Verteidigungsausschusses, Ike Skelton, und der Vorsitzende des Haushaltsausschusses, John Spratt, deren 34- beziehungsweise 28-jährige Mandatsfolgen jäh endeten.

Es ist bezeichnend, dass Präsident Obama seinen letzten großen Deal noch in der alten Legislaturperiode einfädelte – bevor sich die durch die Zwischenwahlen etablierten neuen Machtverhältnisse im Januar 2011 entfalten konnten. Gegen Jahresende 2010 erwirkte er einen 800 Milliarden teuren Kompromiss mit der Legislative, indem er die Steuererleichterungen seines Vorgängers um zwei weitere Jahre fortschrieb und diese mit der Verlängerung der maximalen Bezugsdauer der Arbeitslosenhilfe für weitere 13 Monate verband.

Die neu gewählten republikanischen Mandatsträger (über 60 Abgeordnete und sechs Senatoren), von denen viele über die *Tea-Party*-Bewegung in den Kongress gelangten, und die seit den Wahlen höchst verunsicherten (fiskalkonservativen) Demokraten werden es Präsident Obama schwer machen, weitere nennenswerte Wirtschaftsförderprogramme auf den Weg zu bringen.

Die Exekutive wird demnach versuchen müssen, über die Exportförderung mehr Wirtschaftswachstum zu erreichen. Bereits im März 2010 hat Präsident Obama per Exekutivorder, das heißt ohne Mitwirken des Kongresses, die *National Export Initiative* (NEI) initiiert, wonach innerhalb der nächsten fünf Jahre die amerikanischen Exporte verdoppelt werden sollen. Auf die Unterstützung des Kongresses wird die Exekutive jedoch nicht zählen können. Denn bei den Kongresswahlen vom November 2010 wurde die freihandelsorientierte Fraktion der *Blue-Dog*-Demokraten erheblich dezimiert, und bei den Republikanern hat der in Handelsfragen wortführende Kevin Brady große Schwierigkeiten, die eher protektionistisch gesinnten Abgeordneten, die über die libertäre *Tea-Party*-Bewegung in den Kongress gelangt sind, auf Freihandelslinie zu bringen.

Freie Hand für freien Handel?

Die Handelspolitik ist ein Beispiel par excellence für die Stärke des Kongresses im politischen Entscheidungsprozess. Ebenso wichtig wie die Haltung des Präsidenten ist hier die Zusammensetzung der Legislative, denn internationale Handelsabkommen müssen vom Kongress ratifiziert werden.

Präsident Obama wird aufgrund der kritischen wirtschaftlichen Situation in den USA bis auf Weiteres keine Freihandelspolitik durchsetzen können, denn im Gegensatz zu seinem Vorgänger Bush wird er vom Kongress wohl kaum mit der als *Trade Promotion Authority* (TPA) bezeichneten Handelsautorität ausgestattet werden. Die TPA, wonach der Kongress die vom amerikanischen Präsidenten vorgelegten internationalen Handelsabkommen nur noch als Ganzes, das heißt ohne Änderungsanträge, annehmen oder ablehnen kann, endete bereits in der Amtszeit George W. Bushs, im Juli 2007. Auf der internationalen Bühne wird der amerikanische Präsident aber nur ernst-, das heißt als verhandlungsfähig wahrgenommen, wenn er diese Autorität besitzt. Davon wird auch die

Verhandlungsmacht des Präsidenten etwa im Rahmen der Doha-Runde der Mitgliedsstaaten der Welthandelsorganisation berührt, wo Vereinbarungen ohne Wenn und Aber politisch durchgesetzt werden müssen.

Nach den Erfahrungen seines demokratischen Vorgängers Bill Clinton – auch diesem blieb die damals noch unter der Bezeichnung *Fast Track* firmierende TPA vom demokratisch »kontrollierten« Kongress versagt – ist Obama gut beraten, wenn er in der Auseinandersetzung mit dem Kongress sein politisches Kapital mit Augenmaß einsetzt. Nationale Wirtschaftsprobleme haben Obama das Präsidentenamt beschert, jetzt wird er an deren Lösung gemessen werden. Vorrang hat deshalb die Wiederbelebung der nationalen Wirtschaft. Zum jetzigen Zeitpunkt würde Obama mit einer umfassenderen Freihandelsinitiative seine Stammwählerschaft enttäuschen.

Da selbst die bilateralen Freihandelsabkommen mit Südkorea, Kolumbien und Panama, die Bush der Legislative noch im Rahmen der TPA vorlegte und die trotz massiver Bemühungen erst nach Jahren, im Oktober 2011, vom Kongress gebilligt wurden, ist an darüber hinausgehende, umfangreichere Freihandelsinitiativen wie die Transpazifische Partnerschaft (TPP) schon gar nicht zu denken.

Viele der auf dem Kapitol tonangebenden Demokraten und nicht zuletzt der eine oder andere Vorsitzende eines federführenden Ausschusses sind ohnehin protektionistisch eingestellt. Um ihre Wiederwahl nicht zu gefährden, nehmen sie Rücksicht auf die spezifischen Interessen der Wähler und Wahlkampffinanciers in ihren Wahlkreisen und Bundesstaaten.

Die Stimmen der Freihandelskritiker finden auch über verschiedene Interessengruppen politisches Gehör. An vorderster Front kämpfen die Gewerkschaften. Sie wollen sicherstellen, dass die Existenzgrundlage amerikanischer Arbeitnehmer nicht durch die Niedriglohnkonkurrenz anderer Länder bedroht wird. Indem sie sich gegen die »Ausbeutung« in anderen Ländern und für internationale Arbeitnehmerrechte als »Menschenrechte« einsetzen, gibt es hier politische Übereinstimmungen mit der Menschenrechtslobby.

Die Umweltverbände wiederum kritisieren die Schädigungen der Umwelt in anderen Ländern und fordern internationale Standards in Handelsvereinbarungen. Anders als für die exportorientierte Agrarindustrie stellt der Freihandel für den importbedrohten Teil der amerikanischen Landwirte eine Herausforderung dar: Er sieht sich gefährdet durch die Konkurrenz der Entwicklungsländer, die über die Doha-Runde zum Beispiel mit Baumwolle, Zucker oder Textilien auf den Weltmarkt drängen.

Aus ganz unterschiedlichen Gründen verfolgt diese häufig als »sonderbare Bettgenossen« *(strange bedfellows)* bezeichnete »Tendenzkoalition«[36] verschiedenster Interessengruppen also ein gemeinsames Ziel: die Vereitelung der Freihandelspolitik.

Vabanquespiel der Notenbank

Bei all diesen fiskal- und handelspolitischen Beschränkungen bleibt die *Federal Reserve* die einzige handlungsfähige Institution, die mit den ihr zur Verfügung stehenden Mitteln, also monetären Maßnahmen, das Land aus der aktuellen Wirtschaftskrise herauszuführen sucht. Notenbankchef Ben Bernanke wird bereits als »Helikopter Ben« karikiert, der in Noteinsätzen Geld abwirft und mit dieser zusätzlichen Liquiditätsausstattung der Banken versucht, der amerikanischen Wirtschaft aus der Misere zu helfen.

Indem die *Federal Reserve* weiter Geld druckt – der beschönigende Fachbegriff lautet *Quantitative Easing* –, setzt sie die amerikanische Währung unter Druck. Ein niedrig bewerteter Dollar bietet den USA zwar Vorteile: Er verringert die vom Ausland finanzierte Schuldenlast und hilft zugleich dem in handelspolitischen Fragen innenpolitisch eingeschränkten Präsidenten Obama, seine ehrgeizige Exportstrategie umzusetzen. Kurzfristig dürften die expansive Geldpolitik und der damit entwertete Dollar die amerikanischen Exportchancen durchaus fördern, doch langfristig bleiben die Strukturprobleme der – von teuren Ölimporten abhängigen – US-Wirtschaft bestehen, die mit der Wirtschafts- und Finanzkrise offensichtlich geworden sind.

Letztlich riskieren die USA mit ihrer lockeren Geldpolitik nicht nur Inflation und Verwerfungen auf den internationalen Finanzmärkten, sondern untergraben auch das Vertrauen in ihre eigene Währung. Weltbankpräsident Robert Zoellick warnte seine Landsleute daher bereits im Sommer 2009, dass »die USA einem großen Irrtum erliegen, wenn sie weiterhin ein ehernes Gesetz darin sehen, dass der Dollar die Rolle der weltweit vorherrschenden Währung innehat«.[37] Ebenso besorgt zeigten sich Abgeordnete und Senatoren im Kongress. Sie fürchten, dass das Grundvertrauen der Märkte in den Dollar als »sicherem Hafen« in stürmischen Krisenzeiten und mit zunehmender Schuldenlast in Zweifel gezogen werden könnte und Investoren sich beim Kauf amerikanischer Staatsanleihen künftig mehr zurückhalten.[38]

»Ob wir mehr US-Staatsanleihen kaufen werden und wenn ja, wie viele, diese Entscheidung sollten wir nach Chinas eigenen Bedürfnissen und entsprechend unserem Ziel treffen, die Sicherheit und den Wert unserer Anlagen und Devisenreserven zu gewährleisten.«[39] Mit dieser Äußerung gab Premierminister Wen Jiabao im Januar 2009 von London aus den USA deutlich zu verstehen, dass China Amerikas Staatsanleihen nicht unbegrenzt aufkaufen werde.

Im November 2010 sorgte eine chinesische Ratingagentur für weiteres Aufsehen auf den internationalen Finanzmärkten, als sie die Kreditwürdigkeit der USA herabstufte. Etwas später, im April 2011, beunruhigte *Standard & Poor's* die Finanzwelt, die als erste amerikanische Ratingagentur die wirtschaftspolitischen Realitäten zur Kenntnis nahm und die Kreditwürdigkeit der USA infrage stellte. Im Juni 2011 erschütterte dann die Warnung von *Moody's*, der zweiten der prominenten drei amerikanischen Ratingagenturen, das Vertrauen in die US-Wirtschaft.[40] Nach den innenpolitischen Auseinandersetzungen um die Anhebung der Schuldenobergrenze machte S&P schließlich im August 2011 seine Drohung wahr und stufte die Kreditwürdigkeit der USA von AAA auf AA+ herab.

Solange weltweit staatliche und institutionelle Anleger amerikanische Staatsanleihen in ihren Portfolios halten oder gar den Bestand erhöhen, um den Wert ihrer Investitionen nicht zu gefährden, solange sie also in der »Dollarfalle« sitzen und die Alternativen – Geldanlagen in anderen Währungen und Ländern – noch riskanter erscheinen, werden der Dollar und amerikanische Staatsanleihen zwar nicht mehr als sicherer Hafen, aber als Rettungsanker in Zeiten gesehen, in denen die Finanzwelt ihre Nordung verloren zu haben scheint. Damit profitieren die USA bis auf Weiteres von ihrem »exorbitanten Privileg«, wie es bereits in den 1960er Jahren der damalige französischer Finanzminister Valéry Giscard d'Estaing ausdrückte. Mit dem Dollar als Leitwährung müssen die USA nicht wie andere Staaten einen Risikoaufschlag in Form höherer Zinsen zahlen, sondern können enorme Mengen Geld zu günstigen Konditionen leihen und damit viel höhere Gewinne erwirtschaften und – was in den vergangenen Jahren immer deutlicher wurde – ihren Konsum auf Pump finanzieren. Nicht zuletzt helfen viele Entwicklungsländer, deren Bürger sich die Mittel vom Mund absparen, mit ihren Währungsreserven den USA, über ihre Verhältnisse zu leben.

Um den amerikanischen Dollar mittelfristig als Weltleitwährung abzulösen und Investoren eine Alternative zu eröffnen, haben die Regierungen in Moskau und Peking bereits 2009, nach dem Ausbruch der von den USA verursachten Finanz- und Wirtschaftskrise, gefordert, die ins Wanken geratene Leitwährung Dollar mittel- bis langfristig abzulösen und dafür Sonderziehungsrechte des Internationalen Währungsfonds (IWF), so genannte *Special Drawing Rights* (SDR), als supranationale Reservewährung aufzubauen. Der damals noch amtierende IWF-Chef Dominique Strauss-Kahn war ein eifriger Befürworter dieser Idee und plädierte zuletzt im Februar 2011 dafür, dass der Währungsfonds SDR in größerem Umfang ausgeben solle.[41]

Die bereits Ende der 1960er Jahre vom IWF eingeführte Währungseinheit ist eine Art Kreditlinie, die Staaten ziehen können, um sich Devisen zu beschaffen. Mit den vom IWF in Krisenzeiten ausgegebenen SDR können Mitgliedsländer ihre Schulden bei Gläubigerländern tilgen, die aufgrund ihrer Mitgliedschaft im IWF wiederum verpflichtet sind, diese Währung zu akzeptieren. SDR werden so auch Teil der Währungsreserven von Staaten und können in bestimmtem Umfang dazu verwandt werden, andere Währungen zu kaufen.

Die ursprünglich in Gold verrechnete Einheit wird mittlerweile mit einem Korb wichtiger Währungen aufgewogen. Derzeit setzt sich der Wert von SDR aus einem Währungskorb zusammen, der US-Dollar, Euro, das britische Pfund und den japanischen Yen enthält.[42] Bislang wird er nicht auf Devisenmärkten gehandelt. Ginge es jedoch nach den Vorstellungen der russischen und chinesischen Regierungen, würden SDR künftig nicht nur bei finanziellen Transaktionen zwischen Staaten, sondern auch als international gültige Zahlungsmittel für Finanz- und Handelsgeschäfte verwendet werden.

China, das die größten Währungsreserven besitzt und mit 1134 Milliarden Dollar den größten Anteil amerikanischer Staatsanleihen hält,[43] würde eine Art multilaterale Zwischenlösung präferieren, weil auf diese Weise seine eigene Währung und damit seine Wirtschaft bis auf Weiteres nicht mit einer Aufwertung belastet würde. Einige Entwicklungen deuten aber darauf hin, dass China seine Währung, den Renminbi (Einheiten der Währung lauten auf Yuán), regionalisieren und später auch internationalisieren will. Durch Abrechnung von Handels- und Investitionsgeschäften sowie durch Währungsswaps mit den Nachbarländern versucht Peking den Renminbi bereits als Kernwährung in der Region zu etablieren. So hat die chinesische Zentralbank bereits 2009 Swap-Abkommen in Höhe von insgesamt 650 Milliarden Renminbi mit den Zentralbanken Hongkongs, Malaysias, Indonesiens, Südkoreas, Argentiniens und Weißrusslands abgeschlossen, die in dieser Währung auch Importe aus China bezahlen können.[44] Zudem wurden an der Börse von Hongkong auf Renminbi lautende Bonds in Höhe von sechs Milliarden Dollar ausgegeben.[45] Weiterführende Maßnahmen wie die vom Januar 2011, als die *Bank of China* im Vorfeld des Staatsbesuchs Hu Jintaos in New York auf Renminbi lautende Bankkonten anbot, sind eher als Versuchsballons Pekings mit Signalwirkung an seinen größten Schuldner, die USA, zu bewerten. Ein Paukenschlag, der die Finanzwelt aufhorchen ließ, folgte Ende 2011, als die beiden Erzrivalen China und Japan sich darauf verständigten, künftig bei ihren bilateralen Handelsgeschäften den Dollar zu umgehen und in ihren eigenen Währungen abzurechnen. Darüber hinaus soll ein Teil der Devisenreserven nicht mehr in den USA, sondern in der eigenen Region und den eigenen Währungen investiert werden. Alles deutet darauf hin, dass die chinesische Regierung binnen zehn Jahren Schanghai als internationales Finanzzentrum etablieren und damit ihrer Währung zu internationalem Status verhelfen will. Barry Eichengreen, ein renommierter amerikanischer Währungsexperte mit historischem Weitblick, würde dagegen kein Geld wetten wollen:[46] Nachdem die USA bereits im Welthandel ihre Dominanz eingebüßt haben, sei davon auszugehen, dass sich künftig auch die Finanzmärkte multipolar ordnen und von drei starken Wirtschaftsblöcken dominiert werden: den USA, Euroland und China.

Dass Amerika seine wirtschaftliche Führungsrolle einbüßen könnte, wurde bereits auf dem G-20-Gipfel in Südkorea im November 2010 offensichtlich. Die USA scheiterten mit ihrem Vorstoß, exportlastige Volkswirtschaften wie China und Deutschland unter Druck zu setzen und Begrenzungen der Leistungsbilanzüberschüsse festzulegen. Vielmehr mussten sich die amerikanischen Regierungsvertreter scharfe Kritik an ihrer Wirtschafts- und Geldpolitik von Seiten der Staatengemeinschaft gefallen lassen. Amerika wurde auf dem Gipfel der zwanzig weltweit größten Wirtschaftsnationen regelrecht vorgeführt und schonungslos mit der Tatsache konfrontiert, dass seine Rolle als Lehrmeister der Welt nicht mehr erwünscht und die Machtfülle der USA aufgrund der chronischen Schwäche seiner Wirtschaft spürbar geschrumpft waren.

Herzrhythmusprobleme:
das wirtschaftliche Auf und Ab

Die amerikanische Wirtschaft befand sich von Dezember 2007 bis Juni 2009 in einer Rezession.[1] In Bezug auf seine Dauer und die Auswirkungen auf den Arbeitsmarkt war dieser Konjunktureinbruch der längste und folgenreichste seit dem Ende des Zweiten Weltkriegs (siehe Tabelle 2). Bis dahin konnten Rezessionen stets dank der Zugkraft der amerikanischen Automobilindustrie und der Wachstumsimpulse des Immobilienmarktes überwunden werden. Doch mit ihrem Auftritt als *Deus ex Machina* ist dieses Mal nicht zu rechnen, denn diese Branchen sind Teil des Problems.

Krise der Automobil- und Immobilienbranche

Die Automobilbranche, die in den glorreichen Zeiten der »Großen Drei« – *Chrysler, Ford* und *General Motors* – etwa ein Zehntel aller Konsumausgaben vereinnahmte, ist in technischer Hinsicht von ihren internationalen Wettbewerbern überholt worden. Amerikanische Autobauer haben Marktanteile insbesondere an asiatische

Tabelle 2.
Die aktuelle Rezession im historischen Vergleich

Rezession	1973–1975	1981–1982	2007–2009
Dauer (in Monaten)	17	18	19
Zunahme der Arbeitslosenquote (in Prozentpunkten)[*]	3,5	2,6	4,5

Quelle: U.S. Bureau of Labor Statistics, »Labor Force Statistics from the Current Population Survey, Monthly Seasonally Adjusted Household Data«, Washington, D.C., 8. Januar 2010, und eigene Berechnungen.

* Das ist die Differenz zwischen der Arbeitslosenquote am Ende und zu Beginn der Rezession.

Konkurrenten verloren, die Kraftstoff sparende Modelle oder Hybridfahrzeuge verschiedenster Art anbieten. Die Finanz- und Wirtschaftskrise verschlechterte die ohnehin prekäre Lage der technisch ins Hintertreffen geratenen amerikanischen Autoindustrie also noch.

Nach Ansicht des amtierenden Notenbankchefs Bernanke ist der Immobilienmarkt seit dem Zweiten Weltkrieg stets eine der wichtigsten Stützen gewesen, wenn das Land in eine wirtschaftliche Schieflage zu geraten drohte. »Die schlechte Situation auf dem Immobilienmarkt hat nicht nur Auswirkungen auf die Bauindustrie, sondern auch auf eine große Zahl an Zulieferern für diese Bereiche sowie auf die Finanzmärkte und die Kreditvergabe«, umriss Ben Bernanke die aktuelle Lage, in der das unbewegliche Vermögen sich nicht als Rettungsanker, sondern als Problem erweist.[2]

Präsident Clintons langjähriger Wirtschaftsberater Joseph Stiglitz hat rückblickend festgestellt, dass bis zum Platzen der Blase zwei Drittel bis drei Viertel der amerikanischen Wirtschaftsleistung allein vom Immobiliensektor getragen wurden. Indem man neue Häuser baute, einrichtete und die Eigenheime immer wieder belieh, wurden mit gepumptem Geld andere Konsumgüter gekauft: »Als die Immobilienpreise stark anzogen, konnten Eigenheimbesitzer aus ihrem Wohnungseigentum buchstäblich Kapital schlagen.«[3] Dieses Perpetuum mobile basierte auf der »riskanten Annahme«, dass die Preise weiter steigen würden. Als die Blase platzte, zerrann für viele Amerikaner der Traum vom eigenen Heim und vom grenzenlosen Konsum, der auf der Grundlage spekulativer Immobilien-»Werte« Wirklichkeit werden sollte.

Mittlerweile sind nicht nur die Kredite von Schuldnern mit geringer Kreditwürdigkeit (so genannte *subprime mortgages*) notleidend, sondern infolge der anhaltenden Arbeitslosigkeit weite Kreise von Hauseigentümern vom Verlust ihrer Immobilie bedroht. Nach Schätzungen der Wirtschaftsanalysten der Agentur *Moody's Economy* mussten 2009 rund 1,8 Millionen Amerikaner ihre kreditfinanzierten Eigenheime an die Bank abtreten. Im Vergleich zu den 1,4 Millionen Zwangsvollstreckungen im Jahr zuvor war das eine weitere spürbare

Verschlechterung der Lage auf dem Immobilienmarkt.[4] Im Jahr 2011 dürften nach Einschätzung der amerikanischen Regierung noch einmal 2,5 Millionen Einfamilienhäuser zwangsversteigert worden sein.[5] Insgesamt wären von der Immobilienkrise dann etwa neun Millionen Amerikaner betroffen gewesen[6] – bisher. Denn heute steht eines von vier Häusern in Amerika »unter Wasser«,[7] das heißt, die (Noch-) Eigentümer schulden ihren Banken Hypothekendarlehen, die höher sind als der aktuelle Verkaufswert ihrer Immobilie.

Zurzeit werden neun von zehn Hauskrediten direkt oder indirekt durch staatliche Stellen gesichert[8] – in erster Linie um Banken vor dem Konkurs zu bewahren –, zumeist von den de facto verstaatlichten Hausfinanzierern *Fannie Mae* und *Freddie Mac*. 2008 mussten beide Institute vom Staat gerettet werden – mit bislang 150 Milliarden Dollar.[9] Mit ihrer Hilfe hatte man den amerikanischen Traum verwirklichen wollen, eine »Gemeinschaft von Eigentümern in Amerika« zu schaffen, wie Präsident George W. Bush es euphorisch nannte.[10] Durch die Finanzkrise unsanft in die Realität zurückgeholt, legte die neue Regierung unter Federführung von Finanzminister Timothy Geithner dem Kongress im Februar 2011 Reformpläne vor, die den Rückzug des Staates aus dem Immobilienmarkt vorsehen.[11] Angesichts der »prekären Lage auf dem Immobilienmarkt« müsse dies allerdings behutsam und in einem »richtig bemessenen Tempo« geschehen, damit die Erholung der Wirtschaft nicht gefährdet werde.[12]

Die schwierige wirtschaftliche Lage wird zu weiteren Geschäftsschließungen und schwerwiegenden Belastungen auf dem Immobilienmarkt führen. Nach Einschätzung des *Congressional Oversight Panel* (COP), der 2008 im Zuge des Bankenrettungspakets etablierten staatlichen Aufsichtsbehörde, drohen von 2011 an bei den Gewerbe-Immobilien Kredite in Höhe von 200 bis 300 Milliarden Dollar auszufallen, was noch mehr Banken in den Konkurs treiben wird. Das deutet darauf hin, dass selbst gut kapitalisierte Banken und vor allem kleinere Institute eine riskante Geschäftskonzentration in diesem Immobiliensektor aufweisen.[13] Nach Angaben des staatlichen Einlagensicherungsfonds, der *Federal Deposit Insurance Corporation*

(FDIC), sind weitere 700 Banken mit einer Gesamteinlagensumme von etwa 400 Milliarden Dollar in großen Schwierigkeiten. Bereits im Jahr 2009, auf dem bisherigen Höhepunkt der Finanzkrise, mussten 140 Banken Konkurs anmelden.[14]

Nachdem sie jahrelang höchst risikofreudig Kredite vergeben haben, die wesentlich zur Wirtschafts- und Finanzkrise beitrugen und letztlich ihre eigene Existenz gefährdeten, sind die Banken nun äußerst misstrauisch: Sie sind zurückhaltend, wenn es darum geht, anderen Instituten Geld zu leihen, und vorsichtiger bei der Vergabe von Krediten an Einzelpersonen, insbesondere wenn diese mangels Einkommen ihre Häuser beleihen und damit ihren Konsum finanzieren wollen.

Die katastrophale Lage auf dem Markt für unbewegliches Vermögen macht auch die Menschen unbeweglich. Viele arbeitslose Amerikaner können nicht einfach in eine andere Region umziehen, um dort eine Arbeit zu suchen und wieder ein Einkommen zu erzielen, weil sie ihre Häuser nicht veräußern können oder diese weit unter Wert verkaufen müssten.

Konsumschwäche und Arbeitslosigkeit

Das fehlende Vertrauen der Verbraucher in die wirtschaftliche Lage – eine weitere wesentliche Ursache für das zurückhaltende Konsumverhalten – ist im Januar 2009 auf ein Rekordtief gesunken und hat sich seitdem nicht merklich verbessert. Selbst wenn die US-Bürger konsumieren wollten, könnten sie es nicht mehr, da die hohe private Verschuldung, die anhaltende Immobilienkrise, der Verlust des Arbeitsplatzes und steigende Energiepreise ihre Kaufkraft drastisch senken. Sogar jene, die noch ausreichend Mittel zur Verfügung haben, verzichten auf Konsum, wobei vor allem die Sorge um den Arbeitsplatz bewirkt, dass sie wieder mehr sparen. Dementsprechend ist der *ABC News Consumer Index* seit drei Jahren kontinuierlich stark abgefallen und pendelt sich auf einem Rekordtief ein.[15]

Dieser niedrige Indexstand ist ein Signal, dass noch größere Probleme bevorstehen: Die amerikanische Wirtschaft wird hauptsächlich, etwa zu zwei Dritteln, von der Nachfrageseite, also durch Konsum, angetrieben. Wenn die Nachfrage weiterhin zurückgehen sollte, wenn zugleich die Unternehmen – aufgrund der allgemein sinkenden Kaufkraft und der Schwierigkeit, Kredite zu erhalten – noch weniger investieren und damit die Wirtschaft zusätzlich von der Angebotsseite her bremsen sollten, könnten die USA in eine noch tiefere Rezession abrutschen, in eine zweite, so genannte *double-dip recession*. Dies würde den Konsum noch mehr schwächen, den Abwärtstrend verstärken und die Arbeitslosigkeit weiter erhöhen.

Seit Beginn der Wirtschaftskrise im Dezember 2007 hat sich die Arbeitslosenquote innerhalb von zwei Jahren auf zehn Prozent verdoppelt und sich dann auf einem Niveau von neun Prozent gehalten. Zwar werden in den Medien hin und wieder leichte Verbesserungen gemeldet; doch häufig verbirgt sich dahinter nichts weiter als die Tatsache, dass viele Langzeitarbeitslose nicht mehr in der Statistik geführt werden. Rechnet man zu den Arbeitslosen jene hinzu, die die Jobsuche aufgegeben haben und in den offiziellen Statistiken nicht mehr erfasst werden, dürfte man zu dem Ergebnis gelangen, dass einer von fünf arbeitswilligen Amerikanern (18 Prozent) ohne Beschäftigung ist. In absoluten Zahlen bedeutet schon die offiziell ausgewiesene Arbeitslosenquote einen Anstieg um 7,6 auf 15,3 Millionen – der stärkste Anstieg seit dem Ende des Zweiten Weltkriegs.[16]

Bezeichnend für das Ausmaß der Rezession ist nicht nur der rasante und nachhaltige Anstieg der Arbeitslosenzahlen, sondern auch die Zunahme der durchschnittlichen Dauer der Arbeitslosigkeit. Nach Angaben des amerikanischen Arbeitsministeriums bezogen im Februar 2011 Arbeitslose im Durchschnitt bereits über 37 Wochen Arbeitslosenhilfe. Langzeitarbeitslose, das heißt diejenigen, die mehr als 27 Wochen ohne Arbeit sind, machen mittlerweile 44 Prozent aller Arbeitslosen aus.[17]

Die Zahl der Langzeitarbeitslosen ist auf dem höchsten Stand seit 1948 und belastet die Arbeitslosenversicherung. Normalerweise werden die Leistungen vom Bund und den Bundesstaaten gemeinsam getragen. Doch die Kassen vieler Staaten waren bereits vor der Wirtschaftskrise leer, so dass Washington seit dem Ausbruch der Finanz- und Wirtschaftskrise ihnen wiederholt mit Geld zur Seite springen musste. Nach der üppigen Unterstützung durch das 787-Milliarden-Dollar-Förderprogramm vom Februar 2009 verabschiedete der Kongress im November 2009 ein 24-Milliarden-Dollar-Programm und verlängerte so mit Bundeszuschüssen unter anderem die maximale Bezugsfrist für Arbeitslosengeld um weitere drei Monate. Nach Einschätzung von Arbeitsmarktexperten des *Urban Institute* fehlten der Arbeitslosenversicherung zum Jahresende 2009 bereits zehn Milliarden Dollar.[18] Weitere Verlängerungsrunden werden diese Belastungen noch um einiges erhöhen. Nach Angaben des *Council of State Governments* haben zum März 2011 bereits 32 Bundesstaaten einen Schuldenberg von knapp 46 Milliarden beim nationalen Arbeitslosenfonds *(Federal Unemployment Account)* angehäuft. Nach Schätzungen des Arbeitsministeriums werden bis Ende 2013 voraussichtlich 40 der 50 Staaten auf diese Finanzhilfe angewiesen sein und insgesamt über 90 Milliarden Dollar benötigen, damit sie die Leistungen aus der Arbeitslosenversicherung überhaupt zahlen können.[19]

Der Mangel an Möglichkeiten, den Lebensunterhalt mit legal verdientem Geld zu bestreiten, wird sich auch in den Kriminalstatistiken niederschlagen und das Gemeinwohl wie die öffentlichen Kassen der Bundesstaaten und Kommunen belasten. In den letzten zwanzig Jahren vor Ausbruch der Wirtschafts- und Finanzkrise hatte sich die Zahl der Gefängnisinsassen bereits auf 2,3 Millionen vervierfacht.[20] In dieser Statistik liegen die USA pro Kopf der Bevölkerung einsam an der Spitze. Weit abgeschlagen auf dem zweiten Platz folgt China, das viermal so viele Einwohner zählt, von denen aber »nur« 1,6 Millionen hinter Gittern sitzen. Auch die Haftbedingungen sind in die Kritik geraten. Waren Bildungsreisende wie Alexis de Tocqueville in der ersten Hälfte des 19. Jahrhunderts noch beeindruckt von den »milden« und »vorbildlichen« Haftbedingungen in der Neuen Welt, so würde heute keine Delegation eines westlich orientierten Landes mehr auf die Idee kommen, die USA zum Vorbild zu erheben: »Weit davon entfernt, der Welt als Modell zu dienen, wird das heutige Amerika mit Entsetzen gesehen«, urteilt etwa James Whitman, der an der *Yale*-Universität unterrichtet und seine Forschung auf den Vergleich von Rechtssystemen spezialisiert hat.[21] In Zeiten knapper Kassen lassen sich hier die Verhältnisse aber nur schwer verbessern. Eine Reihe von Bundesstaaten, allen voran Texas und Florida, versuchen schon ihre Haushalte zu sanieren, indem sie Gefängnisse »outsourcen«. Der wichtigste Grund für die Privatisierung solcher staatlicher Aufgaben ist nach Einschätzung von David Fathi von der *American Civil Liberties Union* die Finanzkrise: »Die Bundesstaaten begreifen, dass Geld knapp wird und dass 40 000 Dollar, die sie jährlich für einen Inhaftierten ausgeben müssen, sehr viel Geld sind« – Geld, das nicht mehr für anderes, etwa für Lehrer und Schulen, zur Verfügung steht.[22]

Des Weiteren bedeuten die durch den prekären Arbeitsmarkt verursachten Kosten bei der Rentenversicherung eine enorme Belastung für den Staatshaushalt. Vielen älteren Langzeitarbeitslosen bleibt am Ende gar keine andere Wahl als die mit finanziellen Einbußen verbundene Frühverrentung. Mit der zurückgehenden Zahl der Beschäftigten sinken die Beiträge zur Rentenversicherung mit dem Ergebnis, dass schließlich die Einnahmen hinter den Ausgaben zurückbleiben. 2010 haben die Ausgaben die Einnahmen der *Social Security* zum ersten Mal seit den 1980er Jahren übertroffen. Die Defizite werden weiter steigen, denn in den nächsten fünf Jahren werden die staatlichen Leistungen jeweils um fünf Prozent höher sein als die eingezahlten Beiträge. Wenn dann die *Baby-Boomer*-Jahrgänge in Rente gehen und der Gesetzgeber keine Leistungskürzungen oder Beitragserhöhungen vornimmt, werden einige staatliche Töpfe bereits 2017 und der Gesamtfonds spätestens 2038 erschöpft sein.[23]

Waren die Staatshaushalte ohnehin schon schlecht auf den demographischen Wandel vorbereitet, so sind sie durch die Wirtschafts- und Finanzkrise erst recht aus dem Gleichgewicht geraten. Da auch die Anlagevermögen staatlicher Pensionskassen dezimiert wurden, dürften die Haushalte des Bundes, der Bundesstaaten und der Kommunen bald mit einer enormen Finanzierungslücke konfrontiert sein. Allein den Bundesstaaten und lokalen Behörden werden – konservativ gerechnet – zwischen zwei und drei Billionen Dollar fehlen, die man benötigt, um die Pensionsansprüche und Gesundheitsleistungen für die Angestellten im öffentlichen Dienst und die Beamten zu begleichen.[24]

Der demographische Wandel wird sich auch qualitativ auf den Arbeitsmarkt auswirken, denn sobald die nach dem Zweiten Weltkrieg geborenen, gut ausgebildeten *Baby Boomer*, die seit den 1960er Jahren das Rückgrat der Industrieproduktion bilden, aus dem Erwerbsleben ausscheiden, wird der Mangel an qualifizierten Arbeitskräften noch gravierender werden. In einer vom Industrieverband der *National Association of Manufacturers* (NAM) in Auftrag gegebenen Umfrage erwartet über die Hälfte der mehr als 1100 befragten Industriebosse, dass sich das Angebot auf dem Arbeitsmarkt in den kommenden drei bis fünf Jahren im Zuge der Verrentung vieler Arbeitnehmer merklich verschlechtern wird.[25] Obwohl die aktuelle Wirtschaftskrise etwa zwei Millionen Arbeitsplätze im Industriesektor gekostet hat, können amerikanische Hersteller bereits heute mehr als 600 000 Stellen mangels qualifizierter Arbeitskräfte nicht besetzen. Zwei Drittel der Befragten beklagten, dass ihnen ausgebildete Arbeitskräfte fehlen; ebenso viele erklärten, dass diese »Qualifikationslücke« der Grund dafür sei, dass die Produktivität nicht erhöht und die Produktion nicht ausgeweitet werden könne. Es fehle vor allem an gut ausgebildeten Maschinenbauern, Ingenieuren und Facharbeitern. Den aktuellen Bewerbern mangle es an Fähigkeiten zur Problemlösung, zudem sei die technische Grundausbildung ungenügend. Zwar unternimmt man immer wieder Anstrengungen, die Aus- und Weiterbildung zu verbessern, erzielt aber kaum Fortschritte, wie eine vor fünf Jahren angestellte Studie bestätigt. Die Politik müsste dringend dafür sorgen, dass die USA gegenüber anderen Industrienationen nicht noch mehr ins Hintertreffen gerät. Doch anders als in vielen Ländern Europas, so beklagt Emily

DeRocco vom Industrieverband NAM, können die Amerikaner sich zu staatlichen Eingriffen, also zu einer entsprechenden Bildungs- oder gar Industriepolitik, nur schwer durchringen, und zwar nicht nur aus intellektuellen, sondern auch aus finanziellen Gründen,[26] weil der Staat das dafür erforderliche Geld gar nicht hat.

Nicht zuletzt fehlt das Geld, um die – demographisch bedingt – enorm steigenden Kosten für die staatliche Gesundheitsversorgung sozial schwacher und älterer Amerikaner, die über die staatlichen Programme *Medicaid* oder *Medicare* grundversichert sind, zu decken. Die sozioökonomische Lage ist durch die Finanz- und Wirtschaftskrise – aber nicht nur durch diese – überaus angespannt. Die Bewältigung dieser Krise und der damit einhergehenden Infrastrukturprobleme erfordert rasches politisches Handeln und wird viel Geld kosten, das Amerika jedoch aufgrund der von George W. Bush mit verursachten desolaten Haushaltslage nicht hat.

Rekordhaushaltsdefizite und Staatsverschuldung

In der Amtszeit von Bill Clinton hat der amerikanische Staat vorübergehend mehr an Steuern eingenommen, als er in Form von Leistungen ausgab. Es wurden Haushaltsüberschüsse erzielt, die Staatsverschuldung sank. Mit seiner »Butter-und-Kanonen«-Politik der Steuererleichterungen trotz hoher Kriegsausgaben führte George W. Bush die USA aber schon bald auf den abschüssigen Pfad defizitärer Staatshaushalte und steigender Schuldenlast (siehe Abbildung 2).

Im Oktober 2008 legte Präsident George W. Bush ein 700 Milliarden Dollar schweres Stabilisierungsprogramm, das *Troubled Asset Relief Program*, auf, um das Finanzsystem vor dem Kollaps zu bewahren. Im Februar 2009, gleich zu Beginn seiner Amtszeit, setzte Präsident Obama mit dem *American Recovery and Reinvestment Act* weitere 787 Milliarden Dollar ein, um die Wirtschaft anzukurbeln. Mit den beiden Rettungs- beziehungsweise Konjunkturprogrammen wurde der ohnehin schon angespannte Staatshaushalt noch mehr

Abbildung 2.
US-Haushaltsdefizite und -überschüsse 1980 – 2011 (in Mrd. Dollar)

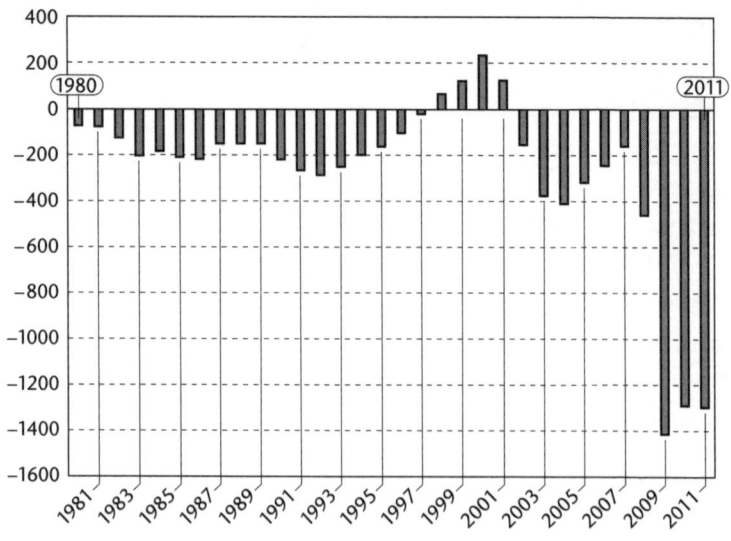

Quelle: Congressional Budget Office, eigene Darstellung.

belastet. Bereits das Haushaltsjahr 2008 markierte mit 459 Milliarden Dollar ein Rekorddefizit. 2009 war der Fehlbetrag mehr als dreimal so hoch: 1413 Milliarden Dollar. 2010 wurde der Staatshaushalt erneut um 1294 Milliarden Dollar überzogen. Und im vergangenen Haushaltsjahr, das am 30. September 2011 endete, belief sich das Haushaltsdefizit auf 1300 Milliarden Dollar.[27]

Amerika ist ein großes Land, doch auch für dieses große Land sind das enorme Belastungen. Auf die Wirtschaftsleistung bezogen, hat das Defizit mit jeweils neun bis zehn Prozent des Bruttoinlandsprodukts in den letzten drei Jahren bei Weitem und wiederholt die 1983 erstmals erreichte frühere Rekordmarke von sechs Prozent übertroffen, die Präsident Ronald Reagan dem Land zugemutet hatte.

Da sich Jahr für Jahr weitere Zigmilliarden-Defizite anhäuften, musste die Gesamtschuldenobergrenze, die vom Kongress bereits im Februar 2010 auf 14 Billionen Dollar erhöht worden war, im Sommer 2011 erneut angehoben werden. Dass dieser in der Vergangenheit routinemäßig abgewickelte Vorgang nunmehr in heftigen politischen Streit ausartete, der sich zwischen den Parteien und noch deutlicher innerhalb der beiden Lager abspielte, sagt viel aus über den Ernst der Lage. Nicht einmal die Drohung der Ratingagenturen, die Kreditwürdigkeit der USA herabzustufen, weil die verantwortlichen Politiker sich unfähig zeigten, einen Kompromiss zu finden, brachte die politischen Kontrahenten zur Räson.

Nach monatelangem ergebnislosem Tauziehen, das die Finanzmärkte in beständiger Unruhe hielt, konnte Präsident Obama Anfang August 2011 dann doch noch den *Budget Control Act* unterzeichnen. Wie der Name des Gesetzes suggeriert, sind mit der Anhebung der Schuldenobergrenze um zunächst 900 Milliarden Dollar auch Ausgabenkürzungen verbunden: In den nächsten zehn Jahren sollen insgesamt 2400 Milliarden Dollar eingespart werden. Doch die eigens eingesetzte überparteiliche Gruppe von Abgeordneten und Senatoren scheiterte daran, bis zum vereinbarten Stichtag 23. November 2011 konkrete Vorschläge zur Einsparung von mindestens 1200 Milliarden Dollar zu unterbreiten. Das Unvermögen der gewählten Volksvertreter, einen Kompromiss zu finden, hat gravierende Folgen: Zum einen darf der Präsident die Schuldenobergrenze ein weiteres Mal »nur« noch um weitere 1200 (anstelle der im Falle eines Kompromisses autorisierten 1500) Milliarden Dollar anheben. Zum anderen tritt 2013, also erst nach den Wahlen, ein automatischer Mechanismus in Kraft, der die Mehrausgaben durch Kürzungen nach dem Rasenmäherprinzip kompensiert: Auf die nächste Dekade gerechnet sind das 1200 Milliarden Dollar im Sozial- und Sicherheitsbereich.

Dieser für Außenstehende nur schwer durchschaubare Kompromiss soll zweierlei bewirken: Zum einen sollen kurzfristig die Schulden bedient und so die Zahlungsunfähigkeit der USA abgewendet werden, zum anderen will man mittel- bis langfristig den Schuldenberg abtragen, damit die Kreditwürdigkeit gewahrt und die wirtschaftliche Entwicklung nicht gefährdet werden. Das geschieht aus gutem Grund: Aus wirtschaftspolitischer (keynesianischer) Sicht war die Erhöhung der Staatsverschuldung kurz- bis mittelfristig zu rechtfertigen, denn vorerst wurde der Zusammenbruch des Bankensystems verhindert und Nachfrage generiert, die die Rezession abfedert und Arbeitsplätze sichert. Früher oder später, aber auf jeden Fall dann, wenn die Wirtschaft wieder anzieht, wenn die Inflation zunimmt und die Zinsen steigen, geht die Staatsverschuldung auf Kosten des Wirtschaftswachstums, da staatliche Investitionen private Investitionen zunächst erschweren und am Ende ganz verdrängen.

Eine weitere Gefahr besteht darin, dass die – durch das BIP – gemessene Wirtschaftsleistung nicht mehr mit der Staatsverschuldung Schritt halten kann. Betrachtet man das Verhältnis zwischen der auf Kreditmärkten öffentlich wirksamen Verschuldung (*debt held by the public*)[28] und dem BIP in den drei zurückliegenden Dekaden, so wird eine Tendenz deutlich: Zwischen 1980 und 1995 nahm die Verschuldung stärker zu als die Wirtschaftsleistung, die Quote stieg also an (siehe Abbildung 3). In den Jahren 1995 bis 2001 fiel sie aufgrund sinkender Verschuldung und kräftigen Wirtschaftswachstums wieder, stieg aber seit 2002 im Zuge zunehmender Staatsverschuldung wieder merklich an. 2008 wurde bereits die 40-Prozent-Marke überschritten, 2009 wurden 47 Prozent des BIP erreicht.

Mittlerweile wurde die Höchstmarke der neunziger Jahre (1993: 49 Prozent), die Präsident Bill Clinton von seinen Amtsvorgängern Ronald Reagan und George Bush geerbt hatte, übertroffen: mit 62 Prozent im Haushaltsjahr 2010 und 67 Prozent im Haushaltsjahr 2011[29] – bei weiterhin steigender Tendenz. Selbst nach den auf optimistischen Annahmen beruhenden Prognosen des Weißen Hauses dürfte in zehn Jahren die von der Öffentlichkeit – zu einem Gutteil vom Ausland – finanzierte Staatsverschuldung der USA bemerkenswerte 80 Prozent des BIP erreichen.[30]

Dieses Szenario ist umso bedrohlicher für die amerikanischen Staatsfinanzen, als in den sozialen Sicherungssystemen infolge der demographischen Entwicklung eine Finanzierungslücke klafft. Ohne grundlegende Reformen werden die Kosten staatlicher Unterstützung (*entitlement programs*) schwindelerregende Höhen erreichen, und zwar spätestens wenn zum Ende der nächsten Dekade immer

Abbildung 3.
Öffentlich finanzierte Staatsverschuldung *(debt held by the public)*
in Prozent des BIP, 1980–2011

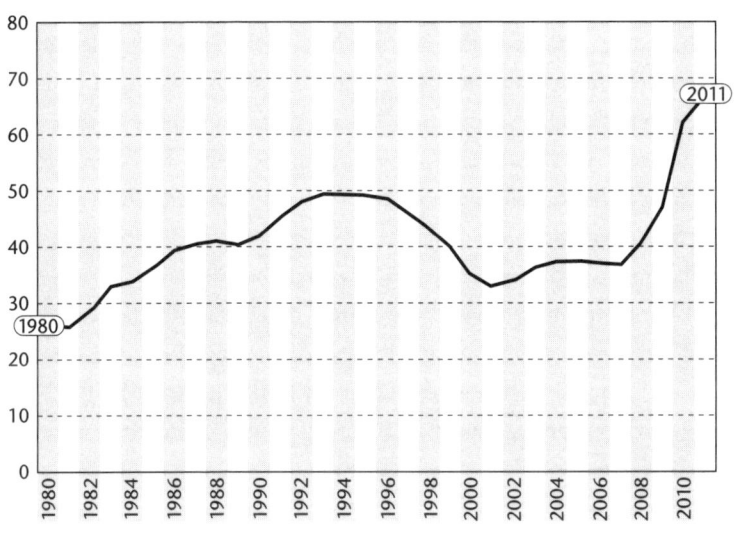

Quelle: Congressional Budget Office, eigene Darstellung.

mehr *Baby Boomer* aus dem Arbeitsleben ausscheiden. Wenn die amerikanische Regierung diese Ausgaben nicht in den Griff bekommt und auf der Einnahmenseite an den niedrigen Steuern festhält, wird die Staatsverschuldung bald die 100-Prozent-Marke überschreiten und bis 2021 die öffentlich finanzierte Verschuldung mit 190 Prozent des BIP eine astronomische Summe erreichen – so die durchaus realistische Prognose des überparteilichen wissenschaftlichen Hilfsdienstes *Congressional Budget Office* (CBO) vom Juni 2011.[31] Wenn die Verantwortlichen in Washington so weitermachen wie bisher, warnte CBO-Direktor Douglas Elmendorf in einer öffentlichen Anhörung vor dem Kongress knapp drei Monate später noch eindringlicher, dann werden die USA in unbekanntes, womöglich abgründiges Terrain vorstoßen. Elmendorf hält es durchaus für möglich, dass »eine Finanzkrise ausbrechen könnte, wenn die Marktteilnehmer ihr Vertrauen in die Fähigkeit der US-Regierung, den Haushalt in den

Griff zu bekommen, verlieren und nicht mehr bereit sind, dem amerikanischen Staat Geld zu bezahlbaren Zinsen zu leihen«.[32]

Ein überproportionaler Anstieg der Staatsverschuldung im Verhältnis zum BIP birgt also die Gefahr, dass Investoren keine amerikanischen Staatsanleihen mehr kaufen. Freilich bleibt den Hauptfinanciers der US-Schulden, vor allem China und Japan, gar nichts anderes übrig, als weiter zu investieren, um nicht den Wertverlust ihrer bestehenden Anlagen in den USA zu riskieren. Doch werden auch sie ihre Portfolios diversifizieren, sprich in andere Staaten und Währungen investieren, um das Risiko zu begrenzen.

Hinzu kommt, dass der künftige Finanzierungsbedarf der USA den bisherigen nicht zuletzt aufgrund der steigenden Zinseszinslast bei Weitem übertreffen wird und die Finanzkraft ausländischer Kreditgeber überfordern dürfte, die wie Japan und China ihrerseits mit wirtschaftlichen Problemen zu kämpfen haben. Insgesamt sind Anleger beim Kauf von langfristigen Anleihen ohnehin vorsichtig und wählerisch, zumal viele Staaten und Unternehmen in den kommenden Jahren die Anleihemärkte mit neuen Emissionen zur Abdeckung der Schulden und Defizite fluten werden. Die amerikanische Notenbank müsste dann in noch größerem Umfang intervenieren, indem sie Staatspapiere aufkauft – also »Geld druckt«.

Gefahr von Inflation und Spekulationsblasen

Im Kampf gegen die Wirtschaftskrise missachten die Währungshüter in den USA monetaristische Grundprinzipien: Indem die amerikanische Notenbank mit massiven Liquiditätsspritzen die Wirtschaft wiederzubeleben versucht, bannt sie zwar kurzfristig die Gefahr der Staatsinsolvenz, beschwört aber jene der Inflation und der Spekulationsblasen herauf. Das ist umso gefährlicher, weil es aus politischen Erwägungen künftig schwerer sein dürfte, frühzeitig Inflationsgefahren einzudämmen. Überdies haben Bundesregierung und Bundesstaaten bereits mit milliardenschweren fiskalpolitischen

Förderprogrammen in das amerikanische Wirtschaftsgeschehen eingegriffen.

Um das aktuelle geldpolitische Dilemma der Notenbank zu verdeutlichen, ist ein kurzer Rückblick auf die Ursachen der Finanz- und Wirtschaftskrise hilfreich: Nachdem im Jahr 2000 die Spekulationsblase an den amerikanischen Aktienmärkten platzte und die Terroranschläge vom 11. September 2001 ein Übriges taten, um die Wirtschaft zu verunsichern, reagierte die Notenbank mit merklichen Leitzinssenkungen, um eine Rezession zu verhindern. Selbst als sich die Wirtschaftslage verbesserte, hielt die *Federal Reserve* an ihrer Niedrigzinspolitik fest und war mit dafür verantwortlich, dass im amerikanischen Markt zu viel Liquidität vorhanden war. Die Banken konnten ihre Kreditvergabe ausweiten, indem sie auch Kreditnehmer mit geringer Bonität bedienten, und beförderten so den Immobilienboom und die damit ausgelöste Finanz- und Wirtschaftskrise.

Heute kann die Notenbank es sich gar nicht leisten, die Zinsen zu erhöhen und so Liquidität vom Markt abzuschöpfen, weil dies die infolge des Vertrauensverlustes im Bankensektor[33] bereits vorhandene Kreditklemme noch verstärken würde. Zudem könnte ein erhöhtes Zinsniveau bei weiteren Kreditnehmern, die aufgrund der schlechten Arbeitsmarktlage nur über ein geringes Einkommen und wegen der wieder steigenden Benzinpreise über weniger Kaufkraft verfügen, einen »Zahlungsschock« auslösen, wenn der höhere Zinssatz die Rückzahlungslast spürbar erhöht. Dann würden noch mehr Kredite notleidend werden und dadurch die Gefahr einer weiteren Immobilien- und Finanzkrise heraufbeschworen.

Daher reduzierte die Notenbank sukzessive den Leitzins, zu dem sich Geschäftsbanken Geld verschaffen können, und signalisierte bereits bei ihrer Sitzung im Dezember 2008, dass sie die Rekordtiefmarke (0 bis 0,25 Prozent) bis auf Weiteres beibehalten wolle.[34] Die nun risikoscheuen Banken haben diese Liquidität bislang aber nicht an Privatunternehmen und Verbraucher weitergegeben, so dass es für private Marktteilnehmer schwieriger geworden ist, Investitionen und Konsum zu finanzieren.

Die Notenbank setzte nun weitere »kreative Instrumente« ein, um die Privatunternehmen direkt mit Geld zu versorgen und die Kreditvergabe zu beleben:[35] Im März 2009 kündigte sie an, im Zuge ihres so genannten *Quantitative Easing* 300 Milliarden Dollar an Schulden, also langlaufenden US-Staatsanleihen, aufzukaufen, um sie marktfähig zu halten. Zudem erklärte sich die *Federal Reserve* bereit, durch Hypotheken »gesicherte« Wertpapiere im Gegenwert von 1,45 Billionen Dollar zu erwerben. Im November 2010 ging es in die zweite Runde des *Quantitative Easing* (*QE2*), und das bedeutete: Die Notenbank kaufte bis Ende des zweiten Quartals 2011 weitere US-Staatsanleihen im Wert von 600 Milliarden Dollar. Damit dürfte die *Federal Reserve* seit Beginn der Krise insgesamt 2,3 Billionen Dollar in die Wirtschaft gepumpt haben.[36]

Im September 2011 holten die Verantwortlichen der *Federal Reserve* dann noch ein weiteres Hilfsmittel aus der monetären Mottenkiste: Mit der *Operation Twist* – einer Methode, die bereits in den 1960er Jahren zum Einsatz kam – will sie ihr Portfolio umschichten, indem sie bis Mitte 2012 kürzere, das heißt bis zu drei Jahren laufende Titel abstößt und für weitere 400 Milliarden Dollar langfristige US-Staatsanleihen aufkauft. Damit sollen die Zinsen bei langfristigen Papieren mit Laufzeiten zwischen sechs und 30 Jahren gedrückt werden und so vielleicht doch noch die Kreditvergabe angekurbelt und die Wirtschaft wiederbelebt werden. Der Beschluss zeitigte sofort Wirkung: Nach der Bekanntmachung fielen die Renditen zehnjähriger Staatsanleihen auf 1,87 Prozent – den tiefsten Stand seit über 60 Jahren.[37] Bernankes *Twist* könnte jedoch ein Tanz auf dem Vulkan werden: Selbst der Notenbankchef kann schließlich nicht vorhersagen, ob allein mit niedrigen Zinsen Unternehmen zu Investitionen animiert und klamme Konsumenten wieder in Kauflaune versetzt werden können. So bemüht sich die *Federal Reserve*, den prekären Immobilienmarkt zu stützen und die in diesem finanziellen Morast steckenden Banken über Wasser zu halten. Dementsprechend nimmt sie hypotheken-»besicherte« Anleihen und andere Immobilienpapiere weiterhin in ihren Bestand. Indem sie diese

Schrottpapiere einkassiert und gegen Liquidität eintauscht, versucht sie eine zweite Kernschmelze auf dem Immobilienmarkt und eine Kettenreaktion auf die Finanz- und Wirtschaftsmärkte zu verhindern. Doch damit nimmt sie Inflation in Kauf.

Die Verantwortlichen der *Federal Reserve* sehen diese Gefahr offenbar nicht. Sie scheinen überhaupt den Überblick über ihre Zuwendungen verloren zu haben. Nachdem das Magazin *Bloomberg* die Notenbank über den Rechtsweg zu mehr Transparenz zwingen konnte, brachten die Experten des Organs inzwischen neue Daten ans Licht der Öffentlichkeit, nämlich dass die *Fed* allein zur Rettung der Banken bis zum März 2009 sage und schreibe 7770 Milliarden Dollar zur Verfügung gestellt habe, und zwar zu äußerst günstigen Konditionen, was den Banken Gelegenheit gab, Gewinne in Höhe von etwa 13 Milliarden Dollar einzufahren.[38]

Diese Zahlen sind umstritten, doch auch die offiziell bestätigte Geldschwemme der US-Notenbank ist so immens, dass sie die in Krisenzeiten inflationshemmenden Auswirkungen der Arbeitslosigkeit hinwegspülen wird. Der ehemalige Notenbankchef Alan Greenspan sagte den USA bereits im Sommer 2009 eine Inflation von über zehn Prozent voraus, wenn die *Federal Reserve* nicht bald ihre Bilanz korrigieren und die Leitzinsen anheben sollte.[39] Doch es ist denkbar, dass politischer Druck die US-Notenbank bis auf Weiteres davon abhält, der Inflationsgefahr rechtzeitig zu begegnen, indem sie schon beim Anspringen der Konjunktur die von ihr in großen Mengen zur Verfügung gestellte Liquidität im Sinne der »Exit-Strategie« wieder vom Markt abschöpft. Mit ihrer Verlautbarung vom 9. August 2011 machte die Notenbank deutlich, dass sie den Leitzins bis zur Jahresmitte 2013 – also bis nach den Wahlen – auf dem »außergewöhnlich niedrigen« Tiefstand beibehalten will.[40]

Auch im Sinne der meisten der im November 2012 zur Wiederwahl antretenden Abgeordneten und Senatoren im Kongress wäre eine Straffung der Geldpolitik erst dann geboten, wenn sich das Wachstum der Wirtschaft als nachhaltig erweist und die Verbesserungen auch für die Arbeitnehmer – sprich die Wähler – spürbar werden. Für Präsident Obama, der ebenfalls zur Wiederwahl antreten muss, ist die Rezession erst vorbei, wenn die US-Wirtschaft »wieder neue Arbeitsplätze schafft«.[41]

Die Politik hat in den vergangenen Jahren milliardenschwere Wirtschaftsförderprogramme aufgelegt, um die Finanzkrise zu beheben und die Wirtschaft wiederzubeleben. Gegen Ende der Amtszeit George W. Bushs rettete der Kongress mit einer Finanzspritze in Höhe von 700 Milliarden Dollar das Banken- und Finanzsystem vor dem Kollaps. Obama brachte ein 787 Milliarden Dollar umfassendes Konjunkturpaket auf den Weg. Mit den darin enthaltenen Steuererleichterungen soll einerseits Nachfrage geschaffen werden, andererseits versucht der Staat mit Investitionen, etwa in die Verkehrsinfrastruktur und das Gesundheits- und Sozialwesen, die Angebotsseite zu stärken. Vor allem Energie-Effizienz und der Einsatz von erneuerbaren Energien werden gefördert. Sie sollen die Grundlage bilden für eine robuste und die Umwelt schonende Wirtschaft.

Das Umsteigen auf eine so genannte *low carbon economy*, also eine Wirtschaft mit möglichst niedrigem Verbrauch fossiler Brennstoffe, ist schon aus energie-, umwelt- und sicherheitspolitischen Gründen geboten. Doch bei der Umsetzung dieses Plans scheint die Politik ein wenig übers Ziel hinausgeschossen zu sein, was sich noch als hinderlich erweisen könnte. Zwar ist politisches Handeln erforderlich, um das Marktversagen im Energie- und Umweltbereich zu beheben. Doch anstatt sich darauf zu beschränken, die Forschung in erneuerbare Energien und energiesparende Technologien zu fördern, hat sie sich und andere Marktteilnehmer mittels Subventionen wieder einmal auf bestimmte Energieträger und Technologien festgelegt. Damit wird der Markt als Förderer von Forschungs- und Erfindungsgeist ausgehebelt. Ganz abgesehen davon besteht auch hier die Gefahr einer spekulativen Blase. Durch die Nullzinspolitik und die Liquiditätsschwemme der Notenbanken werden Investoren wieder einmal dazu verleitet, unter anderem auch bei Investitionen in erneuerbare Energien weltweit Risiken einzugehen, die sie nicht verstehen und nicht tragen können.

Antriebsschwäche:
das Energiedilemma

Solange die aufstrebende Supermacht ihren Energiehunger durch eigene Ressourcen stillen konnte, war Energie kein Problem. Doch mit zunehmendem Verbrauch stieg die Abhängigkeit von Energie-Importen. Gerade die Wirtschaft und der Transportsektor der USA sind damit innerhalb weniger Dekaden verwundbar geworden. Der Bedarf an Öl treibt die Supermacht immer wieder dazu, sich die weltweit knapper werdenden und von konkurrierenden Mächten ebenfalls benötigten Ressourcen zu sichern.

Abhängigkeit von importiertem Öl

In seiner Ansprache zur Lage der Nation im Januar 2006 machte Präsident George W. Bush seine Landsleute auf ein »ernsthaftes Problem« aufmerksam: »Amerika ist süchtig nach Öl, das größtenteils aus instabilen Regionen der Welt importiert wird.«[1] Doch in seiner achtjährigen Amtszeit hat er wenig dazu beigetragen, hier Abhilfe zu schaffen. Auch Obama gelang es bislang nicht, seine Versprechen in die Tat umzusetzen und eine Kurskorrektur vorzunehmen.

Die US-Bürger stellen nur knapp fünf Prozent der Erdbevölkerung, doch die Vereinigten Staaten von Amerika verursachen mehr als ein Fünftel des globalen Energiekonsums.[2] In den letzten sechs Jahrzehnten hat sich der Energieverbrauch der USA beinahe verdreifacht (siehe Abbildung 4). Der erhöhte Energiebedarf wird in erster Linie durch Öl gedeckt: 2010 betrug der Anteil des Mineralöls nach Angaben der amerikanischen Energiebehörde[3] knapp 40 Prozent des Gesamtenergieverbrauchs in den USA. Zwar ist in den 1970er

Abbildung 4.
US-Energieverbrauch nach Energieträgern, 1950–2010 (in Quads*)

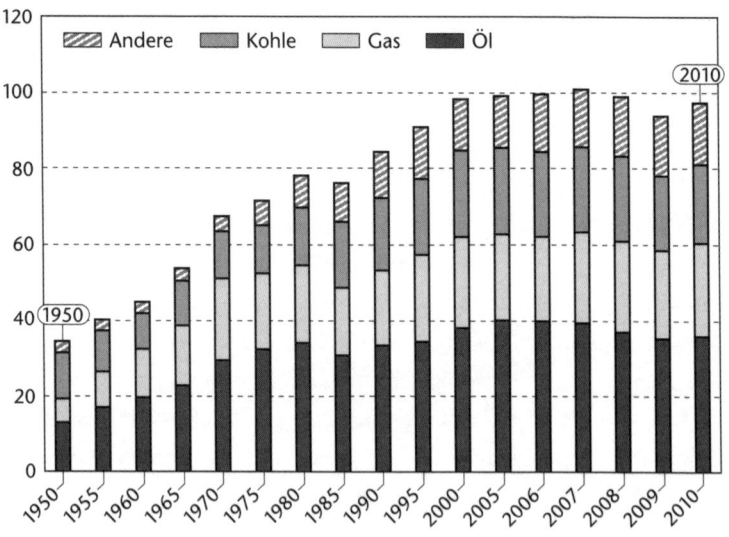

Quelle: Energy Information Administration, »Annual Energy Review 2010«, Washington, D.C., Oktober 2011, S. 9 (Tabelle 1.3), abrufbar unter <http://205.254.135.24/totalenergy/data/annual/index.cfm>, eigene Darstellung.

* Die Bezeichnung »Quads« bedeutet »Quadrillion Btu's per Year«. »British Thermal Unit (Btu)« ist eine gängige Maßeinheit, um verschiedene Energietypen zu verrechnen.

Jahren der Verbrauch von Gas und Kohle ebenfalls gestiegen, aber deren Anteil an der Deckung des Gesamtenergieverbrauchs ist seit den 1980er Jahren mit etwa einem Viertel beziehungsweise einem Fünftel relativ konstant. Nuklear- und erneuerbare Energie tragen mit neun beziehungsweise acht Prozent nur wenig zur Deckung des Gesamtenergiebedarfs bei.

Ökonomisch betrachtet werden alternative Energien benachteiligt, da die Regierung seit den 1980er Jahren nukleare und insbesondere fossile Brennstoffe subventioniert.[4] Wenn die amerikanische Regierung diesen Wettbewerbsvorteil fossiler Kraftstoffe nicht ausgleicht, also massiv in die Forschung und Entwicklung alternativer Energien investiert, wird sich am derzeitigen Energiemix in den USA wenig ändern und die Abhängigkeit von importiertem Öl weiter wachsen.

Abbildung 5.
US-Mineralöleigenproduktion und -import, 1950 – 2010
(in 1000 Fässern pro Tag)

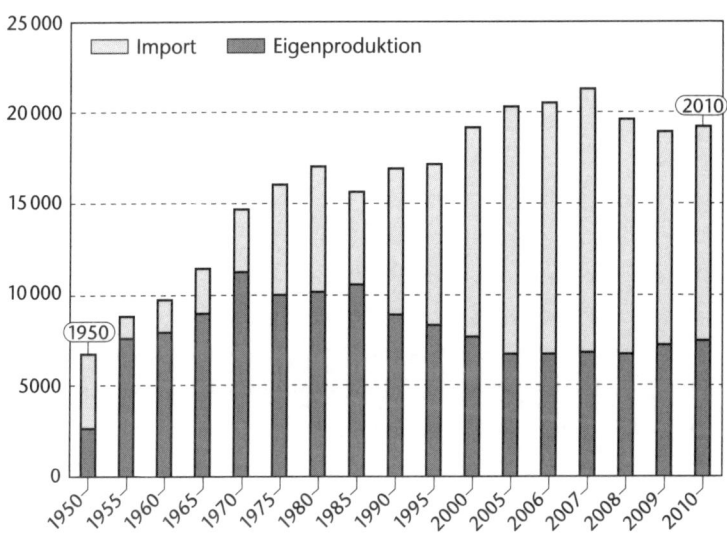

Quelle: Energy Information Administration, »Annual Energy Review 2010«, Washington, D.C., Oktober 2011, S. 135 (Tabelle 5.1b), eigene Darstellung.

Trotz anderslautender Medienberichte, die von der Ölindustrie finanzierte Studien bemühen, wonach durch neue Fördertechniken und Funde »Amerikas Ölunabhängigkeit« erreicht werden könne, lässt sich der ständig steigende Ölbedarf in den USA nicht annähernd durch die inländische Produktion decken. Zwischen 1950 und 2010 erhöhte sich der Anteil amerikanischen Mineralöls zwar von 5,9 auf 7,5 Millionen Fässer pro Tag,[5] doch bei insgesamt 19 Millionen Fässern, die heute in den USA täglich benötigt werden, ist dieser Anstieg viel zu gering. Allein der amerikanische Transportsektor, dessen Fahrzeugflotte fast ausschließlich mit Flugbenzin, Benzin und Diesel angetrieben wird, verbrauchte 2010 knapp 14 Millionen Fässer Erdöl pro Tag. Auf den Verkehrssektor entfallen mittlerweile über 70 Prozent des gesamten Ölverbrauchs.[6] Bei der starken Abhängigkeit des amerikanischen Transportwesens von fossilen Kraftstoffen und der Zeit, die es kostet, neue markttaugliche Technologien zu entwickeln, ist abzusehen, dass die Vereinigten Staaten noch für mehrere Dekaden auf den Import von Öl angewiesen sein werden.[7]

Die Abhängigkeit der Weltmacht USA vom Import des Erdöls hat – anders als beim Energieträger Gas[8] – deutlich zugenommen: Deckten die USA 1950 ihren Bedarf noch überwiegend durch eigene Ressourcen, so wurden über 60 Prozent der gesamten Ölmenge, die 2010 verbraucht wurde, importiert (siehe Abbildung 5), insbesondere aus den Nachbarstaaten der westlichen Hemisphäre und aus den Ländern am Persischen Golf (siehe Tabelle 3).

Die amerikanische Energiebehörde prognostiziert, dass die derzeitige Importmenge bis 2035 nur wenig, nämlich von zehn auf neun Millionen Fässer pro Tag, sinken wird, und zwar selbst dann, wenn die inländische Biokraftstoffproduktion auf 2,5 Millionen Fässer pro Tag steigen sollte.[9] An der massiven Importabhängigkeit wird sich also in absehbarer Zeit nicht viel ändern. Die Lieferanten haben sich über Jahre längst darauf eingestellt und ihre Marktmacht forciert, insbesondere durch die Zusammenarbeit im OPEC-Kartell, der 1960 gegründeten Organisation erdölexportierender Länder, der neben den Golfstaaten mit Venezuela und Nigeria weitere für die USA wichtige Energielieferanten angehören.

Tabelle 3.
US-Hauptimportländer von Mineralöl, 1965 und 2010

	1965		2010	
	absolut*	(in Prozent der Gesamtimporte)	absolut*	(in Prozent der Gesamtimporte)
Kanada	323	13,1	2532	21,5
Mexiko	48	1,9	1280	10,9
Staaten am Persischen Golf	345	14,0	1708	14,5
Nigeria	15	0,6	1025	8,7
Venezuela	994	40,3	987	8,4

Quelle: Energy Information Administration, »Annual Energy Review 2010«, Washington, D.C., Oktober 2011, S. 141 (Tabelle 5.4), eigene Berechnung und Darstellung.

* in 1000 Fässern pro Tag

Marktmacht OPEC

Das Machtpotenzial der OPEC wird deutlich, wenn man die Länder mit den größten nachgewiesenen Erdölreserven betrachtet (siehe Tabelle 4): Mit Ausnahme von Kanada, Russland und Kasachstan handelt es sich um OPEC-Mitglieder. Die OPEC kontrolliert über 70 Prozent der heute bekannten Erdölreserven. Die amerikanische Energiebehörde geht davon aus, dass die Ölproduktion der OPEC wie auch die der Nicht-OPEC-Länder zunehmen wird, im Falle der OPEC von heute 34 auf knapp 50 Millionen Fässer pro Tag im Jahr 2030.[10] Obwohl mittelfristig der Anteil der OPEC an der Welterdölproduktion mit etwa 40 Prozent konstant bleiben dürfte, wird die Macht des Kartells in dem Maße wachsen, wie sich in den Nicht-OPEC-Ländern die traditionellen Quellen erschöpfen, aus denen der Rohstoff mit weniger Umweltrisiken und mit geringerem Investitionsaufwand gewonnen werden kann.

Die weltweit steigende Nachfrage – vor allem auch der Schwellenländer – bei abzusehenden Kapazitätsgrenzen gerade in den

Tabelle 4.
Die 11 erdölreichsten Länder, 2010

	Nachgewiesene Ölreserven, Stand Januar 2010 (in Mrd. Fässern)
Saudi-Arabien	259,9
Kanada	175,2
Iran	137,6
Irak	115,0
Kuwait	101,5
Venezuela	99,4
Vereinigte Arabische Emirate	97,8
Russland	60,0
Libyen	44,3
Nigeria	37,2
Kasachstan	30,0

Quelle: *Oil & Gas Journal*, 1. Januar 2010.

Nicht-OPEC-Ländern beschert dem Kartell der OPEC-Länder bislang eine marktbeherrschendere Lage. Da alle anderen Ölanbieter an ihrer Kapazitätsgrenze produzieren, kann die OPEC seit Ende der 1990er Jahre über die Begrenzung der produzierten Ölmengen den Preis in der Tendenz hochhalten.[11] Das ist eine schwierige Situation für Amerika, dessen vitale wirtschaftliche Interessen eng mit dem Öl und vor allem mit dem Ölpreis verbunden sind.

Energetische Wirtschafts- und Handelsrisiken

Der Preis für amerikanische Ölimporte ist seit 2003 bis zum Ausbruch der Wirtschafts- und Finanzkrise 2007/08 enorm gestiegen, und zwar auf mehr als das Dreifache. Das hat jedoch nicht zu einem geringeren Verbrauch geführt. Aus ökonomischer Sicht war die Nachfrage »unelastisch«, weil sie nicht auf das erhöhte Preisniveau reagierte und sank (siehe Tabelle 5).

Erst als die US-Wirtschaft im Zuge der Wirtschafts- und Finanzkrise einbrach und auch die Weltwirtschaft schwächelte, sank der Ölpreis mangels Nachfrage. Doch mit der Erholung der ameri-

Tabelle 5.
US-amerikanische Rohölimporte, 2003 – 2010

Jahr	Menge (in 1000 Fässern)	Wert (in 1000 Dollar)	Preis je Einheit (in Dollar)
2003	3 676 005	99 167 173	26,98
2004	3 820 979	131 742 665	34,48
2005	3 754 671	175 755 341	46,81
2006	3 734 226	216 627 331	58,01
2007	3 690 568	237 211 653	64,28
2008	3 590 628	341 912 488	95,22
2009	3 314 787	188 711 776	56,93
2010	3 377 077	252 160 511	74,67

Quelle: U.S. Census Bureau, Foreign Trade Division abrufbar unter <http://www.census.gov/foreign-trade/statistics/historical/petr.pdf>.

kanischen wie der globalen Wirtschaft seit 2010 stieg die Nachfrage nach Energie-Importen, und damit zog auch der Ölpreis wieder an.

Die teuren Energie-Importe belasten die seit mehreren Jahren ohnehin schlechte amerikanische Außenhandelsbilanz in Besorgnis erregendem Maße: im Vorfeld der Wirtschafts- und Finanzkrise 2005 um 70 Milliarden Dollar, 2006 um weitere 50 Milliarden Dollar. Das US-Außenhandelsdefizit wurde damals zu etwa einem Drittel auf Energie-Importe zurückgeführt.[12] Als 2007/08 die Finanz- und spätere Wirtschaftskrise mit der sinkenden Energienachfrage die Ölpreise von über 140 Dollar pro Fass im Juli 2008 auf unter 40 Dollar pro Fass im Januar 2009 drückte, wirkte das wohltuend auf die Außenhandelsbilanz, die sich zwischenzeitlich etwas besser darstellte. Doch mit der wirtschaftlichen Erholung und der wachsenden Energienachfrage stieg das Außenhandelsdefizit wieder. Nach Schätzungen des *Congressional Research Service*, einem der wissenschaftlichen Dienste im Kongress, haben die Energie-Importe 2010 bereits wieder über 40 Prozent des Handelsdefizits verursacht.[13] Die zu Jahresbeginn 2011 von den Unruhen im Nahen und Mittleren Osten beförderten Ölpreissteigerungen könnten die Außenhandelsbilanz um weitere 100 Milliarden Dollar belastet haben.[14]

Die Unausgewogenheit der Außenhandelsbilanz ist neben der hohen Staatsverschuldung ein strukturelles Problem der amerikanischen Wirtschaft. Es macht diese verwundbar. Solange die Lieferanten ihre Erlöse in den USA reinvestierten, stellt das ansteigende Handelsdefizit die USA vor keine größeren Schwierigkeiten. Doch wenn die Investoren Zweifel an der Produktivität, Wirtschaftskraft und Geldwertstabilität der USA hegen und ihre Erlöse für Waren und Dienstleistungen auf anderen internationalen Finanzmärkten sichern, geraten Währung und Wirtschaft der USA massiv unter Druck.

Längst beeinträchtigen teure Energie-Importe die amerikanische Wirtschaft. Bereits im Sommer 2005 gab der damalige Notenbankchef Alan Greenspan der Legislative zu bedenken, dass allein die seit Ende 2003 erhöhten Energiepreise das amerikanische Wirtschaftswachstum 2004 und 2005 jeweils um 0,5 beziehungsweise 0,75 Prozentpunkte vermindert hätten.[15] Hohe Energiepreise betreffen in erster Linie energie-intensive Wirtschaftssektoren und verursachen indirekt zusätzliche Kosten für andere Wirtschaftszweige. Auch die Konsumenten bekommen den Anstieg der (Energie-)Preise zu spüren, denn sie sind bei sinkender Kaufkraft gezwungen, bei anderen Ausgaben zu sparen. Nach einer *Gallup*-Umfrage vom Mai 2007 treffen die gestiegenen Mineralölpreise das Budget von zwei Dritteln der Bevölkerung empfindlich. Einer von fünf Amerikanern (18 Prozent) geriet dadurch in eine finanzielle Notlage, weitere 49 Prozent bekundeten, dass die gestiegenen Ölpreise sie dazu gezwungen hätten, ihre Ausgaben drastisch einzuschränken. Haushalte mit niedrigen und mittleren Einkommen waren davon besonders betroffen.[16]

Damit haben hohe Energiekosten – der Preis für ein Fass Rohöl stieg innerhalb von fünf Jahren von etwas über 25 Dollar (2003) auf über 140 Dollar (im Sommer 2008) – ihren Teil zur Finanz- und späteren Wirtschaftskrise beigetragen. Ohne Zweifel gibt es eine Vielzahl von Gründen, die hier angeführt werden können, aber die hohen Ölpreise sollten bei der Ursachenforschung auf keinen Fall außer Acht gelassen werden. Sie haben die auf Mobilität angewiesenen Amerikaner, vor allem einkommensschwache Kreditnehmer, genötigt, an anderen Ausgaben zu »sparen«, was nicht selten bedeutete, dass diese ihre Kreditraten nicht mehr zahlen konnten. Bereits im Februar 2007 war abzusehen, dass vor allem *subprime mortgages*, das sind Kredite an Kreditnehmer mit schlechter Bonität, notleidend und Hunderttausende Häuser zu Schleuderpreisen auf den Markt geworfen werden würden. Als die Immobilienblase wenig später platzte, hat das die Geldmärkte schwer belastet, zumal viele Banken, Versicherungen und Hedge-Fonds in diese riskanten Hypothekengeschäfte verwickelt waren. Viele hatten ihre Forderungen in Form neuer (von Ratingagenturen als absolut sicher eingestuften) »Wert«-Papiere bereits weltweit an nimmersatte institutionelle und private Renditejäger verkauft. Das Ergebnis des Domino-Effekts ist bekannt: Die amerikanische Immobilien- und Finanzkrise wurde zu einer Weltwirtschaftskrise.

Die folgende Rezession wirkte entspannend auf die Ölmärkte, doch im Zuge der wirtschaftlichen Erholung wurden sie erneut zum wirtschaftlichen Problem. Analysten von *Goldman Sachs* errechneten bereits im Juni 2011, dass der Benzinpreis – das Fass der Sorte Brent kostete damals bereits 110 Dollar – im zweiten Quartal 2011 zwischen 0,5 und 0,75 Prozent Wachstum gekostet haben dürfte. Auch künftig sei keine Entspannung zu erwarten: Bis Jahresende 2012 soll der Preis für ein Fass Brentöl auf 140 Dollar steigen.[17] Das klingt durchaus plausibel – es sei denn, wir steuern bereits auf eine weitere Wirtschaftskrise zu, die die Preise wieder drücken dürfte.

Längerfristig angelegte Studien verdeutlichen, dass hohe Ölpreise durchaus im Zusammenhang mit wirtschaftlichen Rezessionen stehen,[18] denn zehn der elf amerikanischen Wirtschaftsrezessionen nach dem Zweiten Weltkrieg gingen signifikante Ölpreiserhöhungen voraus. Zwar sind für Einbrüche der wirtschaftlichen Entwicklung stets viele Faktoren von Belang, doch hohe Ölpreise können der sprichwörtlich letzte Tropfen sein, der das mit anderen Problemen bereits bis zum Rande gefüllte Fass zum Überlaufen bringt. Sie geben einer ohnehin taumelnden Wirtschaft den Rest, wie James Hamilton von der *University of California* in San Diego es formuliert. Für Hamilton besteht kein Zweifel, »dass auch die in der ersten Jahreshälfte 2011 erhöhten Ölpreise die Wirtschaft gebremst haben«[19] und auf das Jahr hochgerechnet bereits bis zu einen Prozentpunkt Wirtschaftswachstum gekostet haben dürften.

Dieses dialektische Auf und Ab, das Aufeinanderfolgen von hohem Ölpreis – Wirtschaftseinbruch – niedrigerem Ölpreis – wirtschaftlicher Erholung – Anziehen des Ölpreises und den damit zusammenhängenden wirtschaftlichen Problemen wird sich wiederholen, solange es den energiehungrigen Industriemächten nicht gelingt, sich aus diesem Teufelskreis zu befreien. Befreiung aber heißt, die Wirtschaft auf einen möglichst niedrigen Verbrauch fossiler Brennstoffe einzustellen.

Der Problemdruck wird noch wachsen, denn ehemalige Entwicklungsländer wie China und Indien verbrauchen im Zuge ihrer wirtschaftlichen Aufholjagd immer mehr Energie. Damit werden die Rohstoffe noch knapper. Nach den Prognosen der Internationalen Energie-Agentur (IEA) werden den weltweiten Anstieg des Primärenergieverbrauchs bis 2035 fast ausschließlich (zu 93 Prozent) Nicht-OECD-Mitgliedsstaaten verursachen. Allein China soll 40 Prozent des erwarteten Anstiegs verantworten, gefolgt von Indien mit knapp 20 Prozent. Nach den Daten der IEA hat China die USA schon 2009 als weltweit größter Energieverbraucher überflügelt.[20] Durch seine merkantilistische, zunehmend auch militärisch flankierte Energiesicherungspolitik bedroht das Reich der Mitte zunehmend die Energieressourcen und damit das, was Sicherheitsexperten die vitalen Interessen Amerikas nennen.

Vitale Interessen
amerikanischer Außenpolitik

Amerikas Abhängigkeit von importiertem Öl ist zum wirtschaftlichen Problem und sicherheitspolitisch relevanten Thema geworden. Um die Energieressourcen und Handelswege zu sichern, hat Washington bisher auf die kostspielige Strategie massiver Militärpräsenz gesetzt. Diese Strategie lässt sich wegen der schlechten sozioökonomischen Verfassung Amerikas und wegen des schwindenden innenpolitischen Rückhalts im eigenen Land nicht länger aufrechterhalten. Immer mehr Amerikaner leiden unter der prekären wirtschaftlichen Lage und fragen sich, ob es nicht besser wäre, die Probleme im eigenen Land zu lösen und das internationale Engagement entsprechend zurückzufahren. Aufgrund des steigenden innenpolitischen Drucks wird die Weltmacht versuchen – unter anderem auch über multilaterale Instrumente wie die NATO und neue regionale Zusammenschlüsse in Asien –, die Lasten der »weltweiten Verantwortung« auf ihre Alliierten abzuwälzen. Um die innenpolitischen und finanziellen Kosten von Auslandseinsätzen zu verringern, wird sie den »militärischen Fußabdruck« verkleinern und geostrategisch wichtige Gebiete etwa durch eine Drohnenflotte mitsamt den dafür weltweit nötigen Basen kontrollieren. Die ursprünglich als Vorhut im weltweiten Kampf gegen den Terror eingesetzten unbemannten Aufklärungs- und Kampfflugzeuge können selbstredend auch gegen eine andere am Horizont aufziehende Gefahr in Stellung gebracht werden: gegen China, die aufstrebende Wirtschaftsmacht in Asien, die für ihr weiteres Wachstum immense Energieressourcen benötigen wird. Indem sie diese zunehmend militärisch sichert, gerät sie in Konflikt mit den »vitalen Interessen« der USA.

Petropolitics – die »Achse des Öls«

Wenn die Vereinigten Staaten keinen Weg finden aus der übermä-
ßigen Abhängigkeit vom Import fossiler Brennstoffe, bleiben sie verwundbar, zumal wenn sie den Brennstoff aus instabilen Regionen
beziehen. Auf ihren wichtigen Öllieferanten Kanada werden sie auch
in Zukunft zählen können, doch die zur Neige gehenden Ressourcen
Mexikos und die angespannten Beziehungen zu Venezuela sind ein
Anzeichen dafür, dass es für die USA selbst in der geographischen
Nachbarschaft schwieriger wird, sich Energievorräte zu sichern. Der
Persische Golf – eine Region, deren politischer *Status quo* bislang
amerikanischen Interessen gedient hat – erweist sich sicherheitspolitisch als instabil und als zunehmend unzuverlässig, wenn es um
die preiswerte Lieferung von Rohstoffen zur Energie-Erzeugung
geht. In jüngster Zeit führen die Ereignisse in der Golfregion der
amerikanischen Politik und Öffentlichkeit tagtäglich über die Medien vor Augen, wie unsicher ihre Versorgung mit Energie ist. Darüber hinaus zieht mit dem wirtschaftlich expandierenden China
nicht nur eine neue sicherheitspolitische Herausforderung herauf,
sondern es tritt ein weiterer Konkurrent um die knappen Ressourcen auf den Plan, und zwar sowohl im Nahen und Mittleren Osten
als auch in entwicklungsfähigen Regionen wie Westafrika und Zentralasien. Selbst in Amerikas Hinterhof, in Venezuela und in Brasilien, machen chinesische Staatsunternehmen amerikanischen Ölfirmen ihre dominante Stellung streitig.

Einige Beobachter dieses so genannten *petropolitics*, des Wett-
streits um fossile Energievorkommen, warnen bereits vor einer
»Achse des Öls«: Wenn Russland, China und möglicherweise der
Iran gemeinsame Sache machen, würden sie ein »Gegengewicht zur
amerikanischen Hegemonie« bilden; sie könnten dann den USA ihre
Ölversorgung streitig machen und deren strategische Interessen
durchkreuzen.[1] Auch wenn aus geostrategischer Perspektive die Bedrohung der nationalen amerikanischen Interessen überzeichnet
scheint, so ist doch nicht zu bestreiten, dass die hohen Kosten für

Energie und die zu ihrer Sicherung aufgewendeten externen Kosten die wirtschaftliche Genesung der Weltmacht beeinträchtigen.

Längst hat die OPEC, eine Organisation, die schon aufgrund ihrer *Raison d'être* daran interessiert sein muss, die Energiepreise in der Tendenz hoch zu halten, »ihre Macht zur Umverteilung zugunsten der Ressourcenländer neu entdeckt und dabei auch politische Interessen geltend gemacht«.[2]

Außenpolitisches Selbstverständnis

Die Lage ist kritisch: Amerika sieht seine vitalen Interessen bedroht, aber es ist in seiner Handlungsfähigkeit enorm eingeschränkt. Die massiven sozioökonomischen Probleme im Innern wirken sich auf das Selbstverständnis im außenpolitischen Handeln und auf den Aktionsradius der Weltmacht aus. An den Rändern des politischen Spektrums argumentieren auf der einen Seite libertäre Republikaner und auf der anderen gewerkschaftsnahe Demokraten aus ganz unterschiedlichen Gründen gegen das internationale Engagement der USA: Die libertär gesinnten Republikaner – vor allem die Anhänger der *Tea-Party*-Bewegung – sehen die »innere kapitalistische Ordnung« und das wachsende Haushaltsdefizit mit Sorge und stellen sich gegen das kostspielige militärische Engagement, während die traditionellen, den Gewerkschaften nahestehenden Demokraten die »sozialen Interessen Amerikas« verteidigen und befürchten, dass Mittel für internationale Angelegenheiten oder militärische Zwecke aufgewendet werden, die dann im Etat für innere soziale Belange fehlen.

Die amerikanische Außenpolitik bewegte sich im Laufe der Geschichte stets zwischen Absonderung von der Welt und missionarischer Weltverbesserung. Der amerikanische »Exzeptionalismus«[3] manifestierte sich also auf höchst unterschiedliche Weise: indem die beinahe auserwählte (*almost chosen*, so Abraham Lincoln ironisierend) Nation, die *citty upon a hill* (so der puritanische Pionier John Winthrop), selbstgenügsam der Welt als leuchtendes Vorbild diente oder indem sie die Welt – sei es durch multilaterales oder unilaterales Vorgehen – mit allen Mitteln – seien sie diplomatisch oder militärisch – zu verändern suchte.[4] Bis heute leitet den tonangebenden außenpolitischen *Mainstream* Washingtons ein liberal-hegemoniales Weltbild, gemäß dem die USA die Welt nach ihren Wertvorstellungen und Interessen ordnen.[5] Die USA seien »zur Weltmacht verdammt«, hat der deutsche Politikwissenschaftler Christian Hacke in seiner historischen Analyse amerikanischer Außenpolitik vor gut einem Jahrzehnt geschrieben.[6] Selbst Barack Obamas außenpolitische Grundorientierung folgt dieser Tradition, auch wenn der US-Senator aus Illinois seinen Wahlkampf 2008 unter dem Schlagwort »Wandel« führte. Die amtierende Außenministerin Clinton erklärte ihren durch die wirtschliche Lage und die Kosten der Kriege im Irak und in Afghanistan verunsicherten Landsleuten aber klipp und klar: »Wir können es uns nicht leisten, uns nicht zu engagieren.« Und sie lässt keinen Zweifel, worum es geht: Das außenpolitische Engagement sei der »Schlüssel für Wohlstand und Sicherheit in unserem Land«,[7] denn es gelte Handelswege und Ressourcen zu sichern und existentielle militärische Bedrohungen abzuwenden.

Interpretation des »nationalen Interesses«

Die Auffassungen darüber, wie das nationale Interesse der USA definiert und wie amerikanische Weltordnungsvorstellungen umgesetzt werden sollen, gehen zuweilen allerdings weit auseinander. Um die amerikanische Führungsmacht zu erhalten, empfiehlt etwa der liberale Vordenker Joseph Nye, die US-Außenpolitik wieder stärker in einen multilateralen Rahmen einzubetten und ihr auf diese Weise mehr Legitimität und Akzeptanz zu verleihen. Wenn eine Großmacht wie die USA ihr nationales Interesse breiter definiere, also globale Interessen berücksichtige und globale öffentliche Güter (wie Sicherheit) bereitstelle, so der Politologe, seien die Partner im Ernstfall möglicherweise eher bereit, ein unilaterales Vorgehen zu akzeptieren.[8]

Die pragmatischen Realisten, die mit Rücksicht auf die isolationistisch gesinnte Bevölkerung traditionell einem engen Sicherheits-
begriff verhaftet sind, setzen der »nationalen Verteidigungsbereit-
schaft« enge Grenzen und stehen der »Überdehnung« internationaler
Einsätze zum Zwecke des *nation building* skeptisch gegenüber. Doch
seit den Terroranschlägen vom 11. September 2001 sind sie sich mit
neokonservativen[9] und liberalen Internationalisten einig: *Failing
states matter* – fragile und zerfallende Staaten wie Afghanistan und
Pakistan bergen für die USA ein nationales Sicherheitsrisiko.[10]

Obschon die kriegerischen Auseinandersetzungen zwischen
Russland und Georgien im Sommer 2008 sowie der Wettstreit um
knapper werdende Energierohstoffe die traditionellen Sicherheits-
bedrohungen wieder mehr ins Zentrum der Aufmerksamkeit gerückt haben, geht es nach der vorherrschenden veröffentlichten Meinung in den USA heute kaum noch darum, zwischenstaatliche
Angriffskriege zu verhindern. Nach den Anschlägen vom 11. September 2001 setzte sich doch allgemein die Auffassung durch, dass asymmetrische Bedrohungen durch nichtstaatliche Akteure und insbesondere die Gefahren, die von fragilen Staaten ausgehen, das vitale
Sicherheitsinteresse der USA berühren. Vor allem wähnt Amerika
seitdem die für seine Wirtschaft wichtigen Hauptschlagadern – freie
Handelswege und die Energieversorgung – von Terroristen und
Piraten bedroht. Im Zuge des »globalen Krieges gegen den Terror«
hat es daher – nicht zuletzt auch in geostrategisch wichtigen Regionen – das Netz von Militärbasen und CIA-Stützpunkten ausgeweitet, um seine Interessen zu wahren.

Dass diese Vorposten amerikanischer Militärmacht und amerikanischer Sicherheitsdienste auch dazu dienen können, die ehemalige Großmacht Russland und die aufstrebenden, energiehungrigen
Mächte in Asien, insbesondere China, in Schach zu halten, sollte
diese Maßnahmen auch jenen Vorsichtigen schmackhaft machen,
die das nationale Interesse enger auslegen und auf die so genannten
vitalen Interessen beschränkt sehen wollen. Im Zuge der weltweiten
Terrorbekämpfung – gegen gemeinhin als unmittelbar empfundene

Gefahren – ergaben sich dann auch willkommene Gelegenheiten, sich auf mögliche langfristige Gefahren durch geostrategische Konkurrenten wie China vorzubereiten, also Maßnahmen zu ergreifen, die von der eher isolationistisch eingestellten amerikanischen Öffentlichkeit und auch international sonst wohl nicht akzeptiert worden wären.

Legitimationsrahmen 9-11

Die Anschläge vom 11. September 2001 stellen einen »entscheidenden Faktor« dar in Bezug auf Handlungsspielraum und Motivation der amerikanischen Außenpolitik: »Vor den Attacken waren die Vereinigten Staaten auf der weltpolitischen Bühne zwar zehn Jahre lang die unangefochtene Nummer eins«, bestätigt Fareed Zakaria, »aber durch verschiedene innenpolitische Faktoren – Geld, den US-Kongress und die öffentliche Meinung – waren sie daran gehindert, eine strikt unilaterale, interventionistische Außenpolitik zu verfolgen.« Militärisches Engagement und Auslandshilfen waren unpopulär, »da die amerikanische Öffentlichkeit nach den Härten des Kalten Krieges den Rückzug aus der Welt wünschte«. Diese isolationistische Grundhaltung hat der Regierung Clinton bei der Intervention auf dem Balkan, der NATO-Erweiterung und den Finanzhilfen für Russland einiges an innenpolitischer Überzeugungsarbeit abverlangt.[11]

In den 1990er Jahren musste die US-Regierung, was die Außenpolitik angeht, zum Handeln geradezu getrieben werden. Als es nach dem Zusammenbruch des Sowjetimperiums galt, das Machtvakuum in Osteuropa durch die Erweiterung der westlichen Allianz zu füllen und damit die Region zu stabilisieren, haben unter anderem deutsche Regierungsvertreter über geschickte, den amerikanischen Kongress und *Think Tanks* einbeziehende Diplomatie Mitarbeiter der Clinton-Regierung und federführender Senatoren ermutigt, die Osterweiterung der NATO um ehemalige Staaten des Warschauer Paktes auf die außenpolitische Agenda zu setzen.

Während in den 1990er Jahren der »widerwillige Sheriff«[12] seine Rolle als Weltpolizist aus Sorge um die öffentliche Meinung im eigenen Land sehr zurückhaltend spielte und nur das Nötigste tat, um die internationale Ordnung aufrechtzuerhalten, handelte die US-Regierung nach den Anschlägen vom 11. September 2001 wie entfesselt: Weder innenpolitische Kontrollen noch internationale Normen oder Institutionen konnten die »Hypermacht«[13] – wie der damalige französische Außenminister Hubert Védrine die USA 1999 bezeichnete – beschränken. Der Publizist Robert Kagan, dessen neokonservativ-galaktische Visionen den Rahmen eurozentristischer Weltbilder sprengten, bezeichnete internationale Normen damals als Waffen der Schwachen gegen den Starken: Liliputaner versus Gulliver. Das starke männliche, vor Kraft strotzende Geschlecht vom Mars wollte sich nicht mehr durch das weibische multilaterale Geschwätz der Europäer zurückhalten lassen.[14] Rhetorisch flankiert von Verteidigungsminister Donald Rumsfeld, spaltete die »Übermacht« nach Gutdünken den europäischen Kontinent in folgewillige »neue« und widerwillige »alte« Europäer und führte ihre Getreuen, eine »Koalition der Willigen«, in einen völkerrechtswidrigen Angriffskrieg gegen den Irak. »Ungebundenes Amerika«, so lautete 2003 in wörtlicher Übersetzung der Titel einer Abhandlung über die Bush-Revolution in der amerikanischen Außenpolitik. Verfasst hatten sie Ivo Daalder und James Lindsay, Mitarbeiter zweier renommierter *Think Tanks*, nämlich der *Brookings Institution* und dem *Council on Foreign Relations*.[15]

George W. Bush, der im Wahlkampf 2000 seinen Landsleuten versichert hatte, Amerika werde unter seiner Führung eine bescheidene, zurückhaltende Außenpolitik mit realistischem Augenmaß, also eine *humble foreign policy*, betreiben, entpuppte sich nach den Anschlägen vom 11. September 2001 als missionarischer Revolutionär, der die Realität, insbesondere den Nahen und Mittleren Osten, mit militärischen Mitteln neu zu gestalten trachtete. Die Stunde radikaler Denker und ihrer Ideen zur Neuordnung der Welt war gekommen. Diese waren nicht zuletzt in neokonservativen *Think Tanks* wie dem

American Enterprise Institute und dem mittlerweile aufgelösten *Project for the New American Century* ausgebrütet worden.

In dem durch die Anschläge in New York und Washington neu gesetzten Legitimationsrahmen des so genannten globalen Krieges gegen den Terror konnte die militärische Präsenz der USA ohne innenpolitische Beschränkungen weltweit ausgebaut werden. Die im Zuge des Afghanistan-Krieges vereinbarten Kooperationsabkommen mit Usbekistan, Tadschikistan und Kirgisistan erweiterten das »amerikanische Glacis« bis nach Zentralasien, beobachtete Ernst-Otto Czempiel. »Nach dem Ende des Irak-Krieges erstreckt sich die durch Abkommen und Truppen gesicherte Einflusszone der Vereinigten Staaten 2004 direkt bis an die Grenzen Indiens und Chinas.« Jenseits von Afghanistan und Irak wurde, so Czempiel weiter, das starre System permanenter Basen flexibilisiert und um zusätzliche Stützpunkte sowie Zugangsrechte erweitert.[16]

Kriegführung mit Drohnen

Darüber hinaus hat man, was mittlerweile auch einer breiteren Öffentlichkeit bekannt geworden ist, Basen für Drohnen eingerichtet, also unbemannter Luftfahrzeuge (*unmanned aerial vehicles*, UAV) zur Aufklärung und Überwachung. Mit Raketen bestückt, können diese – dann als *unmanned combat air vehicles* (UCAV) bezeichneten – Luftfahrzeuge bei Bedarf auch in Kampfeinsätzen Verwendung finden. George W. Bush befahl den Einsatz von Drohnen im Grenzgebiet zwischen Afghanistan und Pakistan. Nach der Amtsübernahme Obamas wurden diese Einsätze – insbesondere auch über dem Staatsgebiet Pakistans – forciert. Oberbefehlshaber Obama verzehnfachte die Frequenz der Kampfeinsätze sogar: von einem in vierzig auf einen in vier Tagen. Seit 2005 wurden die Kampfflugpatrouillen von Drohnen um 1200 Prozent (!) erhöht.[17] Darüber hinaus wurden die Überwachungs- und Kampfeinsätze im weltweiten »Kampf« gegen den Terrorismus auf andere Gebiete ausgeweitet, etwa auf den Jemen und Somalia. Es vergeht kein Monat, in dem nicht mindestens ein Anführer der Taliban oder al-Qaidas eliminiert wird. Unbemannte Luftfahrzeuge haben auch die NATO-Truppen im Krieg gegen Gaddafis Truppen in Libyen unterstützt.

Neben den USA, die diesen Zukunftsmarkt dominieren, rüsten auch Länder wie Israel und Großbritannien ihre Streitkräfte mit dieser neuen Technologie aus. Die europäische Rüstungsindustrie hat diesen Trend erkannt und drängt die Einzelstaaten Europas, ihre nationalen Egoismen aufzugeben und in eine kollektive Verteidigung zu investieren, weil man die Modernisierungsausgaben gemeinsam besser schultern könne. Nur wenn man modernisiere, werde man die Arbeitsplätze sichern und weiterhin auf Augenhöhe mit den Amerikanern kooperieren. Das dürfte ein schwieriges Unterfangen werden, denn die amerikanischen Streitkräfte und Sicherheitsdienste planen, Quantität und Qualität ihrer Militärdrohnen in den nächsten Jahrzehnten massiv zu erhöhen, um ihren technologischen Vorsprung und ihre militärisch-geheimdienstliche Lufthoheit auszubauen.

Drohnen revolutionieren die Kriegführung. Ebenso wie der von den USA geführte »Krieg« gegen den Terror den völkerrechtlichen Rahmen überdehnt, erfolgt der Einsatz dieser aus bis zu 12 000 Kilometern ferngesteuerten unbemannten Flugkörper in einem staats- und völkerrechtlichen Graubereich zwischen Krieg und Frieden. Mittlerweile wird in den USA mehr Personal an den Drohnen geschult als an den Kampfflugzeugen.[18] Es ist zehnmal günstiger, Personal – ohne traditionelle Flugerfahrung – im Fernsteuern von Drohnen auszubilden, als Kampfpiloten alter Schule. Piloten wie Kampfflugzeuge gelten inzwischen als Auslaufmodelle. Schon Robert Gates, der Vorgänger von Leon Panetta im Verteidigungsministerium, erklärte, dass die F-35, das erste Tarnkappen-Mehrzweck-Kampfflugzeug, wohl die letzte Generation von bemannten Kampfflugzeugen darstelle. Das Sortiment unbemannter Luftfahrzeuge ist dagegen erheblich erweitert worden. Drohnen gibt es mittlerweile in allen Preislagen, Formen und Größen. Die größten, etwa der RQ-4A Global Hawk, können aus bis zu 20 000 Metern Flughöhe jedes

Objekt erkennen, eine Fläche von der Größe Griechenlands innerhalb von 24 Stunden aufklären und ohne Zwischentanken eine Entfernung wie die zwischen den USA und Australien überwinden. Die kleinsten Modelle kann das menschliche Auge nicht mehr von Vögeln oder Insekten unterscheiden. Ihre Vorzüge sind: sehr viel geringere Kosten (auch politische), weniger Transparenz und weniger Gefahr für die eigenen »Soldaten«.

Am Ende wird diesen Waffen wohl auch die Hoffnung zum Opfer fallen, dass Demokratien für Kriege nur schwer zu gewinnen sind, da der Blutzoll der eigenen Soldaten und die finanziellen Belastungen sowie eine kritische öffentliche und veröffentlichte Meinung sie davor zurückschrecken lassen.

Ihrer kritischen Rolle als »Wachhunde der Demokratie« werden die Medien, so scheint es, schon jetzt nicht mehr gerecht. Erst die Veröffentlichungen von *WikiLeaks* brachten – mittlerweile auch über die amerikanischen Medien[19] – ans Licht, dass die USA unter anderem auf der Arabischen Halbinsel, in Äthiopien, in der ostafrikanischen Republik Dschibuti, die an der Meerenge Bab el Mandeb zwischen dem Roten Meer und dem Golf von Aden liegt, und auf den Seychellen, dem Inselstaat im Indischen Ozean, Stützpunkte mit Landebahnen errichtet haben, um im Kampf gegen Terroristen und Piraten das Horn von Afrika und den Nahen und Mittleren Osten mit einem möglichst geringen »militärischen Fußabdruck« zu sichern. Nicht von ungefähr handelt es sich dabei um eine Region, die von elementarer Bedeutung ist für die Energieversorgung und die Handelsströme der Weltmacht.

Die »neue« Obama-Strategie

Die Obama-Regierung hat letztlich den »globalen Krieg gegen den Terror« rhetorisch geschickter vermittelt und mit weniger militärischem Aufwand und geringeren politischen wie ökonomischen Kosten, dafür aber mit größerem geheimdienstlichen Einsatz weitergeführt. Es ist kein Zufall, dass der von Präsident Obama Anfang Januar 2009 als Direktor der CIA nominierte Leon Panetta seit Juli 2011 das Amt des Verteidigungsministers innehat. Sein Nachfolger beim Nachrichtendienst wurde General David Petraeus, den bereits Präsident Bush zum Befehlshaber des den amerikanischen Streitkräften im Irak und Afghanistan übergeordneten regionalen Kommandobereichs (US Central Command) berufen hatte. Als Chef der Internationalen Sicherheitsunterstützungstruppe (ISAF) war er für die von der NATO geführte Sicherheits- und Aufbaumission in Afghanistan verantwortlich.

Schon im Vorwort seiner Nationalen Sicherheitsstrategie erklärte US-Präsident Obama 2010, dass Amerika seit fast zehn Jahren »Krieg gegen ein umfassendes Netzwerk der Gewalt und des Hasses« führe und sich nach dem Abzug amerikanischer Truppen aus dem Irak verstärkt »im Rahmen umfassender multinationaler Bestrebungen« auf Afghanistan konzentrieren werde.[20] Präsident Obama wird wegen der hohen (politischen) Kosten auch den Großteil seiner Bodentruppen vom Hindukusch heimholen. Nach den Worten seines Anti-Terror-Beraters John Brennan sollen Drohneneinsätze es den USA allerdings weiterhin ermöglichen, die Lage dort zu überwachen und notfalls gezielt einzugreifen.[21] Auch die amerikanischen Streitkräfte wollen weiterhin imstande sein – so die Lage-Analyse des Pentagon in seiner Planung für das Haushaltsjahr 2012 –, weltweit den vielfältigen Gefahren zu begegnen, und zwar »Bedrohungen, die von starken Staaten, schwachen Staaten oder von nichtstaatlichen Terroristen und Kriminellen ausgehen«. Die Verbreitung moderner Technologien zwinge die USA, neue Mittel und Wege zu finden, um die »Machtausübung über den ganzen Globus aufrechtzuerhalten«.[22]

Schon Obamas Vorgänger wähnte sich in einer gefährlichen, unübersichtlicher gewordenen Welt und schwor seine Landsleute auf diese neuen Gefahren ein. »Amerika wird heute weniger durch starke erobernde, sondern vielmehr durch schwache zerfallende Staaten bedroht«, lautete seine Erklärung für die seit dem Ende des Kalten Krieges eingetretenen Veränderungen, die mit den Anschlägen vom

11. September 2001 Amerika und der Welt ins Bewusstsein gerückt wurden.[23] Doch anders als Obama, der wie einige ehemalige sicherheitspolitische Mitstreiter der republikanischen Administration[24] den Krieg gegen das Regime Saddam Husseins ablehnte und als unnötigen, ja kontraproduktiven Krieg bezeichnete, sahen Bush, sein Vize Richard (Dick) Cheney und der enge Zirkel ihrer Gleichgesinnten auch im Irak einen Schurkenstaat, von dem eine unmittelbare terroristische Gefahr für Amerika ausgehe. In seiner kriegsvorbereitenden Ansprache zur Lage der Nation am 28. Januar 2003 hatte Präsident Bush den Irak noch einmal mit der existenziellen Bedrohung der USA durch Massenvernichtungswaffen in den Händen von Terroristen in Verbindung gebracht: »Stellen Sie sich diese 19 Luftpiraten mit anderen Waffen und anderen Plänen vor – dieses Mal von Saddam Hussein bewaffnet. Eine Phiole, ein Kanister, eine in dieses Land geschmuggelte Kiste würde ausreichen, einen Tag des Grauens zu veranstalten, wie wir ihn noch nie erlebt haben.«[25] Mit noch deutlicheren, religiös angehauchten Worten[26] konnte George W. Bush seine Parteigänger schließlich für den Krieg begeistern[27] und später seine Wiederwahl betreiben,[28] aber er scheiterte daran, die Mehrheit seiner Landsleute und die skeptischen Partner in Europa auf Dauer von seiner Mission zu überzeugen.

Als der christlich-rechte und neokonservativ inspirierte unilaterale Alleingang, der in dem irakischen Waffengang gipfelte, an die innenpolitischen und finanziellen Grenzen der amerikanischen Militärmacht stieß, gewannen in der zweiten Amtszeit George W. Bushs wieder die auf Zusammenarbeit ausgerichteten Kräfte die Oberhand.[29] Während insbesondere Bushs erste Amtszeit noch unter der Prämisse »unilateral soweit möglich, multilateral wenn nötig« gestanden hatte, bekennt sich die Regierung Obama zu dem genau entgegengesetzten Prinzip: »Wir handeln in Partnerschaft, wo wir können, und im Alleingang nur, wenn wir müssen.« Die US-Regierung befürchtet also nicht mehr, dass internationale Bündnisse und Organisationen die Macht der Vereinigten Staaten verringern. Im Gegenteil: »Wir glauben«, so Vizepräsident Joseph Biden, »sie helfen unsere kollektive Sicherheit, unsere gemeinsamen Wirtschaftsinteressen und Werte zu stärken.«[30]

Gegen die neuen, von fragilen und zerfallenden Staaten ausgehenden Gefahren sollen insbesondere *Peacekeeping* und *Peacebuilding* im Rahmen der NATO unterstützt und damit die Kosten des eigenen Engagements auf mehrere Schultern verteilt werden.

Auch in ihrer Zielsetzung ist die Führungsmacht bescheidener geworden. Wollte sie gerade in der ersten Amtszeit der Regierung George W. Bush noch im Alleingang die Demokratie nötigenfalls mit militärischen Mitteln weltweit etablieren, so ist mittlerweile der idealistische Überschwang realistischeren Erwägungen gewichen.

Ohnehin waren die so genannten Demokratisierungsbemühungen von Beginn an auf enorme Skepsis gestoßen – international, insbesondere in der muslimischen Welt,[31] aber auch in den USA selbst. Angesichts der hohen Kosten und der rapide schwindenden Unterstützung für Auslandseinsätze in der amerikanischen Bevölkerung wie im Kongress versucht die Regierung unter Führung von Präsident Obama nicht mehr ganze Regionen zu transformieren – ein Anspruch, der in der Bush-Ära noch unter dem Begriff *Broader Middle East* subsumiert wurde –, sondern einzelne Länder zu stabilisieren, um Schlimmeres zu verhindern. So richtet Washington seine Anstrengungen verstärkt auf Afghanistan und hofft dadurch den Zerfall der Nuklearmacht Pakistan zu verhindern.

Rückbesinnung auf Europa

Der amerikanische Vizepräsident Biden machte gleich zu Beginn seiner Amtszeit bei der Münchner Sicherheitskonferenz die Erwartungen an die transatlantische Allianz unmissverständlich deutlich,[32] nämlich neue Bedrohungen zu erkennen und ihnen mit politischer Entschlossenheit effektiv und kosteneffizient – bestenfalls in Kooperation mit Gleichgesinnten und Interessenpartnern – zu begegnen. Die NATO solle grenzüberschreitenden Bedrohungen dort begegnen, wo sie entstehen. Das schließe für die Allianz die Notwendigkeit ein, Sicherheit zu »externalisieren« und sie damit außerhalb des Bündnisgebietes zu gewährleisten. Das Aufgabenspektrum einer derart globalisierten NATO müsse von Katastrophenhilfe, Energiesicherheit und Piratenbekämpfung über friedenserhaltende Missionen bis hin zu robusten Kampfeinsätzen reichen. Freilich bleibe die Hauptaufgabe der NATO die kollektive Verteidigung ihrer Mitglieder. Doch angesichts »neuer Bedrohungen« und »neuer Realitäten« müssten die Bündnispartner »neue Entschlossenheit« zeigen und »neue Fähigkeiten«, um sich zu behaupten. Das gemeinsame Bündnis müsse besser ausgestattet werden, schließlich gehe es darum, der Verbreitung der gefährlichsten Waffen der Welt Einhalt zu gebieten, dem Terrorismus entgegenzutreten, Cyber-Sicherheit zu gewährleisten, die Energiesicherheit zu verbessern und innerhalb und außerhalb des Bündnisgebietes effektiver zu handeln.[33]

Wie bereits 2011 beim Militäreinsatz der NATO gegen das Regime Gaddafis in Libyen offenbar wurde, dürften Umfang und Vielfalt der Aufgaben dazu führen, dass sich über kurz oder lang eine Arbeitsteilung verfestigen wird: Die USA und weitere Staaten mit entsprechenden militärischen Fähigkeiten und politischem Willen werden für Kampfeinsätze zuständig sein und die übrigen NATO-Bündnispartner – also vorwiegend die anderen Europäer – für die langfristigen Aufgaben der Stabilisierung und des Wiederaufbaus verantwortlich zeichnen.[34]

Trotz dieser Arbeitsteilung sollten alle Mitgliedsländer im Sinne eines so genannten *burden sharing* die anfallenden Lasten tragen, indem die gemeinsame Finanzierung innerhalb des Bündnisses ausgeweitet oder ein Verfahren entwickelt wird,[35] nach dem die Kosten gerechter verteilt werden.[36] Bislang schultern die USA den Löwenanteil, etwa drei Viertel der Betriebskosten des etwa drei Milliarden umfassenden Jahresbudgets der Allianz.[37] Hinzu kommen die nationalen Aufwendungen für das eigene Militär. Die USA haben die ohnehin schon atemberaubend hohe Summe für ihren Verteidigungshaushalt 2011 noch einmal merklich erhöht, so dass er sich mittlerweile seit den Anschlägen vom 11. September auf etwa 700 Milliarden Dollar pro Jahr verdoppelt hat. Das entspricht einem Fünftel des Gesamthaushalts und knapp fünf Prozent der am BIP gemessenen Wirtschaftsleistung der USA.[38] Auf der anderen Seite des Atlantiks sind die Verteidigungshaushalte der europäischen Länder dagegen im selben Zeitraum im Schnitt um 15 Prozent gekürzt worden.[39] Unter den 28 Mitgliedsländern der NATO stellen nur fünf Länder – die USA, Großbritannien, Frankreich, Griechenland und Albanien – die verabredeten zwei Prozent ihrer Wirtschaftsleistung für die Verteidigung bereit. Wenn sie ihre ausufernden Haushaltsdefizite in den Griff bekommen wollen, werden die Länder Europas auch in absehbarer Zukunft wenig aufrüsten können.[40]

Aus der Sicht amerikanischer Regierungsvertreter und nicht zuletzt der Abgeordneten und Senatoren im Kongress, die gegen ihre Regierung die »Macht der Geldbörse« auffahren können, sind die Europäer Schmarotzer, die ihre Sicherheit schon viel zu lange durch die amerikanischen Steuerzahler finanzieren lassen. Es sollte daher in Europa niemanden überrascht haben, dass Obama bei der prekären Wirtschafts- und Haushaltslage in den USA und dem Unmut der amerikanischen Bevölkerung und ihrer Repräsentanten im Kongress zum Libyen-Engagement versicherte, dass Amerika beim Staatsaufbau in Libyen langfristig nicht die Führungsrolle spielen, sondern die europäischen NATO-Staaten in die Pflicht nehmen werde.[41]

Das *Government Accountability Office*, eine Rechnungsprüfungsbehörde der US-Legislative, schrieb dem Oberbefehlshaber Obama gleich zu Beginn seiner Amtszeit ins Stammbuch, dass aufgrund der angespannten Haushaltslage der Kongress im Rahmen seiner Kontrollpflicht verlangen werde, dass die konkurrierenden Ressourcenanforderungen der Militäroperationen im Irak und in Afghanistan in der neuen Sicherheitsstrategie kosteneffektiv austariert werden.[42] Seit den Anschlägen vom 11. September 2001 hat der Kongress insgesamt knapp 1300 Milliarden Dollar für den Kampf gegen den Terrorismus gebilligt. Der Hauptanteil, knapp zwei Drittel der Kosten (63 Prozent, beziehungsweise 806 Milliarden Dollar), floss in den Irak-Krieg, während der Afghanistan-Einsatz etwas mehr als ein Drittel (35 Prozent oder 444 Milliarden Dollar) der Gesamtkosten verursachte. Nach den Prognosen des *Congressional Budget Office* werden bis 2021 die beiden Kriege insgesamt 1800 Milliarden Dollar verschlungen haben – selbst wenn die Truppenstärke von derzeit 180 000 Soldatinnen und Soldaten im internationalen Kriegseinsatz bis 2015 auf 45 000 reduziert und bis Ende der Dekade auf diesem Niveau gehalten wird.[43]

Der durch die fortwährende Wirtschafts- und Finanzkrise verursachte innenpolitische und fiskalpolitische Druck in den USA wird eine kontroverse Debatte zwischen Parlament und Regierung und in deren Folge eine transatlantische Lastenteilungsdebatte auslösen. Obamas Parteifreundin Nancy Pelosi, bis zu den Kongresswahlen 2010 Sprecherin des Abgeordnetenhauses, forderte bereits anlässlich der Überprüfung der US-Außenpolitik in Afghanistan und Pakistan, dass die NATO-Verbündeten mehr Lasten schultern sollten.[44] Ebenso drängt der Vorsitzende des Auswärtigen Ausschusses im Senat, John Kerry, darauf, dass die europäischen NATO-Alliierten »eine größere Last schultern« und »mehr Kampftruppen mit weniger Auflagen« zur Verfügung stellen.[45] Aus amerikanischer Sicht haben die Europäer die Solidarität innerhalb der NATO längst überstrapaziert.[46] Insbesondere die beschränkten militärischen Kapazitäten der meisten europäischen Bündnispartner, die auf zu niedrige Verteidigungsbudgets und mangelnde Koordination zurückzuführen sind, lassen nach ihrer Ansicht die Erosion des Bündnisses befürchten.[47] Mittlerweile mussten sich die Europäer auch schon von offizieller Seite, etwa vom scheidenden US-Verteidigungsminister Robert Gates, vorwerfen lassen, dass sie unfähig seien, für (ihre eigene) Sicherheit zu sorgen.[48] In dieselbe Kerbe wird auch sein Nachfolger, Leon Panetta, schlagen, denn er hat eine Herkulesaufgabe zu bewältigen: In den nächsten zehn Jahren müssen im Verteidigungsetat über 1000 (!) Milliarden Dollar eingespart werden, falls vom Jahr 2013 an der durch die politische Blockade verursachte automatische Kürzungsmechanismus greifen sollte.

Erweiterte Kooperation mit nützlichen »Partnern«

Solange es nicht gelingt, innerhalb der Allianz die nötigen Ressourcen zu mobilisieren, werden die USA darauf drängen, dass die NATO mit kooperationswilligen und -fähigen Partnern innerhalb und außerhalb des Bündnisgebietes zusammenarbeitet. Eine solche Zusammenarbeit wäre auf jeden Fall im Interesse der Führungsmacht USA. Nach der 2009 erarbeiteten »umfassenden« und auch Pakistan einbeziehenden Strategie sollen sowohl zivile als auch militärische Beiträge geleistet und von den Alliierten, aber auch von »Partnern« und »Anteilnehmern« außerhalb des Bündnisgebietes erbracht werden.[49] Aus amerikanischer Sicht ist der Krieg in Afghanistan längst eine regionale Angelegenheit. Die US-Regierung unter Obama hat deshalb auch versucht, Russland und China zur Übernahme von Lasten zu bewegen und sie als eigeninteressierte Akteure, als so genannte *stakeholder*, einzubinden in die Aufgabe, Afghanistan und Pakistan zu stabilisieren.

Europas zivile Ressourcen

Die amerikanischen Sicherheitsexperten raten den europäischen Bündnispartnern schon seit Längerem, ihre Ressourcen zu koordinieren und damit ihre beschränkten Fähigkeiten effizienter zu nutzen.[50] Die Etablierung der Europäischen Rüstungsagentur, die unter anderem die einzelstaatlichen Verteidigungshaushalte der EU-Mitglieder optimieren soll, ist als erster Schritt in diese Richtung begrüßt worden.[51]

Da die Hoffnungen, europäische Regierungen für den Aufbau ziviler Kapazitäten innerhalb der NATO zu gewinnen, gering sind, drängen die USA darauf, dass der NATO jene zivilen Kapazitäten zur Verfügung gestellt werden, welche die EU-Staaten ohnehin innerhalb der Europäischen Union entwickeln.[52] Dieser pragmatische Vorschlag verkehrt die bisherige »Berlin-Plus«-Debatte, in der es um

NATO-Ressourcen für die EU ging, ins Gegenteil, denn er fragt danach, was insbesondere die Gemeinsame Sicherheits- und Verteidigungspolitik (GSVP) für die NATO leisten und wie sie zu einer verbesserten Kooperation beitragen kann.[53]

Einbinden Russlands und Chinas

Dass die USA nicht umhinkommen würden, mit Moskau einen Ausweg aus der prekären Sicherheitslage in Afghanistan zu suchen, wurde deutlich, als der kirgisische Präsident Kurmanbek Bakijew am 3. Februar 2009 den USA bedeutete, ihren Luftwaffenstützpunkt in Manas zu räumen.[54] Bakijew wandte sich noch aus Moskau an die USA, wo er mit seinem russischen Amtskollegen Dmitri Medwedew zusammengetroffen und wohl durch die kurz zuvor bekannt gegebenen Zahlungsversprechen und Kreditangebote des Kremls zu diesem Schritt ermutigt worden war. Der Zeitpunkt hätte für die USA nicht unpassender sein können, zumal Präsident Obama im Februar 2009 zur Stabilisierung der Lage in Afghanistan eine massive Truppenaufstockung um weitere 17 000 Soldaten anordnete – von denen ein Großteil über Manas transportiert werden sollte. Eine Alternative, etwa der Landweg über Pakistan, würde – wie die Angriffe auf die Nachschubwege der NATO am Khyber-Pass im Grenzgebiet zwischen Afghanistan und Pakistan zeigten – erheblich gefährlicher und aufwändiger sein.

Die USA hatten nach der Aufforderung Bakijews aber auch die Möglichkeit, auf das Angebot Moskaus einzugehen, den Nachschub über russisches Territorium zu führen. Ob Russland bereit sein würde, Militärausrüstung der USA und der NATO passieren zu lassen, war offensichtlich eine Frage des Preises. Washington war bereit, diesen zu zahlen.[55] Nach Berichten der *New York Times* hatte US-Präsident Obama seinem russischen Amtskollegen bereits ein Kooperationsangebot unterbreitet. Unter anderem sollten Nachschubwege für den Militäreinsatz in Afghanistan ausgelotet werden und die in Moskau heftig kritisierten Raketenabwehrpläne der Bush-Administration gemeinsam überprüft werden.[56] Es geht darum, die Raketenabwehr in Abstimmung mit den NATO-Bündnispartnern und Russland weiterzuentwickeln und sich so besser vor den besorgniserregenden Entwicklungen im Iran zu schützen. Ob sich die Verantwortlichen in Moskau am Ende durchringen können, ihre wirtschaftlichen Interessen durch einen härteren Umgang mit dem Iran aufs Spiel zu setzen, bleibt fraglich; aber indem sie das für Moskau sehr heikle Thema der Raketenabwehr entschärfte, konnte die Obama-Regierung zunächst eine neue Arbeitsgrundlage mit Moskau schaffen.

Mit diesem »Neustart« in den Beziehungen zwischen Washington und Moskau müssen sich viele Alliierte in Europa erst einmal anfreunden, zumal jene »neuen Europäer«, die der NATO beigetreten sind, um Schutz vor möglichen russischen Aggressionen zu finden. Galt Russland lange Zeit als Feind, der die Allianz zusammenschweißte, so soll es nun als Partner eingebunden werden in die Abwehr der größeren Gefahren, die von Möchtegern-Nuklearstaaten wie dem Iran oder von fragilen Staaten ausgehen, die nicht zuletzt die unmittelbare Nachbarschaft und den Einflussbereich Russlands destabilisieren könnten.

Die Nordatlantische Allianz wird nach außen daran festhalten, dass die Staaten des euro-atlantischen Raums frei, das heißt ohne Veto Russlands, über ihre Bündniszugehörigkeit entscheiden. Doch in den zentralen Anliegen der Stabilisierung Afghanistans und der Verhinderung einer militärischen Nuklearoption Irans muss man mit Russland Einvernehmen erzielen, und das hat seinen Preis: Die USA werden die Stationierung von Raketenabwehrsystemen in Polen und Tschechien bis auf Weiteres verschieben und ihre Agenda zur Erweiterung der NATO im Hinblick auf Georgien und die Ukraine weniger intensiv verfolgen.[57] Das NATO-Außenministertreffen im März 2009 in Brüssel führte bereits zu Erfolgen in dieser Stillhaltepolitik. Die amerikanische Außenministerin Hillary Clinton befürwortete dort mit Nachdruck die Wiederaufnahme der

Zusammenarbeit mit Moskau, die nach dem Georgien-Krieg auf Drängen der Bush-Regierung auf Eis gelegt worden war.[58] Die Außenminister der 26 NATO-Staaten beschlossen schließlich, die formellen Sitzungen des NATO-Russland-Rats wieder aufzunehmen. Das sei, so äußerte Clinton, eine »Plattform für Zusammenarbeit« bei Themen, die im Interesse der NATO-Staaten liegen – wie etwa der Zugang zu Afghanistan.[59]

Auch China soll in die Konfliktlösung eingebunden werden. Spätestens seit Osama bin Laden von amerikanischen Elite-Einheiten in Sichtweite von Pakistans wichtigster Militärausbildungsstätte ausfindig gemacht und getötet wurde, ist Pakistan ins Zentrum amerikanischer Terrorbekämpfung gerückt. China, das sehr gute Beziehungen zu Pakistan unterhält, sollte nach amerikanischer Auffassung die Bemühungen unterstützen, das Wirken islamistischer Extremisten insbesondere in Pakistan einzudämmen. Bruce Riedel, Präsident Obamas Berater für Afghanistan und Pakistan und ehemaliger Sicherheitsberater der CIA, wurde schon vor Jahren vom Nationalen Sicherheitsberater mit der Ausarbeitung einer umfassenden Strategie für Afghanistan und Pakistan beauftragt und präsentierte im Oktober 2008 in den Medien das Schreckensbild islamischer Radikaler, die zum Verfall eines weiteren Staates beitragen: »Ein gescheiterter Staat in Pakistan ist der schlimmste Alptraum, den sich Amerika im 21. Jahrhundert vorstellen kann.«[60]

»Kooperationsprobleme« mit Pakistan

Gerade Pakistan sollte im Rahmen einer »Kerngruppe« mit in die Befriedung Afghanistans integriert werden. Doch für den pakistanischen Sicherheitsapparat liegt eine noch größere Gefahr darin, dass nach dem Rückzug der NATO und eines Großteils der amerikanischen Truppen aus Afghanistan ein Vakuum entsteht, das der Erzrivale Indien nutzen könnte. Deshalb versuchen die pakistanischen Sicherheitsbehörden über ihnen nahestehende Terrorgruppen Einfluss auf die Lage in Afghanistan zu gewinnen. Dieses Doppelspiel mit den Taliban sollte Pakistan nach Ansicht der USA endlich aufgeben, denn während es einerseits mit den Amerikanern kooperiere, instrumentalisiere es andererseits die terroristischen Gruppen gegen Indien und die USA. Pakistan sollte sich entschließen, die auf eine zwischenstaatliche Auseinandersetzung mit Indien fixierten Truppen in den Kampf gegen den Terror – also gegen asymmetrische Gefahren durch nichtstaatliche Akteure – zu führen, schließlich drohe dieser Terror auch den pakistanischen Staat von innen zu zersetzen.

Das ohnehin angespannte Verhältnis mit Pakistan, dessen Kooperationsbereitschaft Washington seit Jahren durch Wirtschafts- und Militärhilfen zu fördern sucht, wurde in der Nacht vom 1. auf den 2. Mai 2011 gefährlich belastet, als amerikanische Spezialeinheiten Osama bin Laden und einige seiner Mitstreiter in einer militärischen Sicherheitszone etwa 40 Kilometer nördlich der pakistanischen Hauptstadt erschossen. Die Sicherheitsbehörden Pakistans hatte man vorab nicht informiert. Im Juni 2011 ließ dann Marc Grossmann, der amerikanische Sondergesandte für Afghanistan und Pakistan, verlautbaren, dass die bislang bereitwillig verteilten Projektmittel der USA künftig nach strengeren Kriterien vergeben würden. Während die USA in der vergangenen Dekade großzügig etwa 20 Milliarden Dollar verteilt hatten, sollte die Anzahl der Projekte nun auf ein Drittel reduziert werden.[61] Washingtons Sicherheitsexperten waren sich einig, die Vergabe der »Gelder amerikanischer Steuerzahler« künftig mit schärferen Auflagen zu verbinden, nicht zuletzt weil die amerikanische Öffentlichkeit und ihre Repräsentanten im Kongress angesichts der prekären Haushaltslage und Staatsverschuldung die Verschwendung knapper Mittel kritisierten. Als schließlich im Juli 2011 amerikanischen Spezialeinheiten die Einreise verweigert wurde, fror die US-Regierung die zugesagten Militärgelder für Pakistan ganz ein.[62]

Im September 2011 gaben CIA-Direktor Petraeus und Generalstabschef Mike Mullen in informellen Treffen in Washington und Madrid ihren pakistanischen Amtskollegen, Geheimdienstchef

95

Ahmed Shuja Pasha und Armeechef Ashfaq Kayani, noch deutlicher zu verstehen, dass sie deren Verbindung (*proxy connection*) mit dem Haqqani-Netzwerk, das im pakistanischen Stammesgebiet gegen amerikanische Einheiten in Afghanistan operiert, nicht länger hinnehmen und gezielte Maßnahmen dagegen ergreifen würden.[63] Die Drohung wurde umgehend umgesetzt: Hatten sich amerikanische Einheiten mit Drohnenangriffen auf dieses stärker bevölkerte Gebiet bis dahin zurückgehalten, um jede Form von »Kollateralschaden« zu vermeiden, so wurden diese Angriffe nunmehr in der Gegend von Miran Shah im nördlichen Waziristan forciert.[64]

Mike Mullen wurde wenig später, kurz vor seiner Ablösung durch General Martin E. Dempsey, in einer öffentlichen Anhörung im amerikanischen Senat noch deutlicher, indem er ohne diplomatische Rücksichtnahme aussprach, was viele in Washington insgeheim denken: dass der pakistanische Militärgeheimdienst *Inter-Services Intelligence* (ISI) das radikal-islamische Haqqani-Netzwerk, dem in Washington eine enge Verbindung zu al-Qaida nachgesagt wird, beim Angriff auf die amerikanische Botschaft in Kabul unterstützt habe. Zudem gebe es, so Mullen, »glaubhafte Hinweise«, dass der ISI auch hinter dem Ende Juni verübten Anschlag auf das Hotel *Intercontinental* in Kabul stecke, ja, das Haqqani-Netzwerk werde sogar vom Militärgeheimdienst kontrolliert und instrumentalisiert, es sei »wahrhaftig« ein vom Körper des ISI ausgehender »Arm«. »Mit der Wahl von gewalttätigem Extremismus als Instrument der Politik«, so das Resümee des Generalstabschefs, gefährdeten die Verantwortlichen in Pakistan die »Chancen einer strategischen Partnerschaft« beider Länder, die Präsident Obama in Aussicht gestellt habe, und verwirkten damit auch die Möglichkeit, »regionalen Einfluss« auszuüben.[65]

Auch im Kongress werden die Stimmen lauter, die fordern, sämtliche Militärhilfen für Pakistan zu streichen. Im Senat sprach sich etwa die Demokratin Dianne Feinstein dafür aus, das Haqqani-Netzwerk offiziell als Terrororganisation zu bezeichnen. Ihr republikanischer Senatskollege Lindsey Graham drohte gar medienwirksam bei *Fox News*, militärisch gegen Pakistan vorgehen zu wollen, sollten die Verantwortlichen »weiterhin Terrorismus als Teil ihrer nationalen Strategie dulden«.[66]

Besonnenere warnen davor, dass Pakistan seine militärische und sicherheitsdienstliche Zusammenarbeit mit den USA ganz beenden könnte. Zwar sei Pakistan alles andere als hilfreich im Kampf gegen terroristische Gruppen wie das Haqqani-Netzwerk, doch habe Islamabad bislang »wertvolle Hilfe gegen Gruppen wie die pakistanischen Taliban« geleistet, die sowohl die USA als auch Pakistan selbst bedrohten.[67] Auch NATO-Generalsekretär Anders Fogh Rasmussen versucht die Gemüter in Washington und Islamabad zu beruhigen. Man habe schließlich, um die Lage in Afghanistan zu kontrollieren, »nicht viele Alternativen« zur »partnerschaftlichen Zusammenarbeit« mit Pakistan.[68] Und die amerikanischen Sicherheitsdienste bemühen sich, ihre Kommunikationskanäle mit dem pakistanischen Geheimdienst weiterhin offenzuhalten und das seit den Anschlägen in Mumbai vom November 2008 besonders angespannte Verhältnis der beiden Erzrivalen Indien und Pakistan – auch durch Vermittlungsbemühungen – zu verbessern.

Die Konfrontation zwischen Indien und Pakistan ist nach Einschätzung amerikanischer Sicherheitsexperten mittlerweile ins Zentrum der Konflikte am Hindukusch gerückt: »Afghanistan ist jetzt ein Ersatzschlachtfeld eines 64 Jahre andauernden Regionalkonflikts«, resümierte resigniert Bruce Riedel, der nicht zuletzt aufgrund seiner langjährigen Geheimdiensttätigkeit und Verhandlungsbemühungen in der Region bewandert ist.[69]

Im Gegensatz zum NATO-Generalsekretär und vielen europäischen Bündnispartnern, die eine vermittelnde Haltung einnehmen, plädiert Riedel mittlerweile öffentlich für einen Politikwechsel gegenüber Pakistan: Nach dem fehlgeschlagenen Versuch, Pakistan als »Partner einzubinden«, sollten die USA einen Kurswechsel vornehmen und das »feindliche« Militärregime in Islamabad »eindämmen«. Amerikas und Pakistans Interessen seien nicht in Übereinstimmung zu bringen, solange das Militärregime in Islamabad die Geschicke des Landes bestimme.[70] Nach dieser neuen Lagebeurteilung liegt es für die USA nahe, sich Indien zuzuwenden, um Pakistan in Schach zu halten. Denn ebenso wie Amerika hat Indien durch die von Pakistan unterstützten Terroranschläge, insbesondere in Mumbai, viele Menschenleben verloren und sein Sicherheitsgefühl eingebüßt.

Lückenbüßer Indien?

Selbstbewusste indische Regierungsvertreter haben schon vor langer Zeit offene Türen in Washington eingerannt mit dem Angebot, in Afghanistan für die westliche Allianz in die Bresche zu springen. Obschon Indien in seinem traditionellen Selbstverständnis als selbstständige, blockfreie Macht (*non-aligned power*) in einigen Bereichen, etwa auf hoher See, nicht allzu eng mit der NATO zusammenarbeitet,[71] haben die Geostrategen in Neu-Delhi ein großes Interesse daran, dort Fuß zu fassen und die Lücke zu schließen, die die abziehenden NATO- und US-Truppen hinterlassen werden.[72] Ermutigt durch Washington, unterzeichneten der indische Premierminister Manmohan Singh und der afghanische Präsident Hamid Karsai im Oktober 2011 ein lange vorbereitetes Sicherheitsabkommen, nach dem die beiden Länder künftig enger im Kampf gegen den von Pakistan unterstützten Terrorismus zusammenarbeiten wollen.

Damit werden die pakistanischen Sicherheitskräfte in ihrer Befürchtung bestärkt, nunmehr von zwei Seiten – im Nordosten indirekt über die indische Präsenz in Afghanistan und im Südwesten direkt von Indiens Truppen – bedroht zu sein. Sie werden nun erst recht die ihnen nahestehenden Terrorgruppen am Hindukusch für ihre Ziele einsetzen, was Singh und Karsai zu noch intensiverer Zusammenarbeit veranlassen wird.

Im Mai 2011 sagte Premierminister Singh der Regierung in Kabul weitere 500 Millionen Dollar zu. Damit hat Indien inzwischen zwei Milliarden Dollar in Afghanistans Straßen, Krankenhäuser und andere Infrastruktureinrichtungen gesteckt.[73] In dem Sicherheitsabkommen ist zudem eine noch umfassendere Hilfe bei der Ausbildung und Ausrüstung von Polizei- und Sicherheitspersonal vereinbart worden: »Indien wird den Menschen in Afghanistan beistehen, wenn sie sich darauf vorbereiten, nach 2014 die Verantwortung für ihre Regierungsführung und Sicherheit nach dem Abzug der internationalen Truppen zu übernehmen«, versicherte Premierminister Singh dem auch über »zivilisatorische Bande« mit Indien verbundenen Land am Hindukusch.[74] Diese Verbindung würde auch in das von den USA betriebene Partnerschaftskonzept der NATO passen.

Partnerschaft mit Fähigen und Willigen

Aus amerikanischer Sicht enthalten die bilateralen Kooperationsbeziehungen der NATO zu westlich orientierten Ländern diverse Ansätze, die noch stärker formalisiert werden sollten. So werden etwa seit 2005 beziehungsweise 2006 geheime Informationen zwischen der Allianz und Australien sowie Neuseeland ausgetauscht.[75] Beide Länder haben an der NATO-Mission in Afghanistan teilgenommen. Mit Japan und Indien pflegt die NATO strategische Dialoge. Einige der von den USA als besonders nützlich erachteten Länder, etwa Australien, Japan und Südkorea, haben die Vereinigten Staaten bereits militärisch – das gilt für Australien – beziehungsweise logistisch im Kampf gegen den Terrorismus unterstützt.

Dass diese beiden Blöcke, der europäische und der asiatische, miteinander verbunden werden können, verdeutlichen die Überlegungen der ehemaligen Leiterin des Planungsstabes im amerikanischen Außenministerium Anne-Marie Slaughter. Nach ihren Vorstellungen soll die NATO auch Partnerschaften mit liberalen Demokratien in Asien festigen. Eine derart globalisierte NATO wäre eines von mehreren multilateralen Foren, die zur Schaffung einer neuen vernetzten liberalen Weltordnung beitragen – freilich nach den Bauplänen Washingtons.[76] Die transatlantische Allianz könnte mit »strategischen Partnern« im pazifischen Raum verknüpft wer-

den, indem die NATO über ein »globales Netzwerk« wesensver-
wandte Länder – allen voran Japan, Südkorea, Indien, Australien
und Neuseeland – institutionell vorerst unterhalb der Schwelle zur
Mitgliedschaft – einbindet.

Anpassungsdruck zur Globalisierung der NATO

Nach den Bewährungsproben des Kalten Krieges und des Kampfes
gegen den Terror gelte es für die NATO nun, sich gegen neue Gefahren zu rüsten, die von »aufstrebenden Mächten« ausgehen können, verkündete Leon Panetta während seiner ersten Europa-Reise
als Verteidigungsminister der USA im Oktober 2011 in Brüssel. Bis
zum nächsten NATO-Gipfel im Mai 2012 in Chicago sollten die
Alliierten »nach innovativen Möglichkeiten suchen, die Partnerschaften zu verbessern und auszuweiten, und zwar sowohl mit Ländern außerhalb der NATO, die dazu militärisch das Potenzial haben, als auch mit jenen Ländern, die danach streben, dieses Potenzial
zu erwerben«.[77]

Um Staaten, die nicht der NATO angehören, die aber willens
und fähig sind, sich an einzelnen Missionen substanziell zu beteiligen, institutionell an die Allianz zu binden, haben Vertreter der von
George W. Bush geführten Regierung ein so genanntes *Security Pro-
vider Forum* angeregt. Das Thema »Ausweitung der Allianz der Demokratien« wurde bereits 2004 vom damaligen amerikanischen
NATO-Botschafter Nicholas Burns auf die Tagesordnung gebracht,
was heftig umstritten war und umgehend für transatlantische Spannungen sorgte.[78]

Doch das Thema ist nach wie vor aktuell, und es rückt im Zuge
der Budgetzwänge sowohl der Führungsmacht als auch ihrer europäischen Partner immer mehr in den Vordergrund. Beim Gipfeltreffen im November 2010 in Lissabon bildeten »strategische Partnerschaften« für die USA bereits den wichtigsten Punkt auf der Agenda,
weil er auf die Zukunft gerichtet war. Während wie üblich die Bei-

standspflicht, das Glaubensbekenntnis des traditionellen Bündnisgebietes, bekräftigt wurde, kam mit der »Partnerschaftspolitik« der
NATO die von den USA forcierte Orientierung nach außen zur Geltung, nicht zuletzt auch im neuen strategischen Konzept des Bündnisses.

Im April 2011 schnürten die Außenminister der NATO-Staaten
das »Berliner Paket« – drei Grundlagendokumente zur Weiterentwicklung der Partnerschaftspolitik und der »kooperativen Sicherheit«
der NATO. Nach den Vorstellungen der Führungsmacht der Allianz
und denen des amtierenden NATO-Generalsekretärs Rasmussen
müssen die Partnerschaften der NATO künftig flexibler, pragmatischer und effizienter gestaltet werden. Die NATO müsse zum »Drehkreuz eines globalen Netzwerks von Sicherheitspartnern« werden,[79]
denen man mehr Mitwirkung bei Kampfeinsätzen und mehr Mitsprache bei der Entscheidungsfindung einräumen will.[80]

Die Voraussage, dass mit dem Untergang der Sowjetunion auch
die transatlantische Allianz ihre Mission erfüllt habe, hat sich also
nicht erfüllt. Die NATO hat das Ende des Kalten Krieges überlebt.
Doch die »großartigste Allianz, die je gebildet wurde, um unsere
gemeinsame Sicherheit zu verteidigen«, wie US-Präsidentschaftskandidat Barack Obama das Bündnis bei seiner Rede zu Füßen der
Siegessäule pries, muss an die veränderten geopolitischen Rahmenbedingungen und die neuen strategischen Herausforderungen des
21. Jahrhunderts angepasst werden.[81] In Berlin stellte Obama die
rhetorische Frage, ob es nicht gelingen könne, »eine neue und globale
Partnerschaft zu etablieren«. Er wies dabei auf die transatlantische
Beziehung hin und machte deutlich, dass sich Amerika und Europa
nicht von der Welt abwenden dürfen in dem Wunsch, der »Last globalen Staatsbürgertums« und weltweiter Verantwortung zu entgehen. »Ein Wechsel der politischen Führung in Washington wird
diese Last nicht beseitigen«, warnte er. Es sei an der Zeit, »neue,
global übergreifende Brücken« zu bauen, die genau so stark sein sollten wie die transatlantische Verbindung und so konstruiert, dass sie
die größer werdenden Belastungen tragen können.[82]

Das war nicht neu. Diese Zukunftsperspektive wurde längst parteiübergreifend befürwortet und war schon vor Jahren in *Think Tanks* entwickelt worden. Mit seinen Ausführungen im Wahlkampf unterschied sich Obama denn auch nicht wesentlich von den außenpolitischen Vorstellungen seines Herausforderers John McCain. Der Präsidentschaftsbewerber der Republikaner und heutige außenpolitische Wortführer im Kongress favorisierte die so genannte *League of Democracies* nur freimütiger. Der neue »weltweite Bund von Demokratien« sollte das Kernelement einer freiheitlichen und friedlichen Weltordnung bilden und »dort handeln, wo es der UN nicht gelingt«, menschliches Leid zu verhindern.[83] Diese in ihren Grundzügen von der Clinton-Regierung inspirierte Idee findet auch Zuspruch bei den Demokraten und insbesondere bei den Obama nahestehenden Experten in den *Think Tanks*.[84]

Eine »Allianz der Demokratien«, die einige Befürworter bereits in Form der »globalen NATO« verwirklicht sehen, könnte mit den Vereinten Nationen konkurrieren oder als Alternative bereitstehen,[85] wenn in Zukunft mehr Effizienz, Legitimation und nicht zuletzt Lastenteilung durch ein Bündnis erreicht werden sollen.[86] Ein solches Bündnis genuin demokratischer Staaten würde von der amerikanischen Bevölkerung unterstützt und böte auch den Europäern »größere Mitwirkungschancen«, predigen Sicherheitsexperten renommierter *Think Tanks* wie der *Brookings Institution* und des *Council on Foreign Relations* schon seit Jahren.[87] Einer der vehementesten Verfechter dieser Idee, Ivo Daalder, hat inzwischen in der Obama-Regierung die Aufgabe des NATO-Botschafters übernommen.

Im selben Sinne empfahl Will Marshall vom *Democratic Leadership Council* in einem Memorandum dem demokratischen Präsidenten Obama, die NATO von einem nordamerikanisch-europäischen Pakt in eine globale Allianz freier Nationen zu überführen. Demokratien wie Japan, Australien und Indien in die NATO einzubinden, würde nicht nur die Legitimität globaler Einsätze, sondern auch die dafür notwendigen personellen und finanziellen Ressourcen des Bündnisses vergrößern.[88]

Sollten die Europäer nicht willens oder fähig sein, die ihnen zugedachten Lasten zu schultern, werden ihnen die stichhaltigen Argumente gegen eine Ausweitung der NATO ausgehen. Aber auch ohne das Instrument der NATO werden die USA neue Mittel und Wege finden, neben den transatlantischen Verbündeten auch die Demokratien in Asien stärker in die Pflicht zu nehmen.

Wiederentdeckung Asiens

Der auf Hawaii geborene Barack Obama stellte sich im November 2009 in Tokio als »erster pazifischer Präsident« der USA vor.[89] Und Außenministerin Clinton machte mit ihrem Ausspruch »Amerika ist zurück!« bereits im Juli 2009 in Bangkok deutlich, dass die USA die Zukunft der asiatischen Region mitgestalten wollen.[90] Mit der Hinwendung nach Asien trägt Amerika nicht nur dem Rechnung, was es als neue sicherheitspolitische Bedrohung wahrnimmt, sondern auch seiner wirtschaftlichen Abhängigkeit und dem Wunsch, die »Lasten weltweiter Verantwortung«[91] neu zu verteilen. Auf der einen Seite fordert es die alten westlichen Alliierten auf, ihren Beitrag zum Militärbündnis zu erhöhen, auf der anderen Seite werden die Demokratien in Asien angehalten, ebenfalls zum Fortbestand beziehungsweise Ausbau einer liberalen Weltordnung finanziell und militärisch beizutragen. Dazu sollen mittel- bis langfristig multilaterale Organisationen wie die Vereinten Nationen und die NATO reformiert werden. Zudem will Amerika Institutionen in Asien, etwa das Asiatisch-Pazifische Wirtschaftsforum (APEC) oder den Verband Südostasiatischer Staaten (ASEAN) zur Umsetzung seiner eigenen Ordnungsvorstellungen in der Region einspannen.

Die USA haben erkannt, dass die regionale Dynamik eine neue Wirtschafts- und Sicherheitsarchitektur in Asien hervorbringen wird. Die Weltmacht will daran teilhaben, ja als »Architekt« mitwirken und durch bilaterale Vereinbarungen und Kooperation in multilateralen Foren die »Führungsrolle der Vereinigten Staaten bis weit in dieses Jahrhundert hinein untermauern«, erläuterte Außenministerin Clinton im Oktober 2011 Obamas Baupläne für eine neue internationale Ordnung.[92] Nachdem sie nach dem Zweiten Weltkrieg ein »umfassendes und tragfähiges transatlantisches Netzwerk der Institutionen und Beziehungen« gefördert haben, »das sich schon so oft ausgezahlt hat und sich auch weiterhin auszahlt«, sei es »an der Zeit, dass die Vereinigten Staaten als pazifische Macht nun auch eine ähnliche Investition tätigen«.

Diese Perspektivenänderung trägt wohl weniger der Herkunft des Präsidenten als vielmehr der neuen geopolitischen Lage nach dem Ende des Kalten Krieges Rechnung. Während die transatlantischen Beziehungen und Europa allmählich aus dem Fokus der amerikanischen Aufmerksamkeit verschwinden, ist der asiatisch-pazifische Raum zu einem »wichtigen Faktor in der globalen Politik« geworden: »Die Region reicht vom indischen Subkontinent bis zur Westküste des amerikanischen Kontinents und umfasst zwei Ozeane – den Pazifischen und den Indischen Ozean –, die beide zunehmend durch den Schiffsverkehr und auch in strategischer Hinsicht miteinander vernetzt sind. [...] Über das Seegebiet vom Indischen Ozean durch die Meerenge von Malakka zum Pazifischen Ozean verlaufen die weltweit dynamischsten Handels- und Energierouten.« Das sind die geopolitischen Koordinaten, nach denen die USA künftig ihre Strategie ausrichten werden.[93]

Um die Vereinigten Staaten als pazifische Macht zu stärken, nahm Präsident Obama im November 2009 am Gipfeltreffen des Asiatisch-Pazifischen Wirtschaftsforums teil, wo er Gelegenheit hatte, sich mit den zehn Staats- und Regierungschefs der ASEAN-Staaten zu beraten. Neben der künftigen von Washington dominierten APEC-Agenda wurde dabei die Intensivierung der Beziehungen zwischen den USA und den ASEAN-Ländern diskutiert – mit ansehnlichem Ergebnis: Bis 2015 sollen eine gemeinsame Freihandelszone und eine Sicherheits-, Wirtschafts- und soziokulturelle Gemeinschaft etabliert werden.[94] Seit Obamas Amtsantritt haben die USA verstärkt diplomatische Anstrengungen unternommen, Verbindungen in diese Region zu knüpfen. Am 22. Juli 2009 schließlich unterzeichnete die Außenministerin den so genannten ASEAN-Vertrag für Freundschaft und Zusammenarbeit. Mit dieser Vertragsunterzeichnung wurde der Grundstein gelegt für Amerikas Beitritt zum Ostasiengipfel:[95] Im November 2011 hat Barack Obama als erster amerikanischer Präsident am Gipfel teilgenommen. Europa war nicht einmal durch Beobachter vertreten.

Das Engagement der USA in der Region wird von den ASEAN-Staaten begrüßt, weil es ihre Handlungsspielräume, nicht zuletzt gegenüber China, erweitert, insbesondere wenn es darum geht, die Seewege und mögliche Erdölvorkommen im Süd- und Ostchinesischen Meer vor Chinas Zugriff zu bewahren. Das aggressive Vorgehen chinesischer Patrouillen etwa gegen vietnamesische, malaysische und philippinische Fischerboote oder die Auseinandersetzungen mit Japan um die Senkaku-Inseln[96] treiben die bedrängten Staaten geradezu in die Arme der Schutzmacht USA, die ihrerseits Alliierte sucht, um Chinas Macht- und Ressourcenansprüche einzudämmen.

Amerikanische Sicherheitsexperten sehen nach dem Untergang der Sowjetunion in den aufstrebenden asiatischen Mächten, allen voran China, die künftige strategische Herausforderung für die nach dem Zweiten Weltkrieg aufgebaute Weltordnung. Um die liberale Hegemonie der USA zu festigen, will Außenministerin Hillary Clinton jene »Bündnisse stärken, die sich über die Zeit bewährt haben«. Sie meint damit explizit die NATO-Partner, hat aber auch und vor allem die »Verbündeten in Asien« im strategischen Visier. Das auf »gemeinsamen Werten und Interessen« gründende Bündnis mit Japan bezeichnete sie schon vor ihrem Amtsantritt als »Eckpfeiler amerikanischer Politik in Asien«, durch den Frieden und Wohlstand in der asiatisch-pazifischen Region aufrechterhalten werden. Amerika unterhalte zudem »entscheidende wirtschaftliche und sicherheitspolitische Partnerschaften« mit Südkorea und Australien. Ferner sollte die wirtschaftliche und politische Partnerschaft mit Indien, »der bevölkerungsstärksten Demokratie der Welt« und einer »Nation mit wachsendem internationalem Einfluss«, ausgebaut werden.[97]

Engagement mit Japan

In den 1980er Jahren galt Japan als ökonomischer Gigant, der sich anschickte, den USA die weltwirtschaftliche Vormachtstellung streitig zu machen. Heute, drei Jahrzehnte später, bereiten Chinas Aufstieg zur ökonomischen und militärischen Großmacht und die eigene Abhängigkeit von Pekings Finanzkraft Amerika Sorgen. Dagegen hat Japan mit seinen bereits in den 1990er Jahren einsetzenden wirtschaftlichen Problemen, die durch die weltweite Wirtschafts- und Finanzkrise 2007 verstärkt wurden, alles Bedrohliche verloren. Dabei ist Japan nach China der zweitwichtigste Gläubiger bei amerikanischen Staatsanleihen.[98] Amerikas weiteres wirtschaftliches Wohlergehen ist also nicht unerheblich von Finanzentscheidungen in Tokio abhängig. Überdies ist seine Handelsbilanz mit Japan negativ, wenn auch nicht mehr so eklatant wie vor einigen Jahren,[99] denn der im Vergleich zum Dollar starke Yen sorgt dafür, dass die japanischen Exporte in die USA teurer werden und damit amerikanische Hersteller im Handelsaustausch Vorteile haben.

Das alles hat zu Reibungen in den Beziehungen geführt. Aufgrund seiner anhaltenden wirtschaftlichen Schwierigkeiten wollte Tokio die Kosten für die amerikanische Sicherheitsgarantie neu verhandeln. Japan bot an, selbst mehr Verantwortung für seine Sicherheit zu übernehmen und sich finanziell an internationalen Stabilisierungsmissionen zu beteiligen.[100] Im Gegenzug wollte das Land wenigstens zum Teil von den Grundkosten für die amerikanische Sicherheitsgarantie entlastet werden. Vor allem die amerikanische Truppenpräsenz auf dem für die örtliche Bevölkerung problematischen Luftwaffenstützpunkt in Okinawa sollte reduziert werden. Angeblich forderte die Bush-Regierung für die mit Japan vereinbarte Umsiedlung amerikanischer Truppen 26 Milliarden Dollar. Darüber hinaus hatte Tokio mit rund vier Milliarden Dollar jährlich für etwa drei Viertel der Kosten der auf der Insel stationierten amerikanischen Truppen aufzukommen.[101]

Die neue, von Präsident Obama geführte Regierung setzte den

japanischen Unabhängigkeitsbestrebungen eine Charme-Offensive entgegen. Um jegliches Unsicherheitsgefühl bei den asiatischen Alliierten auszuräumen, unterstrich Obama gleich zu Beginn seiner Amtszeit die besondere Bedeutung der amerikanisch-japanischen Beziehungen, indem er sie als »Grundpfeiler der Sicherheit in Ostasien« bezeichnete.[102] Premierminister Taro Aso wurde als erster ausländischer Gast im Weißen Haus empfangen und das »Land der aufgehenden Sonne« als erstes von der neuen Außenministerin Clinton besucht. Damit wurden zugleich die Europäer düpiert, die bis dahin traditionell als erste mit einem Staatsbesuch des neuen *Secretary of State* beglückt wurden.

Während der amerikanisch-japanischen Begegnungen wurden die noch mit der Bush-Regierung vereinbarten Eckpunkte der 2+2-Gespräche von der neuen Administration bekräftigt: Die Allianz wird gefestigt und Japan eine aktivere Rolle bei der weltweiten Wahrung von Sicherheit und Stabilität zugedacht. Der Austausch nachrichtendienstlicher Informationen wird erweitert und ein – offiziell gegen Nordkorea gerichtetes – Raketenabwehrsystem etabliert. Doch die von Premierminister Yukio Hatoyama geführte japanische Regierung bestand weiterhin darauf, künftig auf Augenhöhe (*a close and equal alliance*) mit den USA zu verhandeln und eigenständige außenpolitische Initiativen in der Region zu verfolgen. Solche Initiativen werden durchaus von den USA befürwortet, etwa die bilateralen Sicherheitsabkommen mit Indien und Australien. Die Beziehungen dieser Länder sind durch keine problematische Geschichte belastet, und überdies sind alle drei mit den USA durch gemeinsame regionale Wirtschafts- und Sicherheitsinteressen verbunden. Amerikanische Sicherheitsexperten zeigten sich aber über den diplomatischen Versuch Hatoyamas entrüstet, eine so genannte *East Asian Community* unter anderem mit China und Südkorea zu bilden, die die Vereinigten Staaten ausgeschlossen hätte. Die Gemeinschaft kam vorerst nicht zustande. Doch asiatische Kommentatoren plädieren dafür,[103] sich weder durch Washingtons Widerstand noch durch die schwierige Vergangenheit der drei Länder davon abhalten zu lassen, nach europäischem Vorbild eine Handels- und Währungsunion zu bilden und sich so gegen künftige Verwerfungen der internationalen Märkte besser zu wappnen.

Nach dieser Vision würden die ostasiatischen Länder bis 2020 zum weltweit größten Wirtschaftsblock aufsteigen. Das ist noch ein weiter und beschwerlicher Weg, aber erste Schritte sind bereits getan. So fördern Universitäten in den drei Ländern den Studentenaustausch und erkennen die in den Partneruniversitäten erbrachten Leistungen an – ein enormer Fortschritt, wenn man bedenkt, wie lange es in Europa gedauert hat, bis etwa Frankreich und Deutschland sich durchringen konnten, ihre Studienabschlüsse gegenseitig anzuerkennen. Auch auf wirtschaftlicher und politischer Ebene will man sich künftig – etwa im Rahmen eines trilateralen Zentrums in Seoul – intensiver austauschen. Korea und Japan vereinbarten bereits die Ausweitung von Währungsswaps, um Kapital- und Zinszahlungen in beiden Währungen austauschen zu können.[104] Zum Jahresende 2011 haben sich nun auch noch die beiden Erzrivalen um die wirtschaftliche Vorherrschaft in Asien, Japan und China, darauf verständigt, eine beide Länder und Südkorea umfassende Freihandelszone zu etablieren. Um die Kosten für den regionalen Handel zu senken, will man künftig die Geschäfte nicht mehr über den Dollar, sondern in den eigenen Währungen abrechnen. Dies sei ein »substanzieller Schritt nach vorn für die Internationalisierung des Yuán«, kommentierte die Tageszeitung *China Daily* die historische Vereinbarung, die am 26. Dezember 2011 während des Besuches des japanischen Ministerpräsidenten in Peking von Yoshihiko Noda und Wen Jiabao unterzeichnet wurde.[105] Japanische Firmen und Banken sollen künftig auf Renminbi lautende Anleihen in Tokio und auf anderen internationalen Finanzplätzen verkaufen; darüber hinaus darf die *Bank of International Cooperation* auf Renminbi lautende Bonds emittieren; damit erhält sie als erste ausländische Staatsbank Zugang zum Finanzmarkt des chinesischen Festlandes. Indem China künftig mehr japanische Staatsanleihen kauft und Japan mehr in chinesische Staatspapiere investiert, können die zweit- und drittgrößte Volkswirtschaft der

Welt ihre Währungsreserven, die sie bislang zu einem Gutteil den USA zur Verfügung gestellt haben, diversifizieren und zum Wohle der eigenen Volkswirtschaften und der regionalen Integration anlegen. Selbst wenn China seine währungspolitischen Bemühungen, den Renminbi zu internationalisieren, vorerst in diesem multilateralen regionalen Rahmen belassen sollte, gibt es damit neben dem Euro künftig eine asiatische (Gemein-)Währung, die die Dollar-Dominanz bedrohen und das damit verbundene »exorbitante Privileg« der USA antasten könnte.

Doch vorerst müssen die Länder Asiens, allen voran China und Japan, der Wirtschaftsmacht USA wohl oder übel weiterhin Tribut zollen, indem sie die ausufernden Staatsschulden der Weltmacht mehr oder weniger zum Nulltarif finanzieren. Wenn die amerikanische Notenbank ihr bisheriges Finanzgebaren beibehält, müssen sie sogar damit rechnen, diese Werte zu verlieren. Das ist der Preis für die eigene Sicherheit, den zumindest Japan bereitwilliger zahlt, seitdem die Auseinandersetzungen mit China auf hoher See den Strategen in Tokio den Wert der amerikanischen Sicherheitsgarantien wieder in Erinnerung gerufen haben. Überhaupt haben sich seit dem Rücktritt des amerikakritischen Hatoyama im Juni 2010 die angespannten Beziehungen zwischen den USA und Japan bereits unter seinem Nachfolger Naoto Kan merklich verbessert. Im November 2010 verständigten sich Präsident Obama und Premierminister Kan am Rande des APEC-Gipfels in Yokohama darauf, die japanischen Zahlungen für die amerikanische Militärpräsenz bis 2016 auf jährlich etwa 2,2 Milliarden Dollar festzuschreiben.[106]

Japans Sicherheit, insbesondere vor China, wird vom nuklearen Schutzschild Amerikas und den stationierten 53 000 US-Soldaten gewährleistet. Die USA wie Japan haben auch ein Interesse, der Gefahr durch Nordkorea zu begegnen. Die politischen und diplomatischen Fronten sind infolge der wiederholten Atom- und Raketentests Nordkoreas verhärtet. Tokio hat es der damals noch von Bush geführten US-Regierung schwer verübelt, dass diese im Rahmen der Sechs-Parteien-Gespräche (die beiden Koreas, USA, China, Japan und Russland) über das nordkoreanische Kernwaffenprogramm Pjöngjang einseitig Zugeständnisse gemacht hat. Washington strich das Regime damals von der schwarzen Liste jener Staaten, die Terrorismus unterstützen, und nahm dabei keine Rücksicht auf ein japanisches Reizthema: die Entführung japanischer Staatsbürger durch Korea. Obama konnte die Gemüter in Tokio wieder etwas beruhigen und ermunterte Japan, sich in der Nordkorea-Frage noch mehr mit Südkorea ins Einvernehmen zu setzen, für dessen Schutz vor möglichen Aggressionen aus dem Norden etwa 30 000 im Land stationierte amerikanische Soldaten sorgen.

Energie in den Beziehungen der beiden Koreas

Die militärischen Muskelspiele Chinas und Nordkoreas haben die diplomatischen Vorstöße Japans abgeschwächt und zugleich den USA geholfen, Südkorea davon zu überzeugen, dass die Pax Americana einen für das Land existenziell wichtigen Wert hat. Diese Wertschätzung hat wohl auch erheblich dazu beigetragen, dass die langwierigen Verhandlungen über eine bilaterale Freihandelsvereinbarung schließlich zum Abschluss kamen. Trotz massiver Intervention des Weißen Hauses – Obama hatte den G-20-Gipfel in Südkorea im November 2010 als Stichtag genannt – wurde das Abkommen erst nach zähem Hin und Her zwischen den beiden Regierungen und schwierigen Auseinandersetzungen zwischen Präsident und Kongress in Washington im Oktober 2011 ratifiziert. Es hat also mehrere Jahre gedauert, bis das Freihandelsabkommen mit Südkorea, dessen Abschluss bereits Obamas Vorgänger George W. Bush dem Kongress im Rahmen eines »Schnellverfahrens« angekündigt hatte, endlich unter Dach und Fach war. Nach Aussagen des amerikanischen Handelsbeauftragten Ron Kirk handelt es sich dabei um das bedeutendste Abkommen der USA seit 15 Jahren. Nach Einschätzung der *U.S. International Trade Commission* wird es die amerikanischen Exporte jährlich um elf Milliarden Dollar erhöhen.[107]

Seoul hat sich in der Zwischenzeit um weitere Handelsbeziehungen bemüht. Da sein wirtschaftliches Wachstum nicht nur vom Export seiner Güter abhängt, sondern auch von stabilen Energielieferungen, muss es seine Energieversorgung absichern. Das soll unter anderem auch durch Öl- und Gasimporte aus Russland geschehen. Moskau seinerseits kann die Hilfe Südkoreas bei der Modernisierung der Wirtschaft gebrauchen und plant, seine ostsibirischen Gebiete zu entwickeln, damit sie nicht im Laufe der Zeit in die Hände der Chinesen fallen.

Ein gutes halbes Jahr nach seinem Amtsantritt traf sich der südkoreanische Präsident Lee Myung-bak mit seinem russischen Amtskollegen Dmitri Medwedew im September 2008 in Moskau. Die beiden Staatsführer verkündeten als Ergebnis ihrer Gespräche eine 90-Milliarden-Dollar-Vereinbarung: Die russische Staatsfirma *Gazprom* würde der südkoreanischen *KoGas* in den nächsten dreißig Jahren Gas liefern. Den »Geliebten Führer« der Demokratischen Volksrepublik Korea, Kim Jong-il, hatte man nicht in die Gespräche eingebunden. Das war höchst bemerkenswert, da die geplanten Gaslieferungen von einer über das Gebiet Nordkoreas verlaufende Pipeline abhängen.

Medwedew und Lee sprachen dann im Vorfeld des G-20-Gipfels in Seoul bei einem bilateralen Gipfeltreffen im September 2010 in der zentralrussischen Stadt Jaroslawl ausführlicher über wirtschaftliche und geopolitische Fragen und verständigten sich darauf, ihre »strategische Partnerschaft« zu festigen. Diese diplomatische Worthülse haben die russische *Gazprom* und die südkoreanische *KoGas* im Sommer 2011 dahingehend mit Inhalt gefüllt, dass sie einen Vertrag unterzeichneten, in dem sich Russland verpflichtet, ab 2017 jährlich mindestens zehn Milliarden Kubikmeter Gas an Südkorea zu liefern.

Nach mehreren Jahren diplomatischer und wohl auch finanzieller Überzeugungsarbeit war auch Nordkoreas Kim Jong-il mit von der Partie: Am 15. August 2011, dem 66. Jahrestag der Befreiung von der japanischen Fremdherrschaft, wurde in Nordkorea der gesamte

Wortlaut der Glückwunschbotschaft des russischen Präsidenten Medwedew an »Seine Hochgeschätzte Exzellenz Kim Jong-il« von der staatlichen Nachrichtenagentur veröffentlicht. Darin hieß es unter anderem, dass Russland bereit sei, die Kooperation mit der Demokratischen Volksrepublik Korea in allen für die beiden Länder wichtigen Bereichen auszubauen, inklusive eines so genannten Drei-Parteien-Plans, in dem sich Russland, die Volksrepublik und die »Koreanische Republik« – diese Bezeichnung für Südkorea ließ Pjöngjang durchgehen – über Energielieferungen und Eisenbahnbau verständigen sollten.[108]

Am 24. August 2011 informierte der russische Präsident Medwedew die erstaunten Journalisten über die »Ergebnisse« seiner Gespräche mit den Mitgliedern der Nationalen Verteidigungskommission Nordkoreas: »Wir haben unsere ausführenden Organe angewiesen, eine Kommission einzurichten, um den spezifischen Rahmen für eine bilaterale Zusammenarbeit beim Gastransit durch die Volksrepublik zu vereinbaren, bei dem auch die Koreanische Republik eingebunden wird, zumal die Hauptkonsumenten in Südkorea sind.«[109] Pjöngjang sei ernsthaft daran interessiert, dieses trilaterale Projekt in die Tat umzusetzen. Eine Delegation des Energiekonzerns *Gazprom* sei bereits angewiesen worden, in Nordkorea die technischen Details auszuarbeiten.

Es bleibt abzuwarten, wie sich die Lage nach dem Tod des nordkoreanischen Diktators unter der Führung seines Sohnes Kim Jong-un weiterentwickelt und ob sich die beiden Koreas auf diese vertrauensbildende Maßnahme Russlands einlassen. Sicher ist: Solange sich Nord- und Südkorea bis an die Zähne bewaffnet an der Grenze gegenüberstehen und Südkorea sich in seiner Sicherheit auch von China bedroht fühlt, das Nordkorea bislang finanziell und diplomatisch die Stange gehalten hat, bleibt Seoul auf die Schutzmacht USA angewiesen.

Realpolitik Down Under: Australien

Auch Australien sieht sich strategisch von der aufstrebenden Wirtschafts- und Militärmacht Chinas bedroht und sucht im Verbund mit den USA das Reich der Mitte einzudämmen. Canberra ist ein enger Verbündeter Washingtons, der sich vor allem in Afghanistan und im »globalen Krieg gegen den Terror« bewährt hat. Die USA und Australien machen nicht nur ihre militärische Hardware interoperabel, sondern tauschen auch Informationen der Geheimdienste und der Satellitenüberwachung aus.

In den Augen der Washingtoner Geostrategen ist Australien ein wichtiger Partner, weil von seiner nördlichen Küste aus die für Chinas Energie-Importe und Handelsbeziehungen wichtigen Seewege durch den Inselstaat Indonesien besser kontrolliert werden können (siehe auch Abbildung 6): Die Lombok-Straße – eine Meerenge zwischen den indonesischen Inseln Bali und Lombok – verbindet die Javasee mit dem Indischen Ozean und ist damit eine der bedeutendsten Seehandelsrouten Ostasiens. Die zwischen Sumatra und Java verlaufende Sunda-Straße ist neben der Straße von Malakka die wichtigste Verbindung vom Indischen Ozean zum Südchinesischen Meer. Da Chinas Energietransporte in der Meerenge von Malakka sehr verwundbar sind – in erster Linie durch Singapur, das mit den USA verbündet ist –, erwarten amerikanische Sicherheitsexperten, dass China versuchen wird, sich die beiden anderen Seewege zum Indischen Ozean zu sichern. Das Reich der Mitte werde seine Marine aufrüsten und auch versuchen, eine gewisse Militärpräsenz im Seegebiet nahe der Nordküste Australiens aufzubauen.[110]

Amerikanischen Unterhändlern ist es nach jahrelangen Verhandlungen im September 2011 in San Francisco gelungen, eine Vereinbarung zu erwirken, nach der den USA unbegrenzter Zugang zu australischen Militärbasen und Häfen gewährt wird. Nach Auffassung des australischen Verteidigungsministers Stephen Smith ist das der »größte Entwicklungssprung in den US-australischen Beziehungen der vergangenen 30 Jahre«.[111] Die Weltmacht verfügt jetzt über einen

Abbildung 6.

Wichtige Seehandelsrouten nach Ostasien

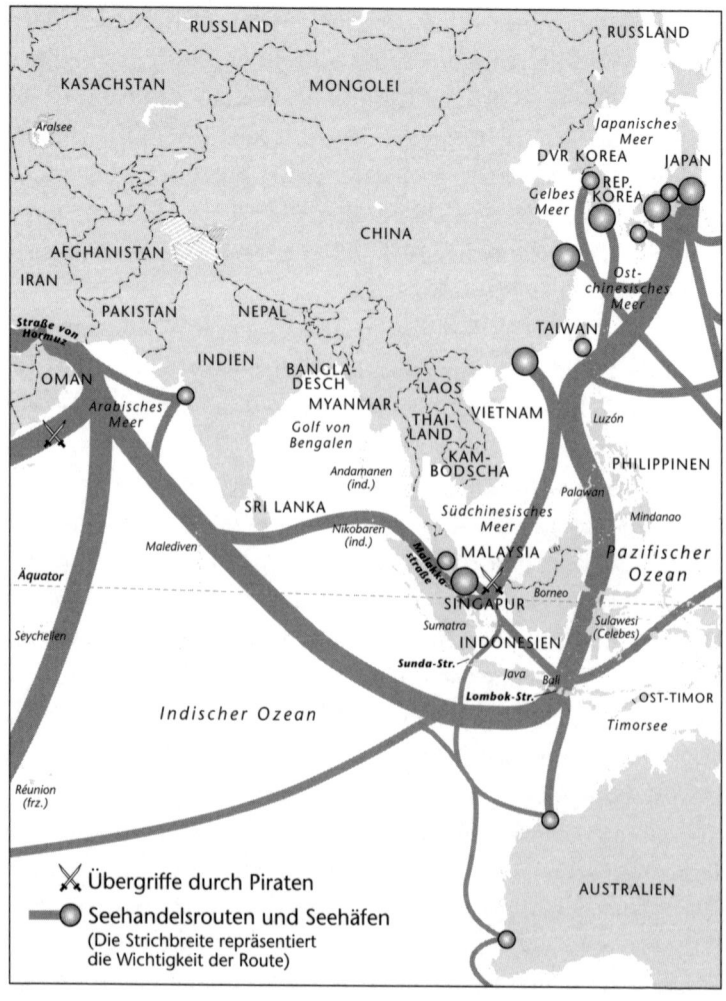

zentralen Stützpunkt zwischen dem Pazifischen und Indischen Ozean. Als Gegenleistung wurde Canberra sicherheitspolitisch geadelt, indem es – auf diplomatischer Augenhöhe mit London – nunmehr in eine vertrauensvolle strategische Sicherheitspartnerschaft mit Washington eingebunden ist. Australiens Zugang zu amerikanischer

Militärhardware zahlt sich für die USA aus. Im Rahmen eines 16-Milliarden-Dollar-Geschäfts wurden bereits hundert F-35-Tarnkappen-Mehrzweck-Kampfflugzeuge der amerikanischen Rüstungsfirma Lockheed Martin an Australien verkauft.[112] Diese Handelsverträge im Militärsektor dürften die defizitäre Handelsbilanz der USA um einiges aufbessern.

Aufwertung Indiens

Das Verhältnis zu Indien ist für amerikanische Sicherheits- und Wirtschaftsberater längst wichtig geworden, denn das Land ist trotz seiner nach wie vor großen ökonomischen und gesellschaftlichen Probleme aufgrund seines Marktpotenzials für amerikanische Investoren und Exporteure von Bedeutung.[113] Noch bewegen sich die Handelsbeziehungen auf einem relativ niedrigen Niveau, doch mit steigender Tendenz. Das Gesamtvolumen des bilateralen Handels hat sich seit 2001 verdoppelt.[114]

Amerika sieht insbesondere Entwicklungspotenzial im Energiebereich. Mit der Unterzeichnung des Abkommens über die zivile Nutzung der Atomenergie vom März 2006 hat US-Präsident Bush Indien de facto als Atommacht anerkannt. Die vom amerikanischen Kongress nach längerem Ringen im Oktober 2008 schließlich gebilligte präsidiale Initiative beendete drei Dekaden nuklearer Nichtverbreitungspolitik.[115] Die diplomatische Aufwertung hat einen hohen Preis: Neu-Delhi sollte sich jetzt als strategischer Partner der USA und Gegengewicht zu China im asiatisch-pazifischen Raum in Stellung bringen lassen.[116]

Noch ist nicht abzusehen, wie Indien in Zukunft seine westlich orientierten sicherheits- und energiepolitischen Ambitionen mit seinen wirtschaftlichen Abhängigkeiten von der Volksrepublik China ausbalancieren wird. Und die USA, deren finanzielle Verwundbarkeit mit der Wirtschafts- und Finanzkrise deutlich zutage getreten ist, werden sich davor hüten, den Hauptfinancier China unnötig zu provozieren. Indien ist auf der Hut. Die Pekinger Erklärung Obamas und Hu Jintaos vom 17. November 2009, in der China eine wichtige Vermittlungsrolle in Südasien – unter anderem auch zwischen Indien und Pakistan – zugedacht wird, hat in Neu-Delhi schon für einige Empörung gesorgt und Verunsicherung ausgelöst, ob Amerika unter der Führung Obamas am Energie- und Sicherheitspakt mit Indien festhalten wird.[117]

Sicherheitshalber sucht Indien nach weiteren Partnern in der Region. So hat Neu-Delhi im Oktober 2008 ein bilaterales Sicherheitsabkommen mit Japan geschlossen. Der Vertrag wurde entsprechend einer ähnlichen Vereinbarung abgefasst, die Tokio gut ein Jahr zuvor mit Australien getroffen hatte. Diese Diplomatie westlich orientierter Länder im pazifischen Raum ist durchaus im Interesse Amerikas, das selbst eine Allianz der Demokratien zu schmieden und so dem Aufstieg Chinas in Asien etwas entgegenzusetzen sucht.

Im September 2007 nahm Indien mit den USA, Japan, Australien und Singapur an einer multinationalen militärischen See-Übung teil, und zwar an der für China strategisch so wichtigen Meerenge von Malakka. Bislang sind diese militärischen Ad-hoc-Beziehungen noch nicht institutionalisiert, doch in den Augen einiger Beobachter stellen sie bereits eine globale NATO dar. Auf jeden Fall können sie Amerika dabei helfen, seine Präsenz in Asien zu festigen und die Kosten seines weltweiten Engagements auf die Schultern von Gleichgesinnten zu verteilen.

Ambivalenz gegenüber China

Aus rein sicherheitspolitischer Perspektive müsste sich China ausgegrenzt, ja im schlimmsten Fall als Auslöser jener Bemühungen verstehen, die die liberalen Demokratien zur Verständigung bewegen sollen. Aber die westlichen Staaten, allen voran ihre Führungsmacht USA, sind von der Finanzkraft Chinas abhängig und wirtschafts- wie handelspolitisch eng mit dem Reich der Mitte verflochten. Von der

Konfliktlage im Kalten Krieg – die mit dem Sieg und Aufstieg der USA auf Kosten des Verlierers, der Sowjetunion, aufgelöst wurde – unterscheidet sich die strategische Lage des Westens gegenüber dem Konkurrenten, dem stärker werdenden China, also grundlegend: Bei aller Rivalität um knappe Ressourcen, insbesondere fossile Energieträger und seltene Erden, sollte die gegenseitige wirtschaftliche Abhängigkeit diese Konflikte entschärfen. »Wir haben ein Interesse am Erfolg des jeweils anderen«, wandte sich US-Vizepräsident Joseph Biden gegen strategische Überlegungen aus der Zeit des Kalten Krieges: »Wir sollten uns von der unangebrachten Vorstellung des Nullsummenspiels verabschieden, dass alles, was ein Land erreicht, auf irgendeine Art und Weise zu Lasten des anderen Landes geht.«[118] Damit stellte sich der amerikanische Vizepräsident gegen die Weltsicht der so genannten realistischen Schule, deren Verfechter in Chinas Aufstieg eine Gefahr für Amerikas – zumindest regionale – Hegemonie sehen: »China wird versuchen, die asiatisch-pazifische Region ebenso zu dominieren wie die Vereinigten Staaten die westliche Hemisphäre dominieren.«[119] Diese konkurrierenden Sichtweisen spiegeln sich in Amerikas Umgang mit China: Die US-Strategie ist zwiespältig. Sie besteht aus einer Mischung von Eindämmung *(containment)* und Einbindung *(engagement)*. Amerika verfolgt eine Doppelstrategie, die als *congagement*[120] bezeichnet werden könnte.

Eindämmung

Auf mittlere Sicht stellt China eine sicherheits- und energiepolitische Gefahr für den amerikanischen Führungsanspruch in der Region dar, die Washington einzudämmen wünscht. Mit Sorge registrieren vor allem die Sicherheitsstrategen im Pentagon, in welchem Tempo die militärische Modernisierung Chinas voranschreitet.[121] Der chinesische Verteidigungshaushalt erhöht sich seit mehr als zwei Jahrzehnten beinahe jährlich um einen zweistelligen Prozentbetrag. Auch im März 2011 kündigte die Volksrepublik China wieder an, das Militärbudget im laufenden Jahr auf umgerechnet 91 Milliarden Dollar, also um 13 Prozent gegenüber dem Vorjahr, aufzustocken.[122] Das Pentagon geht allerdings davon aus, dass die tatsächlichen Zahlen etwa doppelt so hoch sind wie die von Peking veröffentlichten.[123]

Diese Zahlen bereiten den US-Geostrategen Sorge im Hinblick auf die eigene Militärpräsenz und die amerikanischen Sicherheitsgarantien in der Region, insbesondere gegenüber Taiwan. China sei auf dem besten Weg, die Vormachtstellung in der Region zu erringen.[124] Seine konventionellen See- und Luftstreitkräfte würden immer umfangreicher und schlagkräftiger, zugleich ziele es darauf ab, die satellitengestützte Kommunikationsinfrastruktur der US-Streitkräfte auszuschalten. Damit sei China schon gegen Ende des Jahrzehnts in der Lage, die USA aus ihrer südostasiatischen Interessensphäre zu verdrängen, und es könne überdies seine militärische Machtstellung dazu nutzen, bei den Nachbarn diplomatische und wirtschaftliche Vorteile auszuhandeln.

Amerika, dessen internationales Ansehen seit der Wirtschafts- und Finanzkrise ohnehin schwer gelitten hat, müsse der vor allem in Asien weit verbreiteten Annahme entgegensteuern, dass die unvermeidlichen Kürzungen des Militäretats die wirtschaftlich angeschlagene Weltmacht über kurz oder lang zwingen werden, sich aus der Region zurückzuziehen. Solche Überlegungen könnten die traditionell mit den USA alliierten Länder aber auch neue potenzielle Verbündete aus Angst vor der Reaktion des immer stärker werdenden Chinas davon abhalten, enger mit den USA zu kooperieren. Amerika sei in dieser schwierigen, geostrategische Weichen stellenden Zeit erst recht gefordert, durch Präsenz und Stärke Signale auszusenden, die das Kalkül von Freund und Feind beeinflussen. So oder ähnlich dürften im Wahlkampf die Argumente von Interessengruppen, aber auch von Abgeordneten und Senatoren im Kongress lauten. Mit Blick auf die in ihren Wahlkreisen und Bundesstaaten von den anstehenden Haushaltskürzungen gefährdeten Arbeitsplätze wird die drohende »gelbe Gefahr« medienwirksam überzeichnet werden. Der Princeton-Professor Aaron Friedberg liefert der Politik schon heute medienwirksame Argumentationshilfen: »Um die notwendigen Ausgaben in Zeiten knapper Haushalte zu rechtfertigen«, so der Professor, »müssen unsere Führer deutlicher die Interessen der Nation sowie die Verpflichtungen in Asien erklären und ungeschminkter die Herausforderungen beschreiben, die Chinas unbarmherzige militärische Rüstung darstellt.«[125]

Um Zweifel an Amerikas Standhaftigkeit auszuräumen, hat Präsident Obama – ebenso wie George W. Bush in seinen Amtsjahren – im Januar 2010 den für Peking sensiblen Verkauf von Waffen an Taiwan angeordnet.[126] Auch im Folgejahr signalisierte die Schutzmacht mit weiteren Waffenlieferungen den Schutzbedürftigen in der Region wie dem möglichen Aggressor ihre Entschlossenheit, ihre Interessen in der Region zu verteidigen. In Taipeh hatte man allerdings mehr erwartet: Das taiwanesische Militär hoffte anstelle der mittlerweile doch schon in die Jahre gekommenen F-16-Kampfjets ebenso moderne Kampfflugzeuge wie Australien beziehen zu dürfen. Dementsprechend enttäuscht gab sich Taiwans Vize-Verteidigungsminister Andrew Yang im September 2011 auf einer Konferenz der Rüstungsindustrie in Virginia, wo er seinen amerikanischen Partnern vorwarf, sie ließen sich vom Druck Chinas einschüchtern.[127] Zweifellos hätten höherwertige, den üblichen Umfang überschreitende Waffenlieferungen die Strategen in Peking auf den Plan gerufen, doch militärisch hätten die USA von China dadurch nichts zu befürchten gehabt. Die Wirtschafts- und Finanzkrise hat aber selbst die Militärstrategen in Washington gelehrt, dass es im 21. Jahrhundert noch andere Machtwährungen zu berücksichtigen und strategisch einzubinden gilt.

Einbindung

Die USA sind in der Wirtschafts- und Handelspolitik bereits heute schwer verwundbar und auf die finanzpolitische Kooperation – um nicht zu sagen Hilfe – Chinas angewiesen. Wirtschafts- und Sicherheitsthemen bilden daher den Kern des auf hoher Ebene angesetzten *U.S.-China Strategic and Economic Dialogue*, der Anfang April 2009 am Rande des G-20-Finanzgipfels in London von Obama und Hu Jintao initiiert wurde. China ist inzwischen der größte Gläubiger des amerikanischen Staates. Nach Angaben des amerikanischen Finanzministeriums hat es derzeit 1134 Milliarden Dollar in amerikanischen Staatsanleihen investiert.[128] Nur Dank Pekings Unterstützung gelang die kreditfinanzierte Stabilisierung des Banken- und Finanzsystems, und ohne diese Unterstützung wäre die Ankurbelung der Wirtschaft Amerikas nicht möglich gewesen. Allerdings bleibt China im eigenen Interesse kaum etwas anderes übrig, da die exportorientierte chinesische Wirtschaft und damit das Wohlergehen Chinas vom (kreditfinanzierten) Konsumverhalten in den USA abhängt.

Diese Abhängigkeit in den sino-amerikanischen Wirtschaftsbeziehungen birgt für beide Seiten Risiken: Die Führung in Peking befürchtet, dass sich die USA ihrer – vor allem von China und Japan finanzierten – Schuldenlast wenigstens zum Teil entledigen könnten, indem sie durch die Geldpolitik der Notenbank eine Abwertung des Dollars herbeiführen. Ein schwächerer Dollar würde die amerikanischen Exporte begünstigen und dazu beitragen, das Außenhandelsdefizit zu begrenzen. Gerade mit China ist die Handelsbilanz negativ: Das amerikanische Defizit hat sich seit 2000 mehr als verdreifacht und wird für 2010 auf 273 Milliarden Dollar geschätzt.[129] Die ständigen Auseinandersetzungen um so genannte Währungsmanipulationen, unfaire Subventionen, mangelhafte Produktqualität und geistige Eigentumsrechte sind Indizien für diese zunehmende Unausgewogenheit der Handelsbeziehungen mit der Volksrepublik.

Ressourcenrivalität

Mit dem wirtschaftlich expandierenden China ist ein weiterer Konkurrent um die knappen fossilen Energieressourcen auf den Plan getreten. War China Anfang der 1990er Jahre noch Selbstversorger und sogar in der Lage, Energierohstoffe zu exportieren, so musste es 2005 bereits ein Drittel seines Ölbedarfs über Einfuhren befriedigen. Zwar verfügt das Land nach wie vor über enorme Kohlevorkommen, aber die Verbrennung verursacht massive Umweltbelastungen. China will deshalb bei der Stromerzeugung unter anderem auf Gas umstellen und wird künftig seinen Energiebedarf immer weniger durch eigene Rohstoffe decken können, zumal bei der weiteren wirtschaftlichen Entwicklung und Motorisierung die Nachfrage Chinas nach Öl und Gas enorm steigen wird. Die Internationale Energie-Agentur prognostiziert, dass die weltweite Nachfrage nach Öl im Jahr 2035 knapp 100 Millionen Fässer pro Tag erreichen wird, wobei das gesamte Nettowachstum von Staaten verursacht wird, die nicht der OECD angehören, und davon die Hälfte allein auf China entfällt. Dabei wird der Transportsektor asiatischer Staaten, insbesondere die zunehmende Mobilität der chinesischen Bevölkerung, das meiste Öl beanspruchen.[130]

Bereits 2002, unmittelbar nach seiner Ernennung zum Generalsekretär der Kommunistischen Partei, forderte Hu Jintao unter anderem die drei nationalen Ölfirmen – *China National Petroleum Corporation* (CNPC), *China National Petroleum and Chemical Corporation* (SINOPEC) und *China National Offshore Oil Corporation* (CNOOC) – auf, sich international auszurichten und in die Förderung, Produktion und den Transport von Öl und Gas zu investieren. Im Rahmen dieser als *Going-out*-Politik[131] deklarierten Initiative unternimmt die chinesische Parteiführung seitdem enorme Anstrengungen, Chinas Währungsreserven strategisch einzusetzen und so die für seine Wirtschaft und die Stabilität des politischen Regimes dringend benötigten Ressourcen langfristig zu sichern.[132]

Chinesische Staatsfirmen sind mittlerweile in allen Weltregionen anzutreffen, ob im Mittleren Osten oder in entwicklungsfähigen Regionen wie Westafrika und Zentralasien. Selbst in Südamerika, sozusagen im Hinterhof der USA, versuchen chinesische Staatsfirmen Ressourcen für ihr Land zu sichern. Dabei unterminiert China die von den USA aufgestellten multilateralen Regeln, denn

Peking ist bemüht, sich die Ölvorräte mittels bilateraler Verträge exklusiv zu sichern. Förderung und Transport dieser vitalen Ressourcen werden auch militärisch abgesichert. Explorationen in fremden Ländern finden zumeist in Begleitung von zivilem und militärischem Sicherheitspersonal statt. Um den Seetransport zu sichern, will China die so genannte *blue-water navy* aufbauen, das sind hochseetaugliche Marine-Einheiten, die vor allem die Seewege im Indischen Ozean und im Chinesischen Meer bewachen sollen. Ein besonderes Augenmerk wird dabei auf die Gefahrenstellen auf dem Weg vom Nahen Osten nach Ostasien gelegt. Neben der Meerenge von Malakka dürften das die Meerenge Bab-el-Mandeb im Roten Meer sowie die Straße von Hormus im Persischen Golf sein. Nach Einschätzung langjähriger Beobachter der chinesischen Energiesicherheitspolitik scheint die Führung in Peking fest entschlossen, »die Marinekapazitäten über das für den Küstenschutz und die Taiwan-Straße Erforderliche hinaus auszubauen«. Als Indizien dafür gelten der »Aufbau einer beträchtlichen U-Boot-Flotte« sowie das »Bemühen um Abkommen zur Nutzung von Hafenanlagen entlang der Tankerrouten im Südchinesischen Meer in Myanmar, Bangladesch und Pakistan«.[133]

Kritische Beobachter, die diese Verkehrsknotenpunkte und Pipelines gedanklich verbinden, sehen bereits historische Analogien: ein Netz von Stützpunkten (*string of pearls*)[134] oder gar eine Reaktivierung der Seidenstraße,[135] die bereits in vorchristlicher Zeit das Reich der Mitte mit den Handelszentren in Asien, im Mittleren Osten und in Europa mehr oder weniger fest verbunden haben. Auch wenn der historische Vergleich schon aufgrund welthistorischer Veränderungen hinkt, so gilt doch bis heute: Wirtschaftliche und politische Machtzentren versuchen Einfluss auf jene Regionen zu gewinnen, die für ihren Handel wichtig sind oder aus denen sie ihre Rohstoffe beziehen. Und dazu gehört eben auch die Sicherung der Transportwege. In der Welt des 21. Jahrhunderts werden die Rohstoffe noch mehr an Bedeutung gewinnen. Die Konkurrenz zwischen den Weltmächten USA und China, deren Wirtschaften und

Tabelle 6.
Herkunftsgebiete für das von den USA und China importierte Erdöl, 2010

Ölregionen	USA Prozentanteil der Importe*	China Prozentanteil der Importe**
Mittlerer Osten: Persischer Golf	15	46
Russland & kaspische Region	6	10
Afrika	18	22
Nord- und Südamerika	49	3
Asien-Pazifik	1	nicht verfügbar
Andere	11	19
Insgesamt	100	100

Quellen: U.S. Energy Information Administration beziehungsweise Zhang Jian; eigene Zusammenstellung.

* Gesamtimporte im Jahr 2010: 4 304 533 Tausend Fässer; eigene Berechnung und Zusammenstellung von Daten der Energy Information Administration; abrufbar unter <http://205.254.135.24/dnav/pet/pet_move_impcus_a2_nus_epoo_imo_mbbl_m.htm>.

** Diverse Quellen zusammengestellt in: Zhang Jian, »China's Energy Security. Prospects, Challenges, and Opportunities«, Brookings Institution, Center for Northeast Asian Policy Studies, Washington, D.C., Juli 2011, S. 17.

Außenpolitiken von einem enormen Energiehunger angetrieben werden, wird sich daher verschärfen. Auch die Energienachfrage aus »kleineren« Schwellenländern wie Indien dürfte zu der Verschärfung beitragen.

Wenn man einen Blick auf die Verteilung der weltweit größten Ölreserven (vgl. Tabelle 4, Seite 69) wirft und schaut, wo die beiden größten Energiekonsumenten ihr Öl hauptsächlich beziehen (siehe Tabelle 6), treten fünf Regionen in den Vordergrund, die auch künftig im Zentrum des Wettbewerbs um knapper und teurer werdende Ressourcen stehen dürften.

Noch können die wirtschaftlichen Großmächte auf eigene Rohstoffe und mehr oder weniger verlässliche Partner in der geographischen Nachbarschaft zurückgreifen – die USA auf die Ressourcen Kanadas, Mexikos und Venezuelas, China auf jene Indonesiens, Australiens, Myanmars und Papua-Neuguineas –, doch sie buhlen bereits zunehmend um die noch reichlich vorhandenen Ölreserven in instabilen Regionen: im Persischen Golf, im Kaukasus und in

Afrika. Nach neuen Ölfunden – aber auch wegen seiner Potenziale für die alternative Energiegewinnung – gerät auch Südamerika, insbesondere Brasilien, immer mehr ins Zentrum der Aufmerksamkeit der »globalen Rivalen«.[136]

Instabilität am Persischen Golf

Knapp 60 Prozent der heute bekannten Erdölreserven lagern im Mittleren Osten, vor allem in Saudi-Arabien, im Iran, in Irak, in Kuwait und in den Vereinigten Arabischen Emiraten.[137] In dieser Region werden die beiden weltweit größten Ölverbraucher, die USA und China, auf absehbare Zeit um Ressourcen konkurrieren. Die wachsende Nachfrage der aufstrebenden Mächte in Asien wird in diesem Konkurrenzkampf eine Rolle spielen. Schon heute werden knapp zwei Drittel des Öls aus dem Nahen und Mittleren Osten nach Asien geliefert, mit steigender Tendenz.

Man kann davon ausgehen, dass die USA ihre Interessen in der Region verteidigen werden. 2006 prognostizierte eine amerikanische Expertengruppe des *Council on Foreign Relations*, dass die Golfregion zumindest für die nächsten zwei Jahrzehnte für die USA von »vitalem Interesse hinsichtlich zuverlässiger Öllieferungen« sein wird. Die dort stationierten amerikanischen Truppen leisten nach Ansicht der Experten einen wichtigen Beitrag zur Energiesicherheit. Eine »starke militärische Präsenz«, die ein schnelles Eingreifen in der Region ermögliche, sei auch in Zukunft notwendig.[138]

Das Irak-Debakel

Im Jahr 2003 haben die USA Saddam Husseins Tyrannenregime beseitigt, doch bis heute, mehr als neun Jahre nach der Invasion und dem Rückzug amerikanischer Soldaten, haben sie die Lage im Irak nicht unter Kontrolle bringen können. Das schwächt nicht nur den

Einfluss der Weltmacht in der Region, sondern schadet ihr auch wirtschaftlich. Die Instabilität im Irak behindert ja nicht nur den Wiederaufbau des Landes, sondern seit Jahren auch die Förderung der weltweit ergiebigsten und ertragreichsten Ölquellen, die zur Senkung und Stabilisierung des Ölpreises beitragen könnte. In der Liste der Länder mit den größten Erdölreserven rangiert der Irak mit knapp neun Prozent der weltweiten Gesamtreserven hinter Saudi-Arabien, Kanada und dem Iran auf Platz vier. Während die Gasförderung im Irak schon immer unter ihren Möglichkeiten blieb, ist infolge der unsicheren Lage auch die Ölförderung stark zurückgegangen. Die vor dem Waffengang 2003 von amerikanischen Analysten abgegebenen Prognosen,[139] wonach die Tagesproduktion mühelos auf fünf bis sechs Millionen Fässer zu steigern und damit der Ölpreis auf einem niedrigen Niveau zu halten sei, haben sich als gründlich verfehlt erwiesen. Die Preise für den Rohstoff Öl sind im Gegenteil bis zum Ausbruch der Finanz- und späteren Wirtschaftskrise dramatisch angestiegen, und zwar von etwas mehr als 25 Dollar (2003) auf über 140 Dollar (im Sommer 2008) pro Fass.

Saudi-Arabiens Stabilität um jeden (Öl-)Preis?

Marktinterventionen der saudi-arabischen Ölscheichs haben den USA lange Zeit geholfen, den Ölpreis auf einem niedrigen Niveau stabil zu halten. Von Mitte der 1980er Jahre bis 2003 konnten sich die Konsumenten darauf verlassen. Saudi-Arabien genießt eine Sonderstellung als so genannter *swing producer*: Der Wüstenstaat ist der einzige Öllieferant, dessen Kapazitäten so hoch sind, dass er problemlos »ohne längere Vorbereitungszeit zwei Millionen Barrel pro Tag zusätzlich zu fördern« in der Lage ist, um auf Förderengpässe in anderen Ländern oder plötzlich steigende Nachfragen zu reagieren. »Nur Saudi-Arabien kann es sich leisten«, betont Henner Fürtig, Experte für den Nahen und Mittleren Osten, »bis zu 15 Prozent seiner Produktionskapazitäten nicht zu nutzen, um Marktkrisen zu bewältigen bzw. den Weltmarktpreis für Erdöl stabil zu halten.« Nach Ansicht von Fürtig hat Saudi-Arabien sein »Swing-Potenzial« während der Venezuela-Krise 2002 und des Irak-Kriegs 2003 »massiv zur Geltung gebracht«.[140]

Da die Ölproduktion seit einigen Jahren mit der steigenden Nachfrage, vornehmlich in den USA und Asien (seit 2005 nehmen allen voran Japan, China, Südkorea und Indien über die Hälfte der saudi-arabischen Erdölexporte ab),[141] nicht mehr Schritt halten kann, ist der Ölpreis kontinuierlich und erheblich gestiegen. Bereits im April 2005 wurde Präsident Bush bei einem Treffen mit dem damaligen Kronprinzen Abdullah informiert, dass Saudi-Arabiens Überschüsse begrenzt seien und künftig Angebot und Nachfrage im Rahmen eines langfristigen Plans verhandelt werden müssten.[142]

Das Königreich ist nach Kanada und Mexiko der drittgrößte Öllieferant der USA und sein wichtigster Handelspartner im Mittleren Osten. Diese gewaltige Verhandlungsmasse hat eine »Sonderbeziehung« zwischen den beiden Staaten entstehen lassen. 2010 exportierten die USA Waren, hauptsächlich Rüstungsgüter, im Wert von 12 Milliarden Dollar in das saudische Königreich und bezogen von dort Waren – überwiegend Erdöl – im Wert von 31 Milliarden Dollar.[143] Die saudischen Erträge aus diesen Geschäften werden dann zu einem guten Teil in Amerika reinvestiert und so der amerikanischen Wirtschaft sowie der auf Pump konsumierenden Gesellschaft zur Verfügung gestellt.

Status quo versus Demokratie

Das für beide Seiten vorteilhafte Geschäft – Sicherheit für Öl – hat auch eine Schattenseite: Es behindert die Demokratisierung der Region, die Präsident George W. Bush bereits in seiner zweiten Inaugurationsrede vom Januar 2005 forderte. In der Nationalen Sicherheitsstrategie vom März 2006 hat sie als Mittel gegen die Bedrohung durch den weltweiten Terrorismus sogar programmatischen Rang erhalten.[144] Doch Amerikas üppige Überweisungen für die Öl- importe sowie seine Waffenlieferungen helfen dem saudischen Kö- nigshaus seit Jahrzehnten, sein autoritäres Regime zu alimentieren, das fast ausschließlich von seinen ansehnlichen Öleinnahmen lebt und mit diesen die Gefolgschaft der Untertanen erkaufen und nö- tigenfalls auch erzwingen kann. Nicht wenige Amerikaner und internationale Beobachter haben nach den Anschlägen vom 11. Sep- tember 2001 diese Geschäfte als Ursache dafür ausgemacht, dass das Königreich Saudi-Arabien, aus dem 15 der 19 Attentäter stammten, von der Demokratisierungswut der Bush-Regierung verschont blieb.

Auch an Präsident Obamas Glaubwürdigkeit kamen Zweifel auf, als er in seiner Kairoer Rede vom Juni 2009 einen Neuanfang in den Beziehungen der Vereinigten Staaten zur muslimischen Welt verkündete[145] und demokratische Grundrechte für die Menschen dieser Region forderte, zugleich aber ebenso wie seine Vorgänger das Militär und damit den Garanten des autoritären Regimes in Ägyp- ten mit etwa zwei Milliarden Dollar pro Jahr stützte.[146] Als dann im Spätjahr 2010 der so genannte Arabische Frühling als Herbststurm von Tunesien über Algerien, Ägypten, Jemen, Libyen, Bahrain, Sy- rien und weitere arabische Länder hinwegfegte, waren aus Washing- ton wie von israelischer Seite besorgte Stimmen zu vernehmen: Ein Umsturz oder freie Wahlen in Ägypten könnten unvorhersehbare Konsequenzen für die regionale Stabilität haben, im schlimmsten Fall sogar die Israel und den USA feindlich gesinnte Muslimbruder- schaft an die Macht spülen![147] Bislang gab es in dem Land am Suez- kanal, der für den Welthandel so wichtig ist, allerdings noch keine großen Umwälzungen. Die eigentliche Revolution, so ein Kenner der amerikanischen Außenpolitik mit historischem Weitblick, sei der Versuch des Mubarak-Clans gewesen, das Militärregime durch eine Erbmonarchie zu ersetzen. Diese Revolte sei vom Militär mit Hilfe der Protestbewegung zurückgeschlagen und somit das *Ancien Ré-gime* restauriert worden.[148]

Noch hat der Arabische Frühling in Ägypten keine Früchte der Demokratie zur Reife gebracht. Doch das Königshaus in Saudi-Arabien, das eng mit dem ägyptischen Präsidenten Hosni Mubarak verbunden war, zeigt sich sehr beunruhigt angesichts des üppigen Blütenstandes und verfolgt die Entwicklung mit großer Aufmerksamkeit. Seit einiger Zeit bemüht es sich auch um weitere Sicherheitspartner neben den USA, insbesondere um Russland, China und Pakistan. Während die Gewinnung von Öl vornehmlich in saudi-arabischer Hand bleiben soll, sucht Riad ausländische Investoren für die Förderung seiner Gasreserven – die als die viertgrößten weltweit gelten – zu gewinnen.[149]

Im November 1999, beim ersten Besuch eines chinesischen Staatschefs in Riad, vereinbarten China und Saudi-Arabien eine vom chinesischen Staatspräsidenten Jiang Zemin so genannte strategische Ölpartnerschaft.[150] Die chinesische Staatsfirma SINOPEC beteiligte sich mit über 300 Millionen Dollar an der weiteren Erschließung des Öl- und Gasfeldes Ghawar.[151] Im Gegenzug investiert der saudi-arabische Staatsbetrieb ARAMCO in chinesische Infrastruktur. Auf diese Weise diversifiziert das Land seine Währungsreserven und hilft dem energiehungrigen Reich der Mitte bei der Raffination des schwefelhaltigen saudischen Öls. »Wir sehen uns nicht nur als Verkäufer, der Rohöl nach China verkauft, sondern vielmehr als strategische Partner, deren mannigfaltige Beziehungen in diesem wichtigen Land auf gegenseitigem Respekt, Unabhängigkeit und gegenseitigem Nutzen basieren.«[152] Mit diesen Worten erläuterte ARAMCOs Geschäftsführer Khalid Al-Falih die »globale Downstream-Strategie« des Konzerns und besiegelte zugleich mit der *China National Petroleum Corporation* ein weiteres Projekt: In Chinas südlicher Provinz Yunan sollen Kapazitäten aufgebaut werden, mit denen täglich weitere 200 000 Fässer Rohöl verarbeitet werden können. Die amerikanische Energiebehörde schätzt, dass Chinas Raffinerien bereits 2015 täglich über 12 Millionen Fässer Rohöl weiterverarbeiten können.[153]

Darüber hinaus hilft die saudische ARAMCO China, Kapazitäten für Lagerhaltung aufzubauen, die vonnöten sein werden, sobald die im März 2009 zwischen den Regierungen Chinas und Myanmars (Birmas) vereinbarten Öl- und Gaspipelines fertiggestellt sind. Von 2013 an soll die Ölpipeline jährlich über 12 Millionen Tonnen aus dem Mittleren Osten und Afrika über den Indischen Ozean verschifftes Rohöl vom birmesischen Hafen Kyaukphyu in die chinesische Provinz Yunan pumpen.[154] Parallel dazu soll eine Gaspipeline verlegt werden und jährlich über 12 Milliarden Kubikmeter birmesisches Gas in den Süden Chinas leiten.[155] Auf diesem Weg kann künftig auch das Gas vom Persischen Golf schneller, sicherer und kostengünstiger nach China gelangen, weil so das von Piraten bedrohte und von den USA kontrollierte Nadelöhr Malakka umgangen wird. Die USA bemühen sich unter der Außenministerin Clinton also nicht von ungefähr wieder verstärkt um den »Menschenrechtsdialog« mit Myanmar, nachdem sie das Regime zuvor über Jahrzehnte zu isolieren versuchten.[156]

Ende Januar 2004 erhielten die chinesische SINOPEC und die russische *Lukoil* von Saudi-Arabien die Konzession, die Erdgasfelder in der Rub al-Khali zu erschließen.[157] Neben *Lukoil* betätigt sich mit *Stroytransgaz* (eine Tochter von *Gazprom*) ein weiterer russischer Konzern auf dem saudi-arabischen Energiesektor. Bei seinem auch in den USA mit Aufmerksamkeit verfolgten Besuch in Saudi-Arabien – dem ersten eines russischen Präsidenten nach sechzig Jahren diplomatischer Spannungen zwischen den beiden Ländern – betonte der russische Präsident Wladimir Putin im Februar 2007, dass Russland und Saudi-Arabien die weltweit wichtigsten Erdölproduzenten und -exporteure seien und dass es den beiden Ländern ein »Leichtes« sei, »gemeinsame Sache« zu machen.[158] König Abdullah hob seinerseits hervor, dass Russland und Saudi-Arabien nicht nur über »riesige wirtschaftliche Potenziale«, »unermessliche Bodenschätze« und »mannigfaltige Investitionsmöglichkeiten« verfügten, sondern auch über »enormen politischen Einfluss auf der Weltbühne«, was die beiden Länder nutzen sollten, »ihre Kooperationsbeziehung in einer strategischen Perspektive auf neue Höhen« zu führen.[159]

Fester verankert sind die langjährigen Beziehungen des Königshauses zu Pakistan. Zwar sind seit den 1990er Jahren keine pakistanischen Soldaten mehr im Land stationiert, nämlich seitdem die USA der Ölmonarchie Schutz zugesichert haben. Aber die pakistanische »Prätorianergarde« würde dem Königshaus jederzeit beistehen, sollte es unerwartet Hilfe benötigen. Riad zahlt für diesen militärischen Bereitschaftsdienst »Entwicklungshilfe« an Pakistan und hält sich damit auch die Option offen, bei Bedarf Nuklearwaffen beziehen zu können. Damit ist man gewappnet für den nicht unwahrscheinlichen Fall, dass der Iran von den USA und den westlichen Alliierten nicht daran gehindert werden kann, eine Atombombe zu entwickeln.

Quid pro quo mit dem Iran

Das pragmatische Engagement Chinas und Russlands eröffnet den Ländern des Mittleren Ostens – auch jenen, die dem Regime in Riad und den geopolitischen Zielsetzungen der USA ablehnend gegenüberstehen – neue wirtschaftliche und militärische Optionen. Ein CIA-Bericht machte bereits 2003 darauf aufmerksam, dass die Zusammenarbeit mit militärischen Einheiten in der ehemaligen UdSSR, in Nordkorea und China dem Iran geholfen habe, sein Ziel, die unabhängige Herstellung von Raketengeschossen, zu erreichen.[160] Darüber hinaus haben China und Russland bisher alle Bemühungen der USA bei den Vereinten Nationen unterlaufen, spürbare Sanktionen gegen das iranische Regime zu verhängen und dieses von der Nuklearproduktion abzuhalten.

Russland, das über großes technisches Know-how bei der Öl- und Gasförderung verfügt, sieht wirtschaftliche Vorteile in der Zusammenarbeit mit dem Iran. Russland und Iran kontrollieren zusammen mehr als ein Fünftel der weltweiten Öl- und über die Hälfte der

Gasreserven. In Europa und in den USA nahm man daher die vom russischen Präsidenten Putin im Februar 2009 geäußerte Absicht sehr ernst, die Angebotspolitik zu koordinieren und damit die Marktmacht der Produzenten auf dem Gassektor zu verstärken.[161] Zwar ist die Etablierung eines Gaskartells unter russischer Führung, eine so genannte Gas-OPEC, aufgrund struktureller Hindernisse und divergierender Interessen der möglichen Teilnehmer in absehbarer Zeit eher unwahrscheinlich, doch die größten (staatlichen) Förderunternehmen können sich ohne Weiteres absprechen, unter anderem auch hinsichtlich der Bereitstellung von Transportmöglichkeiten.[162]

Für China könnte es sich ebenfalls auszahlen, den Iran politisch zu unterstützen. Bereits 2004 verständigten sich China und der Iran auf ein 100-Milliarden-Dollar-Projekt: China will sich danach in den nächsten zwei Jahrzehnten neben Ölimporten auch die Lieferung von so genanntem LNG (*liquefied natural gas*, das ist zu Transport- und Lagerzwecken verflüssigtes Gas) sichern.[163] Dazu müssen jedoch erst einmal die nötigen Technologien von westlichen Firmen beschafft werden. Da der Iran sein Gas vorläufig, nämlich solange die Sanktionen gelten, im Grunde nur über Pipelines befördern kann, verpflichtete sich Peking im Gegenzug, in den Bau von Pipelines und damit in die Öl- und Gasförderung des Iran zu investieren. Neben dem 1990 entdeckten South-Pars-Gasfeld – das etwa die Hälfte der Gasreserven Irans birgt[164] – hat China auch Ölfelder, namentlich das Yadavaran- (Koushk und Hosseinieh), Kuhdasht- und das 1999 entdeckte Azadegan-Ölfeld, eines der weltweit größten, noch nicht erschlossenen Felder, fest im Visier. Zu Jahresbeginn 2009 einigten sich die staatliche chinesische Ölfirma *China National Petroleum Corporation* und das iranische Staatsunternehmen *National Iranian Oil Company*, den nördlichen Teil des Azadegan-Ölfeldes im Südwesten Irans, nahe der irakischen Grenze, zu erschließen.[165] Innerhalb von nur fünf Jahren, von 2005 bis 2010, unterzeichneten chinesische Firmen Verträge über etwa 120 Milliarden Dollar zur Förderung und Verarbeitung der fossilen Bodenschätze des Iran.[166]

China profitiert auch davon, dass andere, etwa ein japanisches

Konsortium (*Inpex Corp.*), Vereinbarungen mit dem Iran aufgekündigt haben, um nicht gegen die von den USA forcierten Sanktionen gegen Teheran zu verstoßen.[167] Die USA beeinflussten auch die Entscheidung Indiens, auf den Bau der geplanten Iran-Pakistan-Indien-Pipeline zu verzichten und damit dem iranischen Regime diese wirtschaftliche Unterstützung zu entziehen. Andere europäische Firmen haben ihr Engagement ebenfalls eingeschränkt, um gemeinsam mit Washington den Druck auf den Iran zu erhöhen, sein Nuklearprogramm aufzugeben.

Während die einen sich der »westlichen« Koalition anschlossen, um den Iran zu isolieren, haben andere, allen voran China, die Gunst der Stunde genutzt und die Geschäftsbeziehungen ausgeweitet.[168] Indem es das iranische Regime – unter anderem im UN-Sicherheitsrat – stützt, sucht China seine Aussichten auf ergiebige Öl- und Gaslieferungen zu wahren. Bereits heute bezieht die Volksrepublik gut 15 Prozent ihres Rohöls aus dem Iran, der damit hinter Saudi-Arabien und Angola Chinas drittgrößter Lieferant ist.[169] Und der Iran ist ergiebig: Er verfügt über die weltweit drittgrößten bekannten Ölvorkommen und über die zweitgrößten nachgewiesenen Gasreserven,[170] Ressourcen, die er aufgrund der mangelnden Infrastruktur bislang nur begrenzt nutzen kann, wofür nicht zuletzt die seit den 1980er Jahren von den USA verhängten Wirtschaftssanktionen gesorgt haben.

Doch der Iran ist nicht wehrlos. Er kann die ölabhängigen westlichen Industrieländer und die Schwellenländer in Asien an der Straße von Hormus an ihrer Achillesferse treffen. Dort sind iranische Truppen stationiert, die dieses Nadelöhr sperren und damit die tägliche Lieferung von 17 Millionen Fässern Öl unterbinden könnten, was nach Einschätzung amerikanischer Sicherheitsexperten etwa einem Fünftel des globalen Ölbedarfs entspricht.[171] Der Einsatz der so genannten iranischen Ölwaffe würde einen merklichen Anstieg des weltweiten Ölpreises verursachen und damit insbesondere westlichen und asiatischen Ländern massiv schaden. Dieses Drohpotenzial hat die Militärstrategen in der zu präventiven Kriegen neigenden Bush-

Regierung veranlasst, von einem Angriff auf den Iran abzuraten. Sie befürchteten nicht zu Unrecht ein weiteres Desaster in der amerikanischen Iran-Politik, nachdem die Weltmacht nach ihrem Scheitern im Irak dem Erzfeind Teheran bereits Gelegenheit geboten hat, das Machtvakuum in der Region für sich und gegen Amerika zu nutzen.

Die erweiterte regionale Perspektive

In den offiziellen Verlautbarungen der US-Regierungen George W. Bushs und Barack Obamas ist bisher stets die Rede davon, dass es in Afghanistan und Pakistan darum gehe, fragile Staaten zu stabilisieren, damit von ihnen keine Terrorgefahr mehr für die amerikanische Bevölkerung ausgehe. Doch aus geostrategischer Sicht geht es in dieser Region längst um ein größeres Spiel, bei dem mehrere Spieler mit verschiedenen Strategien und Einsätzen pokern.

China und die USA sind an den für ihre Industrie- und *High-Tech*-Produktion wichtigen Bodenschätzen am Hindukusch interessiert, namentlich an Vorkommen von Kupfer- und Eisenerzen, von Kobalt, Gold und Lithium. Der in Afghanistan reichlich vorhandene Kernrohstoff Lithium, der für die Produktion von Akkus, Laptops und Mobiltelefone benötigt wird, könnte für Amerika in Zukunft einen Stellenwert erreichen, wie heute das Öl aus Saudi-Arabien, schätzt man im Pentagon.[172] General Petraeus, damals Oberbefehlshaber der US-Streitkräfte in Afghanistan, berichtete der *New York Times* im Juni 2010 von diesem »erstaunlichen Potenzial« – wohl auch um der an der Heimatfront rapide schwindenden Unterstützung für das internationale Engagement der USA entgegenzuwirken. Diese Ressourcen würden es den USA nach Ansicht des Generals erlauben, die Verantwortung früher zu übergeben, und den fragilen Staat am Hindukusch in die Lage versetzen, sein Schicksal selbst in die Hand zu nehmen. Die Bodenschätze könnten »das Rückgrat unserer Wirtschaft bilden«, sekundierte ein Berater des afghanischen Bergbauministeriums.

Die Ressourcen könnten sich aber auch als Fluch erweisen. Kritische Stimmen im amerikanischen Sicherheitsapparat warnen davor, dass den einheimischen Stammesführern und Taliban jetzt noch mehr daran gelegen sein könnte, ihr Land gegen die alliierten Truppen zu verteidigen, und dieses könnte in einem noch größeren Korruptionsmorast versinken, sobald die Quellen erst einmal Gewinn abwerfen. Schließlich sei auch nicht auszuschließen, dass sich das ressourcenhungrige China der Rohstoffe bemächtigt. Das ist nicht von der Hand zu weisen, denn China hat sich bereits 2007 – frei nach dem Motto »kaufen ist günstiger als besetzen« – die Förderrechte gesichert und kann afghanische Kupfervorkommen im Wert von etwa drei Milliarden Dollar abbauen.[173]

Die USA schielen aber nicht nur auf die Bodenschätze in dem Land am Hindukusch, sondern auch auf seine geostrategische Bedeutung. Afghanistans Lage zwischen Iran und China könnte Washington helfen, Pläne zu durchkreuzen, von denen diese beiden Länder profitieren würden. Auch die ursprünglichen Pläne Indiens, mit vertrauensbildenden Maßnahmen wie dem Bau der Iran-Pakistan-Indien-Pipeline sich seinem Erzfeind Pakistan wieder anzunähern, waren den amerikanischen Sicherheitsstrategen ein Dorn im Auge. Sie wollen den Iran isolieren, indem sie die Turkmenistan-Afghanistan-Pakistan-Pipeline voranbringen, an deren Bau auch amerikanische Firmen beteiligt wären. Doch dafür müsste Afghanistan erst einmal befriedet werden. China dürfte allerdings kaum daran interessiert sein, von den USA als so genannter *responsible stakeholder* eingespannt zu werden, sondern vielmehr darauf hinarbeiten, die Öl- und Gasressourcen Irans und aus der kaspischen Region über iranische Häfen nach Asien zu verschiffen. Nicht zuletzt versuchen China wie Russland – bei allem Interesse, das sie daran haben, Pakistan und Afghanistan einigermaßen stabil zu halten –, die USA aus Zentralasien zu verdrängen oder zumindest den amerikanischen Einfluss in dieser Region zu begrenzen.

Kräftemessen in Zentralasien
und in der kaspischen Region

Auf die Energiereserven Zentralasiens richten sich seit dem Zerfall der Sowjetunion nicht nur die Begehrlichkeiten Russlands. Mit etwas mehr als drei Prozent der nachgewiesenen Reserven und einem Anteil von zwei Prozent der weltweiten Erdölproduktion war die kaspische Region lange Zeit kein bedeutender, aber dennoch wichtiger Energielieferant.[174] Seit Ende der 1990er Jahre konnte aber vor allem Kasachstan seine Erdölförderung erheblich steigern. Bereits 2005 förderte das Land zwei Drittel des Erdöls in dieser Region (67 Prozent von insgesamt zwei Millionen Fässern pro Tag), gefolgt von Aserbaidschan (22 Prozent) und Turkmenistan (10 Prozent).[175] Die Internationale Energie-Agentur erwartet, dass die Produktion in dieser Region von derzeit (2009) drei Millionen bis 2025 auf über fünf Millionen Fässer pro Tag gesteigert werden kann. Allen voran wird Kasachstan für dieses Wachstum sorgen und somit spätestens 2035 Platz vier der Länder mit den stärksten Produktionszuwächsen einnehmen, hinter Saudi-Arabien, dem Irak und Brasilien.[176]

Noch vielversprechender sind die Gasvorkommen im kaspischen Raum mit einem Anteil von etwa sechs Prozent der weltweiten Reserven, wobei Turkmenistan über den größten Teil verfügen kann. Nach Schätzungen der britischen Energiezertifizierungsagentur *Gaffney Cline and Associates* vom Oktober 2008 dürften die turkmenischen Gasreserven erheblich größer sein, als bisher angenommen. Unter anderem soll das South-Yolotan-Osman-Feld nahe der afghanischen Grenze bis zu sechs Billionen Kubikmeter förderbare Erdgasreserven bergen und wäre damit so groß wie alle Gasreserven der USA zusammen.[177] Die Internationale Energie-Agentur prognostiziert einen – hauptsächlich von Turkmenistan betriebenen – Anstieg der regionalen Produktion von derzeit 160 auf 260 Milliarden Kubikmeter im Jahr 2020 und über 310 Milliarden Kubikmeter 2035.[178]

Der Energielieferant Turkmenistan ist auf eine Pipeline angewiesen, die über russisches Gebiet verläuft. Überdies hat die Regierung seit 2009 Verträge unterzeichnet, in denen eine Abzweigung nach Asien zur Versorgung Chinas vereinbart wurde. Auch die Europäer wollen Gas aus Turkmenistan über ihre Pipeline mit dem bezeichnenden Namen Nabucco beziehen, um ihre Abhängigkeit von Russland zu verringern, gingen bislang aber leer aus.

Die USA haben unmittelbar nach dem Zusammenbruch der Sowjetunion versucht, die so genannten Stans – Turkmenistan, Usbekistan, Tadschikistan, Kirgisistan, Kasachstan – aus dem Einflussbereich Russlands zu lösen und zu verhindern, dass China in das entstandene Machtvakuum vordringt, indem es etwa Pipelines über das Gebiet der ehemaligen Sowjetrepubliken führt und sich so die reichhaltigen Ressourcen dieser Länder sichert. Als dann am 11. September 2001 am sicherheitspolitischen Horizont die weltweite Bedrohung durch den Terror auftauchte, haben die USA noch mehr in diese Region investiert, diplomatisch wie finanziell, und sie haben Militärbasen errichtet, um sowohl im globalen Krieg gegen den islamistischen Terror besser gewappnet zu sein als auch im Wettlauf um die Energieressourcen am Kaspischen Meer.

Im Mai 2006 besuchte der amerikanische Vizepräsident Cheney das boomende Kasachstan. Er lobte die politischen und wirtschaftlichen Fortschritte des Gastlandes, betonte seine persönliche Freundschaft mit Präsident Nursultan Nasarbajew, bestätigte die »engen Beziehungen zwischen Kasachstan und den Vereinigten Staaten« und erklärte schließlich, dass Amerika stolz sei, Kasachstans »strategischer Partner« zu sein.[179] Um das energiereiche Kasachstan aus der politischen und infrastrukturbedingten Abhängigkeit Russlands zu lösen und um Iran zu umgehen, hatten die USA in den Jahren zuvor den Bau der von *BP* betriebenen Baku-Tbilissi-Ceyhan-Pipeline unterstützt, durch die seit Juli 2006 Öl aus dem kaspischen Raum durch Aserbaidschan und Georgien in den NATO-Staat Türkei befördert wird. Aber nun sollte die Partnerschaft gefestigt werden durch amerikanische Militärbasen in Kasachstan. Die waren für die Weltmacht äußerst wichtig, seit der usbekische Präsident Islam Karimow den USA im Sommer 2005 eine Frist von

180 Tagen gesetzt hatte, ihre Soldaten, Ausrüstung und Flugzeuge vom Stützpunkt Karshi-Chanabad abzuziehen. Auch Kirgisistan ist ein unsicherer Kantonist, denn es spielt immer mal wieder mit dem Gedanken, dem Drängen Russlands nachzugeben und die Amerikaner zur Räumung ihres Luftwaffenstützpunktes in Manas zu bewegen, womit die USA einen wichtigen Stützpunkt in der Region verlieren würden. Seit 2003 versucht Moskau beharrlich, seine frühere Machtstellung in der Region wiederherzustellen, indem es etwa mit autokratischen Regimen – auf Kosten amerikanischer »Demokratisierungsbemühungen« und Interessen – zusammenarbeitet.

Auch China hat etwas gegen amerikanische Militärbasen im kaspischen Raum einzuwenden, und seine Energie-Interessen lassen sich ebenfalls nicht mit den Bedürfnissen Amerikas vereinbaren. Die Volksrepublik hat längst damit begonnen, eine Pipeline zu bauen und das 2000 in Kasachstan entdeckte Öl- und Gasfeld Kashagan am Kaspischen Meer, eines der weltweit reichhaltigsten, für sich zu nutzen. Seit Juli 2009 ist die Kasachstan-China-Pipeline, ein *Joint Venture* zwischen der chinesischen CNPC und dem staatlichen kasachischen Öl- und Gaskonzern *KazMunaiGaz* (KMG), in Betrieb und förderte 2009 bereits vier Prozent aller Ölimporte Chinas aus dem Aktobe- sowie den Kumkol-Ölfeldern. Die gegenwärtige Leistungsfähigkeit von 200 000 Fässern pro Tag soll bis 2013 verdoppelt werden und von Herbst 2013 an – allen klimatischen und geologischen Schwierigkeiten zum Trotz – um die noch ergiebigeren Ressourcen des Kashagan-Feldes erhöht werden, dessen Vorräte auf über elf Milliarden Fässer taxiert werden; das ist mehr als ein Drittel der auf etwa 30 Milliarden Fässer geschätzten Gesamtölressourcen des Landes.[180]

Die Gasförderung Kasachstans leidet bisher darunter, dass keine Infrastruktur für den Transport vorhanden war. Auch hier will China Abhilfe schaffen. Von 2014 an soll die Kasachstan-China-Gaspipeline dafür sorgen, dass das neureiche Land nicht nur große Mengen Öl, sondern auch Gas fördert und an China verkauft. Bereits im Dezember 2009 wurde eine Gaspipeline fertiggestellt, über die jährlich bis zu 40 Milliarden Kubikmeter turkmenisches Gas nach China geliefert werden. Auch die Gasressourcen im Westen Turkmenistans, die eigentlich über die von den EU-Staaten vorangetriebene Nabucco-Pipeline nach Europa gelangen sollten, werden wohl den Weg nach Osten nehmen: Im Juni 2010 verkündete der turkmenische Staats- und Regierungschef Gurbanguly Berdimuhamedow, dass man einen Vertrag über ein Zwei-Milliarden-Dollar-Projekt mit dem Reich der Mitte abgeschlossen habe.[181]

»China entwickelt sich zu einem wichtigen neuen Kunden der Region«, heißt es im Jahresbericht 2010 der Internationalen Energie-Agentur.[182] Nicht zuletzt um sich die Energiequellen Zentralasiens zu sichern, hat China die Schanghaier Organisation für Zusammenarbeit ausgebaut, der neben der Volksrepublik China Russland, Usbekistan, Kasachstan, Kirgisistan und Tadschikistan angehören.[183]

Jenseits von Afrika

Angesichts der Schwierigkeiten am Persischen Golf und in Zentralasien suchen die USA nach Alternativen. Vor allem die von der Ölindustrie getriebene Bush-Regierung machte kein Hehl daraus, dass nach ihrer Ansicht Ölimporte aus Afrika das Potenzial haben, einen Großteil der Lieferungen aus dem Mittleren Osten zu ersetzen. Im Mai 2001 legte eine von Präsident Bush per Exekutivorder eingesetzte und vom Vizepräsidenten Cheney geleitete Arbeitsgruppe die Bedeutung Afrikas dar, wobei man vor allem auf die Ressourcen am Golf von Guinea hinwies: »Westafrika wird voraussichtlich eine der ergiebigsten Öl- und Gasquellen für den amerikanischen Markt werden.«[184] 2002 unterstrich das Weiße Haus in der Nationalen Sicherheitsstrategie, sich bei der Sicherung neuer Energievorräte Afrika zuzuwenden.[185] Präsident Bush beauftragte seinen Verteidigungsminister, in Afrika eine regionale Kommandozentrale für die amerikanischen Streitkräfte aufzubauen. *Africa Command* (AFRICOM) solle als weitere Basis im »globalen Krieg gegen den Terror« dienen und zugleich den Zugang zu afrikanischen Öl- und Gasressourcen vor Terroristen schützen.[186] Nach Angaben eines höheren Vertreters des Pentagon ist es die zentrale Aufgabe der amerikanischen Streitkräfte in Afrika, insbesondere die Ölfelder Nigerias zu sichern.[187]

Nachdem die ursprünglichen Pläne, das Hauptquartier von AFRICOM auf dem Kontinent selbst zu errichten, am Widerstand der dafür ins Auge gefassten afrikanischen Gastländer gescheitert sind, müssen sich die USA bis auf Weiteres mit einem provisorischen Hauptquartier in Deutschland arrangieren. Den über 1200 Militärs und »mehreren Hundert« Sicherheitsbediensteten[188] sowie deren Familien bietet die über zehn Flugstunden von den meisten Stützpunkten auf dem afrikanischen Kontinent entfernte schwäbische Metropole Stuttgart allerdings einige Vorteile wie bessere Lebensqualität, Sicherheit, Gesundheitsversorgung und Ausbildungsmöglichkeiten für die Kinder. Ein weiterer Vorteil besteht darin, dass der militärische »Fußabdruck« der Weltmacht auf dem afrikanischen Kontinent um einiges kleiner ist, was weniger Widerstand bei der Bevölkerung vor Ort, aber auch bei der internationalen Gemeinschaft hervorruft.

Gleichwohl haben die Amerikaner auf dem afrikanischen Kontinent Vorposten errichtet, so genannte *Forward Operating Sites*.[189] Auf der mehr oder weniger permanenten Militärbasis Camp Lemonnier in der ostafrikanischen Republik Dschibuti halten über 2000 amerikanische Soldaten und Zivilisten die Stellung. Von dieser Basis aus werden Militäroperationen im Golf von Aden und im Jemen unterstützt. Ein weiterer Vorposten befindet sich auf der britischen Insel Ascension. Mit diesem Vorposten begann für die kleine Himmelfahrtsinsel ein weiteres Kapitel ihrer ohnehin schon ereignisreichen Geschichte, die sie der geostrategisch wichtigen Lage im Südatlantik zwischen Afrika und Südamerika zu verdanken hat. Darüber hinaus haben die USA mit einigen afrikanischen Ländern Zugangsrechte zu deren (Flug-)Häfen ausgehandelt und verfügen damit über weitere Stützpunkte für ihre Marine, Luftwaffe und für Drohneneinsätze. Insgesamt bilden inzwischen – ohne das amerikanische Militär in

Ägypten – etwa 3500 Soldatinnen und Soldaten den Fußabdruck der USA auf dem Kontinent.[190] Diese sollen die »strategischen« Interessen der USA in und um Afrika sichern, die sich in erster Linie auf die Ölressourcen und deren Transport nach Westen richten.[191]

Während der Regierungszeit George W. Bushs bezog die Weltmacht 15 Prozent ihrer Ölimporte aus Afrika südlich der Sahara, den Großteil aus Nigeria. Bis 2015 plante man, ein Viertel der Importe aus Afrika zu beziehen. Nach den Prognosen des amerikanischen Energieministeriums scheint dieses ehrgeizige Ziel durchaus erreichbar zu sein. Von den Nicht-OPEC-Ländern in Afrika und im Mittleren Osten erwartet man, dass sie ihren Anteil an der weltweiten Erdölförderung von sechs Prozent im Jahr 2005 auf elf Prozent im Jahr 2030 erhöhen.[192] 2012, im Jahr vier nach Bush, beziehen die USA fast schon genau so viel Öl aus Afrika wie aus dem Nahen und Mittleren Osten.[193]

Seit George W. Bushs energetischer Afrika-Initiative läuft das Ölgeschäft vor allem mit Nigeria wie geschmiert: Lagen die Importe aus Nigeria 2002 noch bei 227 Millionen Fässern pro Jahr, so haben sich die Einfuhren aus dem verkehrstechnisch günstig am Atlantischen Ozean gelegenen Land sehr schnell massiv erhöht: Von 2004 bis 2007 waren es über 400 Millionen Fässer pro Jahr. Als die amerikanische Wirtschaft 2008 einbrach, ging der Import zwischenzeitlich zurück, beträgt seit 2010 aber bereits wieder 374 Millionen Fässer pro Jahr.[194] Damit werden über 40 Prozent der Ölexporte Nigerias über den Atlantik in amerikanische Raffinerien transportiert, weitere 20 Prozent gehen nach Europa und 17 Prozent nach Asien, vor allem nach Indien. Nigeria ist mittlerweile zum viertgrößten Öllieferanten der USA avanciert.[195]

Der Ressourcenreichtum Nigerias lässt weitere Steigerungen erwarten. Das Gründungsmitglied der OPEC verfügt über 37 Milliarden Fässer nachgewiesene Erdölreserven.[196] Sorgen bereiten den Ölstrategen jedoch die wiederholt aufflammenden Unruhen in den Fördergebieten am Niger-Delta, die die Produktion erheblich beeinträchtigen. Seit Ende des Jahres 2005 wurden von militanten

Gruppen wie dem *Movement for the Emancipation of the Niger Delta* (MEND) immer wieder Anlagen zerstört und Arbeiter entführt. *Bunkering*, also das räuberische Anzapfen von Pipelines, verursacht weitere Schäden und Verluste. Das hat dazu geführt, dass Angola Nigeria 2009 den Rang als größter Erdölproduzent Afrikas ablief.

Angola hat seine Ölförderung in den letzten zehn Jahren enorm ausgebaut und wurde 2007 Mitglied im exklusiven Club der OPEC. Diese Entwicklung ist umso erstaunlicher, als bis 2002 mehr als ein Vierteljahrhundert lang ein Bürgerkrieg in dem Land tobte und die Infrastruktur vollkommen zerstört war. Hier haben nicht zuletzt »mehrere Zigmilliarden schwere« Investitionen und Kredite Chinas der darniederliegenden Ölproduktion und damit dem Land wieder auf die Beine geholfen.[197] Diese Investitionen haben sich ausgezahlt. Nach Saudi-Arabien ist Angola inzwischen Chinas zweitwichtigster Öllieferant. Während China beinahe die Hälfte aller Exporte Angolas abschöpft, muss sich Amerika, sein größter Rivale um knappe Ressourcen, mit etwa einem Viertel begnügen, gefolgt von Indien, das knapp ein Zehntel erhält.[198]

Immerhin konnten auch die USA ihre Einfuhren aus Angola steigern. Seit 2006 wurden bis zum Ausbruch der amerikanischen Wirtschaftskrise 2008 knapp 200 Millionen Fässer pro Jahr in die USA verschifft. 2010 waren es schon wieder 144 Millionen Fässer.[199] Das im Südwesten des Kontinents gelegene Angola bleibt schon aufgrund seiner Lage am Atlantik und des Umfangs seiner Ölvorräte für die USA interessant. Die nachgewiesenen Reserven belaufen sich nach Angaben des *Oil and Gas Journal* auf 9,5 Milliarden, nach Schätzungen des *BP Statistical Review of World Energy* sogar auf 13,5 Milliarden Fässer.[200]

Außer in Angola engagiert sich China auch im Sudan. Dort sind die USA ebenfalls ins Hintertreffen geraten. Seit Mitte der 1990er Jahre haben chinesische Staatsfirmen massiv in die Ölförderung und die Raffinerien des Landes investiert, mit Erfolg: »China ist heute der wichtigste Ölproduzent, -exporteur und -importeur des Sudan.«[201]

Die chinesischen Firmen sind Nutznießer der westlichen Embargopolitik. Im Zuge der von Washington 1997 gegen das Regime in Khartoum verhängten Wirtschaftssanktionen haben amerikanische und andere westliche Ölkonzerne ihr Engagement gedrosselt, während chinesische Staatsfirmen wie die CNPC ihre Investitionen erhöht haben.[202] Peking hat seine Interessen im Sudan selbst im UN-Sicherheitsrat vertreten, indem es durch die Macht seines Veto-Rechts das Regime in Khartoum vor Sanktionen bewahrte: »So stimmte China in der UN-Resolution vom März 2005 (1591) zwar ›smart sanctions‹ (Reisebeschränkungen, Einfrieren von Vermögen) zu, hätte weitergehende (Öl-)Sanktionen jedoch mit seinem Veto blockiert.«[203]

Während Chinas Konkurrenten moralische und rechtsstaatliche Erwägungen zu berücksichtigen haben, kann Peking frei von Auflagen und Rücksichtnahmen auf die Menschenrechte in Nigeria und dem Sudan rigoros seinem Grundsatz der Nichteinmischung in die inneren Angelegenheiten dieser Staaten folgen.[204]

Gerangel im Hinterhof: die beiden Amerikas

»Einmischung« in ihre »inneren Angelegenheiten« verbitten sich inzwischen selbst die Nachbarn und ehemaligen Partnerländer der USA. Allen voran haben sich Venezuela und Brasilien aus dem Einfluss der Hegemonialmacht gelöst. Längst sind sie auf dem Weg, selbst zu Machtzentren in der Region aufzusteigen und eine wichtigere Rolle in der Weltpolitik zu übernehmen. Indem sie strategische Partnerschaften in Asien suchen, eröffnen sich den südamerikanischen Regionalmächten neben Geschäftsbeziehungen auch sicherheitspolitische Kooperationsmöglichkeiten.

Eine aus renommierten Regional- und Energie-Experten zusammengesetzte überparteiliche Arbeitsgruppe des *Council on Foreign Relations* hat diese »neue Realität« auf den Punkt gebracht:[205] Die amerikanische Außenpolitik könne nicht mehr wie bisher davon ausgehen, dass die Vereinigten Staaten der wichtigste externe Akteur in Lateinamerika sind. Nach Einschätzung der Experten haben die Entwicklungen in den vergangenen zwei Jahrzehnten die 1823 in der Rede des Präsidenten James Monroe zur Lage der Nation etablierten und von seinen Nachfolgern konkretisierten Grundprinzipen, die sogenannte Monroe-Doktrin, obsolet gemacht. Die USA, die mehr als 150 Jahre lang die regionale Vormachtstellung auf dem Kontinent beanspruchten und keine Interventionen außenstehender (Kolonial-)Mächte duldeten, sollten, so die Experten, nun angesichts ihres schwindenden Einflusses versuchen, die Nachbarn über multilaterale Organisationen einzubinden, etwa über die Weltbank, den Internationalen Währungsfonds (IWF), die Interamerikanische Entwicklungsbank (IADB) oder die Organisation Amerikanischer Staaten (OAS).

Es bleibt fraglich, ob diese Empfehlungen in praktische Außenpolitik umgesetzt werden können. Trotz langjähriger diplomatischer Bestrebungen, die beiden Amerikas in einem multilateralen Rahmen zusammenzuführen, spielen nach wie vor bilaterale (Handels-)Beziehungen der USA zu den für die Befriedigung ihres Energiebedarfs wichtigen Ländern eine größere Rolle,[206] das sind insbesondere Kanada, Mexiko und Venezuela, aus denen die USA knapp die Hälfte ihrer Ölimporte beziehen. Daran haben das 1994 geschlossene Nordamerikanische Freihandelsabkommen (NAFTA), die ein Jahr später im texanischen Waco ausgerufene *Security and Prosperity Partnership of North America* (SPP) und eine 2001 von den Vertretern der nationalen Energieministerien Mexikos, Kanadas und den USA zusammengesetzte Arbeitsgruppe, der *North American Energy Working Group* (NAEWG), kaum etwas ändern können. Neue Ölfunde und Pionierleistungen auf dem Gebiet erneuerbarer Energien machen inzwischen auch Brasilien interessant für amerikanische Investoren.

Kanada, das von US-Amerikanern oft im Scherz als 51. Bundesstaat der Vereinigten Staaten von Amerika bezeichnet wird, genießt beinahe uneingeschränktes Vertrauen bei den USA. Während diese die Grenzen zu ihrem südlichen Nachbarn Mexiko mit Zäunen und Mauern sichern, können Menschen, Handelsgüter – besonders Energierohstoffe – und Geld zwischen Kanada und den USA ungehindert hin- und herwechseln.

Im Dezember 1999 machte erstmals ein Zwischenfall an der amerikanisch-kanadischen Grenze die Sicherheitsbehörden aufmerksam: die Festnahme des in afghanischen Trainingscamps von al-Qaida ausgebildeten Ahmed Ressam, der versuchte, Sprengstoff in die USA zu schmuggeln, um ein Bombenattentat auf dem Flughafen von Los Angeles zu verüben. Nach den Anschlägen vom 11. September 2001 verwiesen Politiker in den USA dann immer wieder auf den Fall Ressam und forderten, die Grenzkontrollen zu verschärfen, obwohl keiner der 19 Attentäter der Terroranschläge über Kanada eingereist war.[207]

Es ist wohl kaum möglich, die mit etwa 9000 Kilometern weltweit längste Grenze zwischen zwei Staaten in vollem Umfang zu kontrollieren, ohne dabei den Fluss der für beide Wirtschaften lebenswichtigen Handelsströme zu unterbinden. Deshalb blieb es bislang wohl bei einigen eher symbolischen Gesten wie der *Smart Border Declaration*, dem *Safe Third Country Agreement*, der *Beyond the Border Declaration* oder der *Western Hemisphere Travel Initiative* (WHTI). Durch den Einsatz moderner Überwachungstechnologie und die Zusammenarbeit so genannter Integrierter Grenzsicherungsteams wird darüber hinaus sichergestellt, dass die von pünktlichen Zulieferungen abhängigen verarbeitenden Industrien und Gewerbebetriebe diesseits und jenseits der Grenze nicht über Gebühr beeinträchtigt werden: Täglich passieren Güter im Wert von über 1,3 Milliarden Dollar die Grenze zwischen den beiden Ländern.[208]

Die USA und Kanada sind füreinander jeweils die wichtigsten

Handelspartner. Obwohl es schon mal über kanadische Bauholz-importe zu Zerwürfnissen kommt oder die Protektion der einheimischen Stahlindustrie das gegenseitige Einvernehmen belastet, florieren die Wirtschaftsbeziehungen, ganz besonders seitdem beide Länder 1988 das *U.S.-Canada Free Trade Agreement* vereinbarten und ihre Märkte 1994 über den multilateralen Rahmen der NAFTA noch stärker aneinanderbanden. 2010 exportierten die USA Handelsgüter im Wert von 206 Milliarden Dollar nach Kanada und importierten Waren im Wert von 275,5 Milliarden Dollar, wodurch sich ein Handelsdefizit zu Lasten der USA in Höhe von knapp 70 Milliarden Dollar ergab.[209] Vor allem auf die Energieressourcen Kanadas sind die USA dringend angewiesen. 2010 lieferte Kanada Energieträger im Wert von über 82 Milliarden US-Dollar in die USA.[210] Was andere Waren betrifft, hat China Kanada 2007 als größter Exporteur in die USA überholt.

Kanada ist seit 1999 der wichtigste und zuverlässigste Erdöllieferant der USA. Schon heute übertrifft Kanada, das nicht an die Produktionsobergrenzen der OPEC gebunden ist, die Erdölproduktion der OPEC-Mitgliedsstaaten Kuwait, Venezuela, Nigeria und der Arabischen Emirate. Es liefert sein Öl fast exklusiv, zu 99 Prozent, an seinen südlichen Nachbarn. Zwischen 2000 und 2010 sind die amerikanischen Importe aus Kanada von 661 auf 925 Millionen Fässer pro Jahr gestiegen.[211] Die USA beziehen bereits über ein Fünftel (22 Prozent) ihrer Erdölimporte aus Kanada – insbesondere aus den erdölreichen Regionen im Norden Albertas und aus der *Offshore*-Ölförderung vor Neufundland und Labrador in den Ölfeldern von Hibernia, Terra Nova und White Rose. Damit liegt Kanada weit vor den beiden nächstgrößten Lieferanten Mexiko und Saudi-Arabien.[212]

Die enormen Vorkommen Kanadas versprechen den USA auf lange Sicht Energiesicherheit, was angesichts der versiegenden Ressourcen Mexikos, der Schwierigkeiten mit Venezuela und der instabilen Lage im Nahen und Mittleren Osten für Amerikas Wirtschaft überlebenswichtig geworden ist. Rechnet man die in Kanada lagernden Ölsande hinzu, die allerdings einen höheren Gewinnungsaufwand verursachen, dann verfügt das Land nach Saudi-Arabien über die weltweit zweitgrößten nachgewiesenen Erdölreserven, nämlich etwa 175 Milliarden Fässer.[213] Technologische Fortschritte sollen, wie die kanadische Regierung erklärt, die einheimische Ölindustrie in die Lage versetzen, die Kosten und Umweltbelastungen bei der Gewinnung des wertvollen Rohstoffs aus Ölsanden zu reduzieren. Unterstützt durch amerikanisches Know-how und Investitionskapital, will man zusätzlich bis zu 2,5 Billionen (2500 Milliarden) Fässer Öl aus den Sanden der Provinz Alberta gewinnen.[214]

Albertas günstige Lage nicht allzu weit von der Westküste entfernt macht die Ressourcen aber auch interessant für asiatische Investoren.[215] Chinesische Staatsfirmen, unter anderem die *China National Offshore Oil Corporation*, erwarben bereits Anteile am Ölsandprojekt der Provinz. Darüber hinaus soll in Zusammenarbeit mit *PetroChina*, einer Tochtergesellschaft der staatlichen *China National Petroleum Corporation*, eine Pipeline von Alberta an die Westküste gebaut werden, so dass künftig auch der Energiebedarf der aufstrebenden Wirtschaftsmacht China mit kanadischem Rohöl befriedigt werden kann.[216]

Chinas Nachfrage trägt dazu bei, die in den USA bislang vorherrschenden ökonomischen und ökologischen Bedenken zu verdrängen, wonach die Gewinnung von Öl aus Ölsand viel Energie, Wasser und Geld koste und massive Umweltschäden verursache. Die amerikanische Außenministerin Hillary Clinton verteidigt die Position der »meisten Regierungsvertreter«, die »geneigt« sind, trotz aller Bedenken die grenzüberschreitende *Keystone XL Pipeline* zu befürworten, denn letztlich hat die Obama-Regierung, wie sie ausführt, nur die Wahl zwischen Pest und Cholera: »Wir werden entweder vom dreckigen Öl aus der Golfregion oder vom dreckigen Öl aus Kanada abhängig sein.«[217]

Indem sie das geplante Pipeline-Projekt mehr oder weniger offen unterstützen, wollen die Verantwortlichen in Washington dafür sorgen, dass die amerikanische Wirtschaft weiterhin zuverlässig und ausreichend mit diesem elementaren Lebenselixier versorgt und neue

Arbeitsplätze in den USA geschaffen werden.[218] Neben der Energiesicherheit wiegen auch »20 000 hochbezahlte Arbeitsplätze«, die
man sich von dem Projekt verspricht, schwer in den von Arbeitslosigkeit besonders geplagten Landstrichen der USA.[219] Da hat auf
lange Sicht die eher schwache Lobby aus Umweltaktivisten und
Landwirten (die immerhin mit ihrer Biokraftstoffproduktion eine
Alternative anzubieten hätten) gegen die mächtige Koalition aus
heimischer Ölindustrie (etwa *Shell, Exxon Mobil, Chevron, Valero
Energy* und *Total*), Gewerkschaften (die *United Association of Jour-
neymen and Apprentices of the Plumbing and Pipefitting Industry of the
United States and Canada*, die *Laborers International Union of North
America*, die *Teamsters* und die *International Union of Operating
Engineers*), amerikanischer Handelskammer und der vom Bau der
quer durch die USA verlaufenden Pipeline profitierenden Bundesstaaten wohl keine Chance. Um seine jugendlichen, am Umwelt-
thema orientierten Wählerinnen und Wähler nicht zu enttäuschen,
wird Obama zwar versuchen, die endgültige Entscheidung bis nach
den Wahlen im November 2012 hinauszuschieben. Doch der nächste
Amtsinhaber, sei es Obama oder ein anderer, wird sich dann dem
Druck der Lobby beugen und den Pipeline-Deal unter Dach und
Fach bringen.

Mexiko: abnehmender Grenznutzen

Während Kanada, der Nachbar im Norden, Sicherheit und Arbeitsplätze verheißt, fühlen sich immer mehr US-Amerikaner von ihrem
Nachbarn im Süden bedroht. Sie fürchten um ihre Jobs, glauben ihre
Sicherheit, Kultur, ja sogar Identität durch Einwanderer aus Mexiko
gefährdet.[220]

Von den wirtschaftlichen, sozialen und politischen Entwicklungen seiner Nachbarn bleibt kein Land unberührt. So genannte *inter-
mestic affairs* – innenpolitische Belange (*domestic issues*), die sich auf
die außenpolitischen Beziehungen (*foreign affairs*) auswirken, und

außenpolitische Entscheidungen, die innenpolitisch relevant sind – prägen daher auch die Beziehungen zwischen den USA und Mexiko.[221] Die größte Gruppe legaler wie illegaler Einwanderer in den USA stammt aus dem südlich angrenzenden Nachbarland. Diese Immigranten stellen sowohl für das Gastland – zumeist als billige Arbeitskräfte im Bau- und Hotelgewerbe – als auch für ihr Herkunftsland – durch das Geld, das sie dorthin überweisen – einen wichtigen Wirtschaftsfaktor dar.

Mexiko ist nach Kanada und China der drittgrößte Handelspartner der USA. Die USA versorgten das Nachbarland 2010 mit Gütern im Wert von insgesamt 132 Milliarden Dollar. Umgekehrt gehen gut 80 Prozent der Ausfuhren Mexikos in die USA,[222] in erster Linie Erdöl im Wert von knapp 30 Milliarden Dollar (2010), das ist mehr als ein Achtel der US-amerikanischen Ölimporte. Mexiko ist noch immer – nach Kanada und Saudi-Arabien – der drittwichtigste Öllieferant der USA, denen in den vergangenen Jahrzehnten beinahe Exklusivrechte eingeräumt wurden: über 80 Prozent des Ölexports gingen in die USA; Europa und Asien mussten sich mit dem Rest begnügen.[223] Doch die Ölreserven gehen zur Neige, und damit sinkt das Interesse der Energiestrategen an dem Land. Nicht einmal ein Prozent der weltweiten Rohölvorkommen werden noch in Mexiko vermutet. Auf dem Gassektor sind die Vorräte Mexikos mit etwa 0,3 Prozent der weltweit nachgewiesenen Ressourcen auch nicht üppig.[224] Bei Erdgas ist das Land bereits Netto-Importeur, das heißt, es bezieht mehr Gas – vornehmlich aus den USA –, als es selbst exportiert. Beim Öl könnte das Land nach Ansicht von Experten bereits innerhalb der nächsten Dekade auf Importe angewiesen sein.[225] Das führt dazu, dass die USA ihr Augenmerk immer mehr auf die noch reichlich vorhandenen Ressourcen Venezuelas und Brasiliens richten.

Lange Zeit unterhielten die USA gute Beziehungen zu Venezuela. Doch seit Mitte der 1990er Jahre sind Venezuelas Lieferungen in die USA kontinuierlich und spürbar um etwa 40 Prozent zurückgegangen: von knapp 570 Millionen (2004) auf etwas mehr als 360 Millionen Fässer Rohöl (2010),[226] so dass das Land mittlerweile nur noch der fünftwichtigste Öllieferant der Vereinigten Staaten ist.

Das Verhältnis zu Staatsführer Hugo Chávez ist angespannt, und zwar nicht erst, seit dieser 2005 die Zusammenarbeit mit der amerikanischen Drogenbekämpfungsbehörde und ein bilaterales Militäraustauschprogramm aufkündigte. Als die USA daraufhin 2006 ein Waffenembargo gegen das Land verhängten, stellte Venezuela seine Militärausrüstung auf russische Technik um.[227] Die amerikanischen Sicherheitsbehörden registrieren mit wachsender Sorge, dass Venezuela seit 2005 Rüstungsgüter – darunter zwei Duzend Suchoi Su-30MK-Mehrzweck-Kampfjets, Hubschrauber, Panzer, Luftabwehrraketen und Kleinwaffen – im Wert von über sechs Milliarden Dollar aus Russland bezogen hat.[228] Moskau lässt ohnehin keine Gelegenheit aus, sein wiedererstarktes Machtbewusstsein zu demonstrieren. So reagierte es auf die Pläne für ein US-Raketenabwehrsystem in Osteuropa und die Bemühungen Washingtons, die NATO um Georgien und die Ukraine nach Osten zu erweitern, mit Provokationen im unmittelbaren Einflussgebiet der USA: Im November 2008, unmittelbar vor dem Staatsbesuch des russischen Präsidenten Dmitri Medwedew, kreuzten vier russische Kriegsschiffe zum gemeinsamen Manöver vor der Küste Venezuelas auf, und russische Langstreckenbomber machten in dem südamerikanischen Staat an der Karibikküste Station. Als Chávez im September des folgenden Jahres den Staatsbesuch des russischen Präsidenten erwiderte, räumte Moskau ihm einen weiteren Kredit in Höhe von 2,2 Milliarden Dollar für neue Waffenkäufe ein.[229] Im Oktober 2010 sagte der russische Präsident Medwedew seinem Amtskollegen sogar zu, Venezuela beim Bau seines ersten Atomkraftwerkes zu unterstützen.[230]

Chávez, der in den Medien bereits von »nuklearen Dörfern«
spricht, sucht für die Umsetzung seiner ehrgeizigen Pläne im Nukle-
arbereich auch die Unterstützung Teherans. Bislang sind das in den
Augen von Nuklearexperten nur Potemkinsche Dörfer, selbst wenn
Medienberichte der *BBC* zutreffen und iranische Experten Venezuela
bereits auf die Sprünge geholfen haben sollten bei der Bergung seiner
Uranreserven im Westen und Südwesten des Landes.[231] Die USA
sind jedenfalls alarmiert, zumal Iran und Venezuela künftig auch im
fossilen Energiebereich – notfalls gegen den Widerstand der USA
und der internationalen Gemeinschaft – kooperieren wollen. Während eines Besuches von Hugo Chávez in Teheran im September
2009 haben die beiden Staatschefs drei Vereinbarungen unterzeichnet:[232] Die staatliche Ölfirma Venezuelas, *Petróleos de Venezuela S.A.*
(PDVSA), soll einen Zehn-Prozent-Anteil (im Gegenwert von
760 Millionen Dollar) an der Entwicklung des South-Pars-Gasfeldes
im Iran erhalten. Im Gegenzug räumt Venezuela der iranischen
Staatsfirma *Petrópars* das Recht ein, 760 Millionen Dollar in die Entwicklung zweier Ölfelder zu investieren. In der dritten Übereinkunft
verpflichtet sich Venezuela, im Falle von Sanktionen der USA oder
der Vereinten Nationen den Iran mit Treibstoffen zu versorgen. Mit
dem Gegenwert könnte Venezuela dann wiederum iranische Ma-
schinen und Technologie erwerben.

Längst hat die Regierung Chávez die Förderung der venezolanischen Ressourcen verstaatlicht, und sie drohte gelegentlich schon –
im April 2004, Februar 2006 und im Februar 2008 –, die Öllieferungen in die USA zu stoppen. Zugleich versucht sie mit Offerten an
China und die lateinamerikanischen Staaten, neue Kunden zu gewinnen. Wie die meisten anderen ölproduzierenden Länder, von
denen die USA abhängen, ist das Land Mitglied im mächtigen Club
der OPEC-Staaten, in dem Venezuelas engster Partner Iran bereits
kooperative Beziehungen zu China entwickelt.

Nach Informationen des *Congressional Research Service*, eines der
wissenschaftlichen Hilfsdienste des amerikanischen Kongresses,
wurden Mitarbeiter der staatlichen venezolanischen Ölfirma PDVSA

von iranischen Experten beraten, wie man asiatische Interessenten für die eigenen Energiereserven gewinnen könne.[233] Beim Besuch von Präsident Chávez in Peking im Dezember 2004 und der Gegenvisite des chinesischen Vizepräsidenten Zeng Qinghong in Venezuela im Januar 2005 unterzeichneten die beiden Staaten Abkommen, die die *China National Petroleum Corporation* dazu verpflichten, 410 Millionen Dollar in die Gewinnung von Öl und Gas aus Venezuela zu investieren. Indem er dem »großen chinesischen Vaterland« Ressourcen anbietet, sucht Präsident Chávez Venezuela aus der »100-jährigen Vorherrschaft der USA« zu befreien.[234] So stellte er während seines China-Besuchs Pläne vor, nach denen eine Pipeline in Panama so umkonstruiert werden soll, dass sie Öl zum Pazifik leitet. Darüber hinaus stellte er den Bau einer Pipeline von Venezuela in die Pazifikhäfen Kolumbiens in Aussicht. Diese Pläne, so visionär sie den meisten Zeitzeugen auch erscheinen mögen, werden in den USA durchaus ernst genommen. Das *Government Accountability Office* wurde vom Auswärtigen Ausschuss des amerikanischen Senats bereits beauftragt, einen Krisenplan für den Fall auszuarbeiten, dass Venezuela die Öllieferungen in die USA stoppt.[235] »Aufgrund der Wichtigkeit Venezuelas als Öllieferant hätte jedweder Rückgang der Exporte für die USA problematische Konsequenzen«, warnte auch eine hochrangige Expertengruppe des *Council on Foreign Relations*.[236]

Bislang bleibt die Realität allerdings weit hinter den Plänen von Chávez zurück. Venezuela liefert immer noch den größten Anteil seines schwarzen Goldes, nämlich mit 43 Prozent knapp die Hälfte seiner Exporte, an den ungeliebten Nachbarn im Norden. Nach Asien gelangen bislang nur etwa 13 Prozent, davon 6 Prozent nach China.[237] Die weiterhin starke Ausrichtung auf die USA hat pragmatische Gründe, und zwar innenpolitische wie wirtschaftliche: Ein autoritär geführtes Regime, das sich seine Legitimation zu einem Gutteil durch soziale Wohltaten erkauft[238] – die überwiegend aus den Öleinnahmen finanziert werden –, muss darauf bedacht sein, dass die für sein politisches Überleben wichtigen Petrodollars zuverlässig und in großen Mengen ins Land fließen. Obschon bereits erste Raffinerie-

Joint-Ventures in Asien, etwa mit der *PetroChina*, einer Tochtergesellschaft der staatlichen CNPC, in der südchinesischen Provinz
Guandong auf den Weg gebracht wurden,[239] verfügen bislang nur
die USA über ausreichende Kapazitäten zur Weiterverarbeitung des
Schweröls aus Venezuela.[240] Die daraus erwachsende gegenseitige
Abhängigkeit wird noch dadurch verstärkt, dass man den venezolanischen Staatsbetrieb PDVSA über seine Tochterfirmen an der Weiterverarbeitung und am Vertrieb des Rohstoffs in den USA beteiligt.
Und auch die geringeren Transportkosten in das Nachbarland sind
ein starker ökonomischer Anreiz, sich mit den USA zu arrangieren.

Weniger aus wirtschaftlichen als vielmehr aus politischen Gründen hat Venezuela seit 2005 bedürftigen Menschen im Nordosten
der USA, etwa in den Bundesstaaten Massachusetts, New York,
Maine, Rhode Island, Pennsylvania, Vermont und Delaware, verbil-
ligtes Heizöl zukommen lassen. Mit dieser extraterritorialen Sozialpolitik hat Chávez offensichtlich den Armen Amerikas ein ums
andere Mal über harte Winter geholfen und die Regierung der Supermacht an ihrem wunden Punkt getroffen. Washington gefällt es
auch nicht, dass Venezuela seine Ressourcen einsetzt, um die Machtverhältnisse in Lateinamerika in seinem Sinne und zum Nachteil der
USA neu zu ordnen. *PetroCaribe* steht für bilaterale und regionale
Energiekooperationen, über die sich Venezuela in Lateinamerika
und in der Karibik als regionale Energiemacht zu etablieren sucht.
Um den Einfluss der USA in der Region zurückzudrängen, hat
Chávez neben Fidel und Raúl Castro, seinen kubanischen Brüdern
im Geiste, auch anderen, ihm wohlgesinnten Staatsführern wie Bo-
liviens Evo Morales und Nicaraguas Daniel Ortega fossile und finanzielle Wohltaten zukommen lassen. Nach Einschätzung von Dennis
Blair, bis Mai 2010 Direktor der Nationalen Nachrichtendienste in
den USA, haben Chávez und seine Alliierten jegliche von Washington betriebene Politik in der Region untergraben, ob es sich nun
um Freihandelsbemühungen, Drogen- und Terrorismusbekämp-
fung, Militärübungen oder andere Sicherheitsinitiativen handelte.[241]
Diese »Petrodiplomatie« Venezuelas könnte langfristig auch die Be-

ziehungen zum Iran, zu Russland und zu den großen Energie-Interessenten China und Indien festigen.[242]

Je mehr Venezuelas Diversifizierungsstrategie gen Asien zielt, desto mehr Energie verwenden die USA darauf, sich mittel- bis langfristig aus der Abhängigkeit von Caracas zu lösen und dessen regionale und globale Petrodiplomatie einzudämmen, indem sie im Verein mit Brasilien die Produktion und den Verbrauch alternativer Kraftstoffe in der Region fördern.

Ethanoldiplomatie mit Brasilien

Brasilien, die andere aufstrebende Macht in der Region, will auch das Weltgeschehen mitbestimmen. Seine natürlichen wie gesellschaftlichen Ressourcen bilden dafür eine vielversprechende Grundlage. Durch erfolgreiche Wirtschaftsreformen ist es dem ehemaligen Entwicklungsland gelungen, zu den führenden Industriestaaten aufzurücken. Darüber hinaus hat die Politik Brasiliens ein strategisches Ziel erreicht, das die westlichen Industrieländer und deren Führungsmacht bislang verfehlt haben: die Abhängigkeit vom Import fossiler Energien zu reduzieren. Brasilien hat es im Laufe weniger Jahrzehnte sogar geschafft, sich selbst zu versorgen und darüber hinaus zum Exporteur begehrter Energieträger zu werden. In Zusammenarbeit mit den USA, Europa, aber auch mit asiatischen und afrikanischen Staaten wolle Brasilien zur »Weltmacht des 21. Jahrhunderts für erneuerbare Energien« werden, verkündete der damalige Staatspräsident Luiz Inácio Lula da Silva 2007 selbstbewusst.[243]

Im Gegensatz zu den so genannten führenden Industrieländern, die nach der ersten Ölkrise 1973/74 weitermachten wie bisher, hat Brasilien seit 1975 seine Energiepolitik zukunftsorientiert und konsequent darauf ausgerichtet, unabhängiger von Ölimporten zu werden, indem es im Rahmen seines *Proálcool*-Programms nachwachsende Kraftstoffe, in erster Linie Ethanol aus Zuckerrohr, produzierte.[244] Damit konnte der Preisverfall in der Landwirtschaft eingedämmt und die Lebensgrundlage von vielen Landwirten sowie der Energiebedarf einer sich entwickelnden Volkswirtschaft gesichert werden. Auch die zweite Ölkrise 1979/80 nutzte die Regierung in ähnlicher Weise, und es gelang ihr dank der hohen Ölpreise, die Innovationen marktfähig zu halten. Bereits Mitte der 1980er Jahre wurden neun von zehn im Lande produzierten Fahrzeugen durch alternative Energien angetrieben.[245] Dass die Regierung die Produzenten von Ethanol und die Hersteller nicht benzingetriebener Fahrzeuge während der 1990er Jahre subventionierte, als der Ölpreis niedrig war, sollte sich spätestens seit 2003 auszahlen, als der Preis – bis zum Ausbruch der Wirtschafts- und Finanzkrise 2007/08 – drastisch stieg.

Heute benötigt Brasiliens Ethanolproduktion fast keine Subventionen mehr; der Staat fördert nur noch den Verkauf von rein ethanolbetriebenen Fahrzeugen.[246] Die Zukunft, das hat sich im Laufe der Entwicklung herausgestellt, liegt in der Mitte, das heißt in der flexiblen Mischung. Seit 2003 werden in Brasilien *Flex-Fuel*-Motoren in Serie produziert. 90 Prozent der in Brasilien neu zugelassenen Fahrzeuge verfügen über diese deutsche Technologie, die die Verbrennung einer beliebigen Mischung aus herkömmlichem Treibstoff und Ethanol ermöglicht. Insgesamt sind 13 Millionen kraftstoffflexible Fahrzeuge in Betrieb, das entspricht über 40 Prozent der Pkw-Flotte Brasiliens.[247]

Indem es die fossilen zunehmend durch alternative Kraftstoffe ersetzt hat und weitere heimische Ölquellen erschloss, konnte Brasilien seine Abhängigkeit von importiertem Öl reduzieren. Seit April 2006 ist das Land beim Rohöl Selbstversorger, lediglich leichtes Öl zur Verdünnung des eigenen Schweröls wird importiert. Mit seiner umsichtigen Wirtschafts- und Energiepolitik hat sich Brasilien vom armen Bittsteller zur Industriemacht und zum Anbieter begehrter Energieträger entwickelt, um den westliche wie östliche Wirtschaftsmächte buhlen. Vor allem China wurde schon sehr früh auf das Energiepotenzial Brasiliens aufmerksam. Im November 2004 unterzeichneten beide Länder ein Energieabkommen über 10 Milliarden Dollar, durch das Fortschritte in der Gewinnung, Verarbeitung und im Transport des Rohöl erreicht werden sollen.[248] Die USA konnten in der vergangenen Dekade ihre Ölimporte aus Brasilien mehr als verzehnfachen, von 9 (1999) auf 99 Millionen Fässer (2010).[249] Dieser Trend dürfte sich fortsetzen, zumal das Land neue Ölfunde vermeldete und infolge der Umstellung des inländischen Verbrauchs auf Biokraftstoffe über großes Exportpotenzial verfügt.

Durch die enormen Funde im 300 Kilometer südöstlich vor der Küste Rio de Janeiros gelegenen Santos-Becken rückte Brasilien in die Liga der Länder mit den weltweit größten nachgewiesenen Ölvorkommen auf. Die Förderung dieser Reserven ist allerdings in technischer Hinsicht sehr anspruchsvoll, weil der Rohstoff in über 4000 Metern Meerestiefe unterhalb einer harten Salzschicht in dickflüssiger Gelform lagert. Der erste dieser Ölschätze, das Ölfeld Tupi, wurde im November 2007 entdeckt. Es soll fünf bis acht Milliarden Fässer Rohöl bergen. Im Dezember 2007 und Januar 2008 kamen zwei weitere gigantische Funde hinzu: Sugar Loaf und Jupiter mit jeweils etwa 33 Milliarden Fässern geschätztem Umfang. Der halbstaatliche Energiekonzern *Petróleo Brasileiro S.A. (Petrobras)* vermeldet dann mit Parati, Bem te-vi, Carioca, Iara, Tupi Sul und Iati weitere Funde und rechnet damit, dass in der 800 Kilometer langen und 200 Kilometer breiten geologischen Formation entlang der Küste noch mehr Öl und Gas zu finden ist.[250] Aktuell werden die Reserven des Santos-Beckens von der staatlichen Aufsichtsbehörde *Agência Nacional do Petróleo* auf 80 Milliarden Fässer geschätzt. Sollte sich diese Menge fördern lassen, wäre Brasilien ein aussichtsreicher Kandidat für den Beitritt zum exklusiven OPEC-Club.

Um die nötigen Investitionen zur Erschließung seiner Ressourcen aufzutreiben, hat Brasilien seinen Ölsektor 1997 bis auf Weiteres privatisiert. Konkurrenz hat auch hier das Geschäft belebt. Mittlerweile werden täglich 2,7 Millionen Fässer Öl gefördert.[251] Wie die Fördermenge, die der ehemalige Monopolist nach wie vor dominiert, will die brasilianische *Petrobras* auch die Raffineriekapazität bis 2015 erhöhen, und zwar von 1,8 auf 2,8 Millionen Fässer pro Tag. »Brasilien wird nicht nur ein sehr großer Ölproduzent, sondern auch ein sehr großer

Ölverarbeiter«, gab sich Konzernchef José Sergio Gabrielli de Azevedo selbstbewusst im Gespräch mit dem *Handelsblatt*.[252]

Darüber hinaus will Brasilien im Bereich der Biotreibstoffe seine Pionierarbeit in entsprechende Marktanteile ummünzen. Bereits heute produziert es täglich etwa 450 Tausend Fässer Ethanol und ist damit, obwohl es für die inländische Mobilität einen Großteil selbst benötigt, weltweit der größte Exporteur dieses Rohstoffs.[253] *Petrobras*-Chef Gabrielli prognostiziert, dass Biotreibstoffe auf lange Sicht bis zu einem Viertel der weltweiten Treibstoffnachfrage befriedigen werden. Er beabsichtigt, bis 2012 mit einigen Partnern 3,4 Milliarden Dollar in die Produktion, den Transport und die Lagerung von Ethanol zu investieren.[254]

Im März 2007 trat Brasilien bei der Entwicklung und Vermarktung von Biokraftstoffen in eine bilaterale Energiepartnerschaft mit den USA.[255] Das ist aus amerikanischer Sicht in zweifacher Hinsicht sinnvoll: Die USA und Brasilien sind die weltweit größten Hersteller von Biokraftstoffen. Gemeinsam erzeugen sie über 80 Prozent des Ethanols auf dem Weltmarkt[256] und können über ihre gebündelte Marktmacht Maßstäbe setzen, sprich Standards bestimmen. Mit China, Indien, Südafrika und der EU arbeiten die beiden Partner im Rahmen des *International Biofuels Forum* (IBF) daran, allgemeingültige Normen für Biokraftstoffe festzulegen. Indem die USA und Brasilien in der Region eine Alternative zum Öl anbieten, unterminieren sie zugleich den regionalen Machtanspruch Venezuelas, das sich seine Gefolgschaft national wie international durch Ölgeschenke zu erkaufen sucht.[257] Der Öldiplomatie Venezuelas tritt also die gebündelte Ethanoldiplomatie Brasiliens und der USA entgegen.

Lange Zeit hat es allerdings auch Unstimmigkeiten in der Ethanol-Partnerschaft gegeben.[258] Bioethanol wird in Brasilien zumeist aus Zuckerrohr gewonnen, das im Vergleich zur Biokraftstoffgewinnung auf Korn- oder Maisbasis, wie sie in den USA hauptsächlich praktiziert wird, erheblich energieeffizienter und wirtschaftlicher ist. Deshalb haben die USA, um ihre Landwirte vor brasilianischen Importen zu schützen, Schutzzölle in Höhe von 0,54 Dollar pro Gallone direkt aus Brasilien importierten Ethanols erhoben.[259] Washington war aber gut beraten, den Partikularinteressen im eigenen Land Einhalt zu gebieten und zum Jahresende 2011 mit der Abschaffung dieser Wettbewerbsverzerrung seine (Agrar-)Industrie zu ermuntern, innovativer und damit wettbewerbsfähiger zu werden, indem sie sich der Konkurrenz des Weltmarkts stellt. Wettbewerb, der nicht durch staatliche Eingriffe verzerrt wird, belebt das Geschäft mit alternativen Energien. Biokraftstoffe und Umwelttechnologien sind Zukunftsmärkte, deren Chancen Amerika selbstbewusster und konsequenter als bisher nutzen sollte, um seine wirtschafts-, handels-, umwelt- und sicherheitspolitischen Probleme in den Griff zu bekommen.

Amerikas neue Energie?

In den USA herrscht zwar immer noch die Experten- und Lehrmeinung vor, »eine ernsthafte Reform der Energiesicherheitspolitik« sei nicht durchzusetzen, »sofern nicht ein gravierender Schock des internationalen Systems eintritt«. Solch ein Schock wäre der Zusammenbruch der saudi-arabischen Monarchie,[1] die mit ihren enormen Ressourcen und Produktionskapazitäten selbst in Krisenzeiten ein ums andere Mal dafür gesorgt hat, dass die Preise einigermaßen stabil blieben. Doch die steigenden Energiesicherheits-, Wirtschafts- und Umweltkosten erhöhen allmählich den innenpolitischen Druck auf die amerikanischen Entscheidungsträger, einen Kurswechsel in der Energie-Außenpolitik einzuleiten.

Erhöhter Handlungsdruck

Bis Mitte der 1970er Jahre war Amerika noch der größte Ölproduzent weltweit. Seitdem haben andere Länder einen größeren Anteil an der Produktion gewonnen, zunächst die Sowjetunion, die ihrerseits bald von den Anrainern des Persischen Golfes, der bis heute ergiebigsten Förderregion, übertroffen wurde. Als sich der Schwerpunkt der weltweiten Erdölförderung vom Golf von Mexiko an den Persischen Golf verlagerte, veränderten sich auch die Machtkonstellationen auf dem Weltmarkt und die geostrategischen Kalküle.

Die USA fürchten nunmehr, die Kontrolle über diese für ihre Wirtschaft lebensnotwendigen Rohstoffe zu verlieren. Sie sehen ihre so genannten vitalen Interessen durch das Kartell erdölexportierender Länder – namentlich die OPEC – bedroht, ferner durch die Unruhen und möglichen Veränderungen des *Status quo* im Nahen und Mittleren Osten sowie durch ressourcenhungrige Staaten wie China. Gerade die aufstrebende Wirtschaftsmacht China und die angeschlagene Supermacht USA werden durch ihre Sucht nach Öl dazu getrieben, den für die Wirtschaft und das Transportwesen lebensnotwendigen Rohstoff außen- und militärpolitisch zu sichern. Das hat einen hohen Preis.

Die enorme Abhängigkeit von Ölimporten aus instabilen Regionen wie dem Nahen und Mittleren Osten verursacht externe Kosten, die bei der wirtschaftlichen Gesamtkostenrechnung hüben wie drüben mitberücksichtigt werden sollten. Die militärische Sicherung der Ressourcen in diesen geostrategisch wichtigen Regionen kostet insbesondere den amerikanischen Staat sehr viel Geld,[2] das für andere, weitaus produktivere Investitionen fehlt. Darüber hinaus bremsen die durch die Ölpreiserhöhungen verteuerten Energie-Importe das wirtschaftliche Wachstum und belasten die Außenhandelsbilanz. Das Risiko steigt, dass Energie-Exporteure ihre Erlöse nicht mehr in den USA reinvestieren, wenn sich die Anzeichen mehren, dass die Wirtschaftskraft der USA schwindet.

Die Energie-Importe werden die amerikanische Wirtschaft auf jeden Fall schwächen, denn die steigenden Energiepreise werden den Konsum anderer Güter einschränken. Darüber hinaus befördern die Ölpreise die Inflation, die aufgrund der lockeren Geldpolitik der Notenbank ohnehin schon angefacht wurde. Die Geldschwemme führt darüber hinaus dazu, dass Investoren Sicherheit in Rohstoffanlagen suchen. Die dadurch ausgelösten Spekulationen verstärken den Preissteigerungseffekt bei Energie und anderen Gütern.

Längerfristige Beobachtungen machen deutlich, dass hohe Energiepreise auf Kosten des Wirtschaftswachstums gehen, ja Wirtschaftskrisen regelrecht begünstigen. Die USA bleiben als weltweit größter Ölkonsument in diesem Teufelskreis gefangen, solange es ihnen nicht gelingt, ihr Wirtschaften auf eine so genannte *low carbon economy*, also auf den möglichst geringen Verbrauch fossiler Brennstoffe, umzusteuern.

Damit könnte man auch Umweltbelastungen, deren soziale Kosten und – wieder einmal – Sicherheitsrisiken eindämmen. Der gegenwärtige Ölverbrauch verursacht etwa 40 Prozent des heutigen energiebezogenen Kohlendioxidausstoßes, der wiederum Klimaveränderungen, Luftbelastungen in Großstädten und Gesundheitsschäden zur Folge hat. In den USA ist im vergangenen Jahrzehnt allgemein die Überzeugung gereift, dass Umweltthemen mehr politische Aufmerksamkeit verdienen. Seit Längerem warnen neben internationalen Umwelt- und Gesundheitsorganisationen auch renommierte US-Sicherheitsexperten öffentlichkeitswirksam vor sicherheitspolitischen Risiken durch Umweltbelastungen und -katastrophen. So wies im April 2007 die viel beachtete Studie einer Expertengruppe ehemaliger US-Militärs auf die »gravierenden Auswirkungen« des Klimawandels für die »nationale Sicherheit« der USA hin.[3] Staaten, die ohnehin vom Zerfall bedroht sind, werden nach Einschätzung der Sicherheitsexperten des Pentagon durch die Folgen des Klimawandels zusätzlich destabilisiert. Der globale Klimawandel verursache internationale Spannungen durch Wasser- und Lebensmittelknappheit, was zu Migrationen führe und damit zu zusätzlichen Belastungen fragiler Staaten. Er beeinflusse damit auch amerikanische Militäroperationen und könnte sich zum Nachteil amerikanischer Bürger auswirken.[4]

Die umfassende Analyse der Sicherheits-, Wirtschafts- und Umweltaspekte der gegenwärtigen Energie-Außenpolitik lege im »nationalen Interesse« der USA nahe, deren Abhängigkeit von fossilen Brennstoffen zu verringern. Mittlerweile sehen Experten zahlreicher *Think Tanks* und Politiker beider Parteien in der Entwicklung erneuerbarer Energien einen für die USA gangbaren Weg, sich aus der Abhängigkeit von fossilen Brennstoffen aus problematischen Weltregionen zu befreien. Angesichts der Verwundbarkeit der amerikanischen Wirtschaft und des Transportsektors sei es dringend erforderlich, Biokraftstoffe und andere Alternativen zu entwickeln für die auf fossile Brennstoffe angewiesenen Wirtschaftszweige. Doch in der politischen Auseinandersetzung geben oftmals Partikularinteressen den Ausschlag, bestimmen nicht nationale Ziele, sondern lokale, regionale, institutionelle und persönliche Ambitionen den Kurs. Solche Partikularinteressen und Pfadabhängigkeiten haben bislang eine Kurskorrektur verhindert.

Blockademöglichkeiten

Es bedarf konsequenter politischer Führung, wenn sich in der amerikanischen Energiepolitik etwas ändern soll. Von der Bush-Administration, in der viele Regierungsmitglieder enge Verbindungen zur Ölindustrie unterhielten, war ein Wandel nicht zu erwarten. Bush hat als Präsident nicht selten seine Vetomacht sogar genutzt, um grundlegende Änderungen zu verhindern. Doch auch Obama – sowie viele Senatoren und Kongressabgeordnete – sind bisher vor der Tatsache zurückgeschreckt, dass das Einpreisen so genannter externer Effekte, sprich Umweltbelastungen, (politische) Kosten für die Konsumenten und Steuerzahler nach sich zieht.

Darüber hinaus blockieren die etablierten und gut repräsentierten Interessen der Ölindustrie noch immer jede grundlegende Reform der amerikanischen Energiepolitik. Cheneys *Energy Task Force* ist nur ein – wenig transparentes – Beispiel für diese Interessenvertretung. Da die Verhandlungen der Ölmanager mit der Bush-Administration hinter verschlossenen Türen stattfanden, vermuten Kritiker, dass die Energie-Industrie dort in unzulässiger Weise Einfluss nahm. Der Kongress versuchte zwar seiner Aufsichtspflicht gegenüber der Exekutive nachzukommen, und beauftragte das *Government Accountability Office* (GAO), die mit Untersuchungen befasste Behörde des Kongresses, die Akten der Arbeitsgruppe zu veröffentlichen. Aber die juristische Auseinandersetzung des GAO mit der Administration schleppte sich dahin, und so sahen die federführenden Abgeordneten schließlich von dem Vorhaben ab, die Protokolle der *Task Force* ans Licht der Öffentlichkeit zu bringen.

Man kann davon ausgehen, dass die etablierten Energie- und

Automobilindustrien jede ihnen gebotene Möglichkeit, ihre Interessen zu wahren, auch nutzen. Eine solche Möglichkeit sind Wahlkampfspenden, mit denen Republikaner wie Demokraten bedacht werden. Aber auch das Wahlsystem selbst hält Möglichkeiten bereit, einzelnen Interessen mehr Gewicht zu verleihen und damit die wirkliche, landesweit vorherrschende Interessenlage zu verzerren. Da jeder Bundesstaat ungeachtet seiner Größe und Einwohnerzahl durch zwei Senatoren in Washington repräsentiert wird, haben bevölkerungsreiche Staaten – die verstärkt Umweltbelastungen verspüren – ein vergleichsweise geringeres Gewicht in der nationalen Gesetzgebung als ländliche Staaten mit weniger Einwohnern. Aus ökonomischen Gründen sind die meisten Landwirte gegen Umweltauflagen und gelten als verlässliche Alliierte der Öllobby. Im Notfall können Senatoren nach der Geschäftsordnung missliebige Vorlagen auch per *filibuster*, sprich Dauerreden, blockieren, sofern keine qualifizierte Mehrheit von 60 Stimmen den Redestau aufhebt.

All dies hat dazu geführt, dass im politischen Entscheidungsprozess der USA bisher keine Reaktion auf sicherheitspolitische, wirtschaftliche und ökologische Risiken erfolgte und die Öllobby sich stets durchsetzte. Was, so fragt man sich, müsste geschehen, damit die amerikanische Energiepolitik endlich diesen ausgetretenen, ins Verderben führenden Pfad verlässt?

Chancen für einen Kurswechsel

In den Bundesstaaten, allen voran Kalifornien, wurde längst Reformdruck erzeugt. Mittlerweile gibt es in mehr als der Hälfte der 50 Bundesstaaten energie- und umweltpolitische Reformvorstöße.[5] Diese Vielfalt erschwert den Unternehmen das Wirtschaften, das Planungssicherheit voraussetzt. Die Vertreter der Wirtschaft sind daher daran interessiert, dass auf Bundesebene einheitliche Standards und Gesetze erlassen werden, die ihren Interessen Rechnung tragen.

Darüber hinaus hat eine Entscheidung des Obersten Gerichts dafür gesorgt, dass die nationale US-Regierung Emissionsgrenzwerte festlegte. Mit ihrem Urteil im Fall *Commonwealth of Massachusetts et al. versus Environmental Protection Agency et al.* forderte die Richtermehrheit des *Supreme Court* am 2. April 2007 die staatliche Umweltbehörde (*Environmental Protection Agency*, EPA) auf, den CO_2-Ausstoß zu regulieren. Die obersten Richter entsprachen damit dem Antrag mehrerer Bundesstaaten und Umweltgruppen, die dies von der Bush-Administration gefordert hatten.

Damit sind keineswegs alle Umweltübel behoben. Die Ozongrenzwerte wurden bisher nicht landesweit gesenkt, weil die Obama-Administration sich im September 2011 dagegen entschied aus Angst, es könnten weitere Arbeitsplätze gefährdet werden. Wieder einmal hatten die Ölindustrie und einige Wirtschaftsverbände mit einer medienwirksamen Kampagne Erfolg. Während viele Umweltorganisationen, darunter auch liberale Basisorganisationen wie *MoveOn.org*, die Obama im Wahlkampf mit viel Begeisterung unterstützt hatten, darüber enttäuscht waren, lobten Wirtschaftsvertreter wie Karen Harned, *Executive Director* der *National Federation of Independent Business's Small Business Legal Center*, den Präsidenten für seine Einsicht, »dass es der denkbar schlechteste Zeitpunkt gewesen wäre, solch belastende Regulierungen zu implementieren«.[6] Die Regierung rechtfertige ihre Entscheidung mit dem Hinweis, dass 2013 – also nach den Kongress- und Präsidentschaftswahlen – ohnehin die alle fünf Jahre stattfindende Überprüfung der Luftreinhaltestandards fällig sei.

Der von den Bundesstaaten ausgehende Reformdruck und die zu erwartenden nationalen Auflagen für CO_2-Emissionen haben umsichtige Unternehmer längst dazu veranlasst, sich an die Spitze der Reformbewegung zu setzen, um deren Richtung in ihrem Sinne zu beeinflussen. In der *U.S. Climate Action Partnership* (USCAP) haben zum Beispiel Automobilhersteller wie *General Motors* in Kooperation mit Umweltverbänden den Gesetzgebern geholfen, innovations- und technologieorientierte Lösungen durchzusetzen.

Die amerikanischen Automobilhersteller sind in technischer Hinsicht von ihren Wettbewerbern längst überholt worden. Sie haben Marktanteile an Konkurrenten verloren, die kraftstoffsparende Fahrzeuge oder Hybridautomobile mit verschiedenen Antrieben oder Kraftstoffen entwickelt haben. Um den Marktvorteil der ausländischen Hybridfahrzeuge auszugleichen, setzen die »Großen Drei« – *Chrysler*, *Ford* und *General Motors* – vor allem auf *Flexible Fuel Vehicles*, kraftstoffflexible Fahrzeuge, die sowohl mit reinem Benzin als auch mit verschiedenen ähnlichen Kraftstoffen wie Ethanol-, Bioethanol- oder Methanol-Benzin-Gemischen betrieben werden können.

Das findet nicht überall Zustimmung. So kann es nicht im Interesse der Nahrungsmittelindustrie sein, dass die erhöhte Nachfrage nach Mais und Zucker die Preise für Lebensmittel in die Höhe treibt. Auch Menschenrechtsorganisationen warnen vor den Folgen, und einige Umweltorganisationen weisen darauf hin, dass die Energie- und Umweltbilanz des aus Mais gewonnenen Ethanols schlechter ausfällt, wenn man Faktoren wie den Energieverbrauch für Düngemittel und die Boden- und Luftbelastung mit ins Kalkül zieht. Bessere Ergebnisse sind dagegen von der Ethanolgewinnung aus Zellulose zu erwarten.

Langfristig müsste die amerikanische Agrarindustrie, die umweltpolitische Maßnahmen bisher immer blockiert hat, über kommerzielle Anreize weiter darin bestärkt werden, auf erneuerbare Energien zu setzen. Brasilien könnte dabei als Vorbild dienen, wo die Lebensgrundlage der Landwirte gesichert und der wichtige Transportsektor durch die Ethanol- und Biodieselproduktion vom Öl weitgehend unabhängig wurde.

In der Verknappung der Ressourcen liegen auch Chancen für andere Wirtschaftszweige. So könnten amerikanische Unternehmer, die in der Vergangenheit schon Innovationskraft bewiesen haben, sich durch die steigenden Energiepreise veranlasst sehen, nach alternativen Energieträgern zu suchen, neue Technologien zu entwickeln und die Energieeffizienz zu verbessern. Zum Wandel könnte nicht zuletzt das gewachsene öffentliche Bewusstsein für die von fossilen Energien verursachten wirtschaftlichen Kosten, Umweltschäden, Gesundheits- und Sicherheitsrisiken beitragen.

Staatliche Innovationsförderung

Der Wandel der öffentlichen Meinung sollte politische »Pionier-unternehmer« bestärken, endlich einen Kurswechsel zu vollziehen. Unternehmerisch denkende Politiker könnten, wie schon vor vier Jahren, auch im Präsidentschaftswahlkampf 2012 mit dem Thema umweltverträgliche Energien punkten und die politische Agenda in diesem Sinne beeinflussen.

Im Wahlkampf 2008 hat der demokratische Präsidentschafts-kandidat Barack Obama bereits auf die Verantwortung Amerikas bei der notwendigen Reduzierung von CO_2-Emissionen hingewiesen und seinen Landsleuten das immense wirtschaftliche Potenzial vor Augen geführt, das mit einem Energiewandel verbunden ist. Demnach entsteht bis 2050 eine globale jährliche Nachfrage nach Energie-trägern mit geringen fossilen Anteilen im Wert von 500 Milliarden Dollar. In Anspielung auf das von John F. Kennedy 1960 verkündete Regierungsprogramm der *New Frontier* und den amerikanischen Pioniergeist der Gründerzeit prophezeite Obama, dass sich amerika-nischen Unternehmern und Arbeitern grenzenlose Möglichkeiten bieten würden, diese Nachfrage zu bedienen.[7]

Auch der ehemaliger Gouverneur von Massachusetts und Präsi-dentschaftsbewerber im republikanischen Lager, Mitt Romney, ver-wies auf die historischen Leistungen Amerikas, um die neue Heraus-forderung zu verdeutlichen: »Wir müssen eine kühne, tief greifende Forschungsinitiative anstoßen – eine Energierevolution –, die das Äquivalent unserer Generation zum Manhattan-Projekt [die Deck-bezeichnung für das Projekt zur Entwicklung einer Atombombe während des Zweiten Weltkrieges] oder der Mondlandung wird.« Amerikas Mission sei es, neue wirtschaftliche und saubere Energiequellen zu schaffen und Methoden zur umweltverträglichen Nutzung der Ressourcen zu entwickeln.[8]

Es bleibt zu hoffen, dass Obama und Romney sich an das erinnern, was sie vor vier Jahren gesagt haben, und dies bekräftigen, obwohl ein anderer Kandidat, der republikanische Kontrahent Rick Perry, dessen Wahl zum Gouverneur von Texas von der Erdölindustrie finanziert wurde, die Lage ganz anders beurteilt. Aus der Abhängigkeit von importiertem Öl müssten die USA sich befreien, indem sie auch im Nationalen Arktischen Naturschutzgebiet und vor den Küsten nach Öl bohren,[9] Pläne, die bereits George W. Bush in die Tat umsetzen wollte. Perry hält den von der Verbrennung fossiler Kraftstoffe mit verursachten globalen Klimawandel für ein Hirngespinst, eine Erfindung von Wissenschaftlern. Er will jegliche staatliche Regulierung aufheben und vor allem die Befugnisse der staatlichen Umweltschutzbehörde einschränken, damit diese nicht weiterhin Arbeitsplätze zerstöre.

Auch Rick Santorum befürwortet »Marktlösungen« und verurteilt staatliche Regulierungen. Der republikanische, religiös-konservative Hoffnungsträger der Republikaner, der den mit fossilen Bodenschätzen gesegneten Bundesstaat Pennsylvania schon in beiden Kammern des Kongresses vertreten hat, verspricht sich Arbeitsplätze und Energie-Unabhängigkeit durch die Gewinnung heimischer Ressourcen.[10]

Wie Perry und Santorum hat auch Newt Gingrich, ein weiterer Herausforderer im republikanischen Lager, ein Patentrezept anzubieten, das er unter anderem in South Carolina[11] – dem ersten der Südstaaten, in dem die Vorwahlen der Republikaner stattfinden werden – vorgetragen hat: Gingrich sieht die Lösung des Energieproblems in der Förderung heimischer Öl- und Gasressourcen. Die Rede des Kandidaten wurde öffentlichkeitswirksam flankiert von der Interessenvereinigung *Southeast Energy Alliance*, die allein für South Carolina »2250 Arbeitsplätze« durch die Förderung von Gasreserven im Tiefseegebiet vor der Küste in Aussicht stellt. Dementsprechend nonchalant setzte sich Gingrich über die enormen Risiken der technisch anspruchsvollen *Offshore*-Förderung hinweg, die durch die Explosion der Ölplattform vor der Küste Floridas im April 2010 offensichtlich wurden: Mathematisch gebe es immer eine Unfallwahrscheinlichkeit, aber das sei eben »eine Tatsache des modernen Lebens« – so der politisch erfahrene ehemalige Sprecher der Republikaner im Abgeordnetenhaus.

Die überparteilichen Energie-Experten des *Council on Foreign Relations* haben dagegen ganz andere Vorstellungen von Modernität als Perry, Santorum und Gingrich: Die Fachleute des *Think Tanks* weisen weniger der Ölindustrie als vielmehr dem Staat eine wichtige Rolle bei der Innovations- und Wirtschaftsförderung zu.[12] »Die Zukunft der erneuerbaren Energien hängt entscheidend von robuster staatlicher Förderung ab«, betont auch die Internationale Energie-Agentur in ihren Ausblicken.[13]

Neue Technologien erfordern hohe Entwicklungskosten, die Privatunternehmen allein nicht tragen können. Ökonomisch betrachtet, wurde in den USA die Entwicklung alternativer Energien aber geradezu benachteiligt, da die Regierung seit den 1980er Jahren Nuklearenergie und fossile Brennstoffe subventioniert.[14] Um diesen Wettbewerbsnachteil zu kompensieren, könnte die Politik die Subventionen für die Ölindustrie streichen, ja die mit der Förderung und Verbrennung fossiler Kraftstoffe verursachten externen Umweltkosten auf den Öl- und Gaspreis aufschlagen und mit diesen erhöhten Steuereinnahmen die Forschung und Entwicklung von energieeffizienzsteigernden Techniken und erneuerbaren Energien fördern.

Technische Fortschritte stellen die gängige Nullsummenrechnung zwischen Umweltschutz und wirtschaftlichen Interessen beziehungsweise die Rhetorik von Staat versus Markt infrage. Immer mehr politische und wirtschaftliche Entscheidungsträger und potenzielle Wähler in den USA sehen, dass neue Umwelt- und Energietechnologien Arbeitsplätze schaffen und darüber hinaus die Attraktivität des Finanzstandortes USA wiederherstellen können. Statt in einen Wettbewerb mit aufstrebenden Mächten um knapper werdende fossile Energieressourcen zu treten, könnte sich Amerika in eine stärkere Position bringen, indem es als Anbieter begehrter nachwachsender Ressourcen aufritt. Es sollte seine Kräfte in kooperative und lukrative Arrangements stecken mit dem Ziel, die steigende internationale Nachfrage nach erneuerbaren Energien und neuen Technologien zu bedienen. Während die von Geostrategen häufig ins Feld geführte *hard power*, die Militärmacht Amerikas, immer öfter an (finanzielle) Grenzen stößt bei der Aufgabe, die nationale Energieversorgungs- und wirtschaftliche Sicherheit zu gewährleisten, hält seine *smart power*, also seine technologischen und hoffentlich auch politischen Fähigkeiten, vielversprechende Alternativen für den nächsten US-Präsidenten bereit. Schließlich haben die neuen Energien noch einen gewaltigen Vorteil gegenüber den fossilen Ressourcen: Sie werden nie ausgehen, denn sie sind vor allem das Resultat unbegrenzten Erfindergeistes.

Es bleibt für Amerika und den Rest der Welt zu hoffen, dass es dem 45. amerikanischen Präsidenten, den Abgeordneten und Senatoren des 113. Kongresses sowie den neuen Gouverneuren und Parlamenten der Bundesstaaten gelingt, die Energiesicherheitspolitik und das Wirtschaftswachstum des 21. Jahrhunderts verträglicher zu gestalten. Das weltweite Interesse an erneuerbaren Energien bietet den Vereinigten Staaten die Chance, als Führungsmacht voranzuschreiten bei der Lösung der globalen Energie-, Sicherheits-, Umwelt- und Wirtschaftsprobleme.

Was sollten Deutschland
und Europa tun?

Einen Wandel in der globalen Energie- und Klimapolitik – und damit auch nachhaltiges Wirtschaften – wird es ohne die USA nicht geben. Hier muss ein Kurswechsel erfolgen. Um das zu erreichen, darf die deutsche wie die europäische Politik ihre Aufmerksamkeit nicht allein auf die amerikanische Exekutive und den künftigen Präsidenten richten, sondern sollte zugleich über die Ebene der Bundesstaaten und über den Transmissionsriemen der nationalen Legislative ihre Politikvorstellungen in die öffentliche Debatte der USA hineintragen. Das sehr durchlässige politische System der Vereinigten Staaten mit seiner hohen Rotation erleichtert Karrierewechsel und eröffnet auch Außenstehenden vielfältige Einwirkungsmöglichkeiten. In diesem System der *revolving doors*, des ständigen Rein und Raus, wechseln die Handelnden häufig, und mit diesen Wechseln verändern sich auch die Ideen und Interessen. In keinem anderen Land der Welt wird ein derart breiter und offener politischer Diskurs gepflegt wie in den USA. An ihm sind unzählige Interessengruppen und *Think Tanks*, aber auch fremde Regierungen und zivilgesellschaftliche Organisationen beteiligt.

Einflusskanäle nutzen

Das politische System der USA bietet originellen Köpfen ein optimales Betätigungsfeld: Interessengruppen wie auch *Think Tanks* sind in ihrer Einflussnahme nicht – wie es in parlamentarischen Regierungssystemen gang und gäbe ist – durch die Türsteherrolle politischer Parteien behindert und finden leichter Zugang zu einer viel größeren Zahl mitentscheidender Akteure. Europäische Politiker, Wirtschaftsvertreter und internationale Organisationen sollten ihr diplomatisches Augenmerk auch auf diese einzelnen Abgeordneten und Senatoren richten. Deren Mitarbeiter, die *congressional staffers*, nehmen Schlüsselpositionen im Gesetzgebungsprozess ein, nicht zuletzt weil sie im Vergleich zu ihren Chefs länger im Kongress mitarbeiten und entsprechend große Erfahrung sammeln.

Nicht selten wechseln diese federführenden Mitarbeiter beim Antritt einer neuen Regierung auf die Seite der Exekutive – wo sie dann auf Vertreter europäischer Regierungen stoßen, zu denen sie bis dahin keinerlei Arbeitskontakte gepflegt haben. Internationale Partnerschaften leben aber von den persönlichen Netzwerken, die sie tragen. Es ist daher höchste Zeit, die häufig in Festreden gerühmten »transatlantischen Beziehungen« mit Leben zu füllen. Regelmäßiger, offener Gedankenaustausch würde auch helfen, die Interessen anderer zu verstehen und die eigenen zu artikulieren.

Interessengegensätze verstehen

Seit dem Ende des Kalten Krieges ist Europa aus amerikanischer Perspektive in weite Ferne gerückt. Abgesehen von den wichtigen transatlantischen Wirtschaftsbeziehungen und einigen militärischen Stützpunkten ist der europäische Kontinent keine strategisch relevante Region mehr. Sicherheitspolitisch wird er für die USA auch nur von Interesse bleiben, wenn (!) die Europäer zur Lösung akuter Probleme in anderen Weltregionen beitragen. Das wird kein Sonntagsspaziergang. Konflikte, die sich aus den auseinanderstrebenden Vorstellungen ergeben, müssen offen angesprochen, Gemeinsamkeiten ausgelotet und entsprechende Interessen formuliert werden.

Washington wird viel daransetzen, der mehr oder weniger liberale Hegemon der Weltpolitik zu bleiben, der die Welt nach seinen Vorstellungen und Bedürfnissen ordnet. Zwar üben sich die USA nach den Alleingängen der Bush-Regierung wieder in der Tugend des multilateralen Austauschs, doch dieses »multilateral« verstehen sie seit jeher instrumentell:[1] Man nutzt internationale Organisationen, etwa die NATO oder die Vereinten Nationen, um Lasten zu teilen. Seit die wirtschaftliche Schieflage und die Schuldenlast die Weltmacht innen- wie außenpolitisch an die Grenzen ihrer Handlungsfähigkeit gebracht haben, gilt erst recht: Die USA werden mit noch mehr Nachdruck versuchen, die Last globaler Verantwortung auf die Alliierten und Konkurrenten abzuwälzen, sei es über Lastenteilung in der Sicherheitspolitik, Protektionismus in der Handelspolitik oder die gezielte Schwächung ihrer Leitwährung.

Europa muss nach Ansicht Washingtons sicherheitspolitisch mehr Pflichten übernehmen. In der amerikanischen Debatte spielen die Kosten, die mit der globalen Verantwortung verbunden sind, von jeher eine wichtige Rolle. Weshalb sollen die USA blühende Landschaften im Irak und in Afghanistan errichten, wenn doch auch zu Hause die Infrastruktur marode ist und Straßen, Elektrizitätsnetze etc. dringend saniert werden müssten?, fragen sich immer mehr amerikanische Wähler, die sich im Zuge der wirtschaftlichen Krise auch mit Kaufkraftschwund und Arbeitsplatzunsicherheit konfrontiert sehen. Darüber hinaus müssten das Bildungs-, Gesundheits- und Rentensystem mit Milliardenbeträgen reformiert werden, die bei der desolaten Haushaltslage aber nicht aufgebracht werden können.

Der innenpolitische Druck in den USA wird eine kontroverse transatlantische Lastenteilungsdebatte auslösen und den europäischen Alliierten Gelegenheit geben, ihr »effektives« multilaterales Engagement unter Beweis zu stellen. Wenn die Europäer schon nicht fähig und willens sind, die USA mit umfangreicheren Truppenkontingenten zu unterstützen, wenn sie sich also in der Sicherheitspolitik aufs Trittbrettfahren verlegen, so der Vorwurf Washingtons, dann sollten sie einen umso größeren finanziellen Beitrag zum langfristigen Wiederaufbau im Irak, in Afghanistan und in Libyen leisten. Auch die nächste amerikanische Regierung wird daran arbeiten, aus George W. Bushs viel gescholtener »Koalition der Willigen« eine »Koalition der Zahlungswilligen« zu schmieden.

Es wird für die Alliierten nicht leicht werden, der westlichen Führungsmacht zu folgen. Sollten sie nicht bereit sein, diese Schwierigkeiten auf sich zu nehmen, wird Washington seine außenpolitischen Ziele auf anderen Wegen durchsetzen, wenn nötig im Alleingang oder eben mit einer Koalitionen der Willigen.[2] Am – wenn es sein muss auch unilateralen – Einsatz militärischer Gewalt im Kampf gegen den Terrorismus ist aus amerikanischer Sicht nicht zu rütteln. Selbst nach dem militärischen Fiasko im Irak und den Schwierigkeiten in Afghanistan sind die Amerikaner weit mehr als die Europäer geneigt, militärische Lösungen zu befürworten. In einer vom *German Marshall Fund* in Auftrag gegebenen Umfrage[3] bekundeten drei Viertel der Amerikaner, »dass Krieg manchmal nötig sei, um Gerechtigkeit zu erwirken«. In Europa dagegen befürwortet nur ein Drittel der Bevölkerungen einen so genannten gerechten Krieg. Lediglich die Briten heißen ihn zu zwei Dritteln gut. Die Deutschen liegen mit 28 Prozent sogar noch merklich unter dem europäischen Durchschnitt.

Bereits der Präsidentschaftskandidat Obama machte kein Hehl daraus, dass er im Notfall auch ohne Billigung Islamabads und der internationalen Staatengemeinschaft auf dem souveränen Staatsgebiet Pakistans militärische Gewalt gegen Terroristen einsetzen werde. Als Präsident hat Obama den Einsatz von Raketenangriffen unbemannter Drohnen im afghanisch-pakistanischen Grenzgebiet forciert und auf Somalia und Jemen ausgeweitet, zum Teil mit Erfolg, denn es gelang, wichtige Anführer von al-Qaida gezielt zu töten. Washington riskiert damit, die Bevölkerungen dieser Länder gegen sich aufzubringen, Terrorgruppen die Rekrutierung zu erleichtern und diplomatischen Kollateralschaden zu verursachen. Am Ende könnte es mit diesem Vorgehen gerade jene Alliierten verprellen, mit denen es die Last der globalen Verantwortung teilen möchte, so die eindringliche Warnung eines langjährigen Sicherheitsberaters des amerikanischen Außenministeriums.[4]

Neben den sicherheitspolitischen wirken sich die wirtschaftlichen Probleme der »Neuen Welt« auf alle anderen aus. Gerade die exportabhängige Bundesrepublik Deutschland leidet darunter, wenn Wirtschaft und Kaufkraft in den USA einbrechen. Sollte mittel- bis langfristig der Wert des Dollars merklich sinken und der Euro entsprechend stärker werden, verteuern sich die europäischen Produkte auch noch. Deutsche Unternehmer stellen sich bereits auf diesen Wettbewerbsnachteil ein, indem sie Teile ihrer Produktion in die USA verlagern. Für solche Standortverlegungen gibt es noch einen weiteren Grund: Mit der Wirtschaftskrise und dem härter werdenden globalen Wettbewerb droht in den USA der Verlust von noch mehr Arbeitsplätzen. Im Wahljahr 2012 wird daher der Druck auf Abgeordnete und Senatoren im US-Kongress steigen, protektionistische Maßnahmen zu ergreifen. Die von einheimischen Wettbewerbern großzügig zu ihren Gunsten auslegbaren *Buy-American*-Bestimmungen im amerikanischen Konjunkturpaket sind ein deutliches Signal. Die durch die Wirtschaftsprobleme verunsicherte Öffentlichkeit wie ihre Vertreter im Kongress und nicht zuletzt die etablierten Interessengruppen werden es Präsident Obama schwer machen, Freihandelspolitik voranzutreiben.

Ebenso wichtig wie die Haltung des nächsten Präsidenten wird im Bereich von Wirtschaft und Finanzen die Zusammensetzung des Kongresses sein. Internationale Handelsabkommen müssen vom Kongress ratifiziert werden. Der Präsident wird sich sehr anstrengen müssen, wenn er den Kongress dazu bewegen will, ihm die *Trade Promotion Authority*, also die Handelsautorität, zu übertragen, die er braucht, um auf der internationalen Bühne überhaupt ernst-, das heißt als verhandlungsfähig wahrgenommen zu werden. Jenen Staaten und Regierungen, die angesichts eigener, nicht minder problematischer struktureller Schwierigkeiten von Obama – oder einem möglichen Nachfolger – erwarten, dass der amerikanische Präsident in der Wirtschafts- und Handelspolitik alsbald wieder eine globale Führungsrolle übernimmt, sollte klar sein: *No, he can't.*

Alternative Nachfrage schaffen

Deutschland sollte den Absatz seiner Produkte breit streuen, um den Rückgang des amerikanischen Konsums auffangen zu können. Neue Absatzmärkte in Asien, Südamerika, im Nahen und Mittleren Osten sowie in Afrika könnten einen Teil der Nachfrageverluste ausgleichen. Die USA suchen sich bereits über die sicherheits- und handelspolitisch flankierte Nationale Export-Initiative ihre globalen Absatzmöglichkeiten zu sichern. »Unsere binnenwirtschaftliche Erholung wird von Exporten und der Fähigkeit amerikanischer Firmen abhängen, von der gewaltigen und wachsenden Konsumnachfrage Asiens zu profitieren«, warnt Hillary Clinton. Die Außenministerin spricht bereits von »Amerikas pazifischem Jahrhundert«.[5]

Da Deutschlands Export infolge der weltweiten Krise einzubrechen droht, muss die Bundesregierung für Impulse sorgen, die die Binnennachfrage stimulieren. Damit würde mehr »selbsttragendes« Wachstum generiert und einem strukturellen Problem der auf den Export fixierten deutschen Wirtschaft begegnet. Diese Nachfrage-Impulse sollten in doppelter Hinsicht generationengerecht angelegt werden: Sie sollten nicht über Kredite finanziert und auf nachhaltiges Wirtschaften ausgerichtet werden.

Dem Drängen der USA, die selbst unfähig sind, ihre Wirtschaft mit zusätzlichen Förderprogrammen zu stimulieren, und die mit massivem Druck die Europäer dazu bewegen wollen, schuldenfinanziert mehr globale Nachfrage zu schaffen, sollten die europäischen Staaten nicht nachgeben, sondern vielmehr konsequent darauf hinarbeiten, die wirtschaftliche Schieflage durch Schuldenabbau in den Griff zu bekommen. Damit würden sie ihre nationale politische Handlungsfähigkeit bewahren und die europäische Integration retten.

Mittel- bis langfristig müssen die Deutschen wie die Europäer aus sicherheits-, umwelt- und wirtschaftspolitischen Gründen ihre Wirtschaften auf einen möglichst niedrigen Verbrauch fossiler Brennstoffe umstellen. Wie die USA sind auch Europas Volkswirtschaften übermäßig von Erdöl- und Erdgasimporten abhängig und damit verwundbar. Zum Schutz vor den Interessen der Produzentenländer sollten innovationsorientierte Regierungen antizyklische, an den Marktpreis für Öl gekoppelte Steuern auf fossile Kraftstoffe erheben. Damit wären Investitionen in alternative Energien vor plötzlichen Preiseinbrüchen geschützt. Die Steuereinnahmen könnten wiederum zu Forschung und Entwicklung im Bereich Umwelttechnologie und erneuerbare Energien verwendet werden und würden nicht zuletzt die Innovationskraft der deutschen Wirtschaft fördern und ihre Stellung auf diesen Märkten der Zukunft stärken.

Hier bestünde transatlantisches Kooperationspotenzial. Die in den Zukunftsmärkten technologisch (noch) führenden westlichen Industrienationen sollten schnell handeln und weltweite Standards in den Bereichen Energie- und Umwelttechnologie entwickeln. Bilaterale Verabredungen der USA etwa mit Brasilien und Indien gibt es bereits. Darüber hinaus sollte man die Bemühungen des *Transatlantic Economic Council* auf dieses Kernthema fokussieren und weltweit nach Lösungen suchen. Da zahlreiche Länder ein Interesse an alternativen Kraftstoffen und der Entwicklung von marktfähigen Technologien haben, bestehen reichlich Anreize für multilaterales Handeln.

Doch dabei sollte man es nicht bewenden lassen. Eine transatlantische Umwelt- und Energiepartnerschaft sollte Forschung und Investitionen im Bereich neuer Technologien und den freien Handel alternativer Kraftstoffe im multilateralen Rahmen fördern. Technische Innovationsvorsprünge hierzulande stellen für deutsche und europäische Politiker gute Argumente dar, wenn sie bei amerikanischen Meinungsführern und Entscheidungsträgern für eine transatlantische Energie- und Umweltpartnerschaft werben als Grundlage für eine multilaterale, umweltverträgliche Energiesicherheitspolitik. Die weltweite Nachfrage nach erneuerbaren Energien und der unzureichende Patentschutz, das heißt die Möglichkeit, dass jeder Staat die von einzelnen Vorreitern geförderten Forschungsanstrengungen früher oder später nutzen kann, sollte weltweit das Interesse an kollektiven Anstrengungen zur Weiterentwicklung und Vermarktung erneuerbarer Energien fördern.

Dazu müssten allerdings erst einmal Wettbewerbsnachteile beseitigt werden. Die zwanzig größten Industrie- und Schwellenländer (G 20) sollten ihre bereits im September 2009 beim Pittsburgh-Gipfel eingegangene Verpflichtung einlösen, Subventionen auf fossile Brennstoffe mittelfristig zu kürzen und schließlich auslaufen zu lassen.[6] Auch die Staats- und Regierungschefs der APEC-Länder, die sich im November 2009 ebenfalls dafür aussprachen, sollten den Beschlüssen möglichst rasch Taten folgen lassen. Schließlich belasten diese Subventionen die ohnehin schon angespannten Staatshaushalte, hebeln den Preismechanismus aus, führen zu wirtschaftlich ineffizienten Ressourcenallokationen, verleiten zur Energieverschwendung, schaden der Umwelt, behindern Investitionen in erneuerbare Energieträger und beeinträchtigen die (Energie-)Sicherheit.[7]

Neben der Ölindustrie hat über Jahrzehnte insbesondere die amerikanische Automobilbranche kurzsichtig ihre Partikularinteressen verfolgt und die energiepolitische Kurswende verhindert. Die wirtschaftliche Bankrotterklärung und die mit den staatlichen Rettungspaketen verbundenen Auflagen sollten die nicht mehr ganz so großen Drei in den USA zur Umkehr bewegen, und das kann nur heißen: Fahrzeuge zu produzieren, die weniger und alternative Brennstoffe verbrauchen.

Biokraftstoffe auf der Grundlage von Zucker oder Mais, vor allem aber aus Lignocellulose gewonnenes Ethanol haben großes Marktpotenzial. Sie könnten künftig fossile Kraftstoffe ersetzen. Noch sind erneuerbare im Vergleich zu traditionellen Kraftstoffen weniger marktfähig, denn die technologische Weiterentwicklung kostet Zeit und Geld. Zwar kann der Verbrauch von Ethanol durch staatliche Subventionen für einige Zeit gefördert werden, doch langfristig sind – durch internationale Kooperation forcierte – technische Weiterentwicklungen und offene Märkte ausschlaggebend für den kommerziellen Erfolg neuer Angebote.

Zahlreiche Mitgliedsländer der Internationalen Energie-Agentur haben jedoch Marktzugangsbarrieren errichtet. Sie behindern den Handel effizienter – und das heißt nicht zuletzt kostengünstiger – Biokraftstoffe und auch die Entwicklung dieser Wachstumsindustrien in Schwellen- und Entwicklungsländern.[8] Die USA und Europa sollten in einem multilateralen Rahmen für den freien Handel von Ethanol und anderen »Umweltgütern« sorgen, indem sie mit gutem Beispiel vorangehen und von Handelsbarrieren zum Schutz der eigenen Landwirtschaft absehen. Protektion sollte es schon im eigenen Interesse nicht geben. Der weltweite Wettbewerb würde die Landwirte zwingen, nach Kräften zur effizienteren Produktion von Biokraftstoffen beizutragen.

Nach Schätzungen der IEA wird bis 2035 der Verbrauch von Biokraftstoffen viermal so hoch sein wie heute und knapp zehn Prozent des im Straßenverkehr benötigten Kraftstoffs ausmachen, wobei die USA, Brasilien und die EU die weltweit größten Verbraucher und Erzeuger von Biokraftstoffen bleiben dürften. Technologische Fortschritte auf der einen und stetig steigende Preise für fossile Brennstoffe auf der anderen Seite werden die erneuerbaren Energien über kurz oder lang wettbewerbsfähig machen.[9]

Langfristig könnten die Notwendigkeit, das ausufernde Haushaltsdefizit zu reduzieren, und die Tatsache, dass die Produktion von Biokraftstoffen für amerikanische Landwirte zunehmend attraktiver werden dürfte, zum Abbau der Agrarsubventionen in den USA führen. Damit wäre auch eines der wesentlichen Hindernisse für einen erfolgreichen Abschluss der Doha-Runde beseitigt. Europa sollte allerdings vor den US-Wahlen keine Ergebnisse von der multilateralen Doha-Runde erwarten und auch nicht darauf drängen. Die Verhandlungen sind blockiert; sie wiederzubeleben, würde einen klaren politischen Willen der wichtigsten Handelsnationen – allen voran der USA – erfordern. Doch Obama kann bis auf Weiteres diese internationale Führungsrolle nicht übernehmen, weil er angesichts der prekären wirtschaftlichen Lage und mit Blick auf die anstehenden Wahlen innenpolitische Prioritäten setzen muss.

Transatlantische Beziehungen regenerieren

Die Europäer sollten die Zeit während des amerikanischen Wahl-
kampfs nutzen, ihre wirtschaftspolitischen Hausaufgaben zu machen und ihre außenpolitischen Ideen in die hierzulande als »Ideenagenturen«[10] und »Denkfabriken«[11] bezeichneten *Think Tanks* der
USA einzuspeisen. Da die Ideenproduktion wie so vieles in den USA
häufig nach dem *Just-in-time*-Prinzip funktioniert, ist es höchste
Zeit, Informationen und Ideen aus Europa beizusteuern. Viele der
in amerikanischen *Think Tanks* entwickelten Pläne werden mitsamt
ihren Vordenkern in der nächsten Regierung den Praxistest bestehen
müssen.

Darüber hinaus sollten die Europäer die transatlantischen Beziehungen im mehrfachen Wortsinn regenerieren. Es ist sehr be-
denklich, dass renommierte Austauschorganisationen ihre über
Jahrzehnte bewährten Programme aufgrund finanzieller Engpässe
einschränken oder aufgeben. Ihre Arbeit wäre heute wichtiger denn
je: Damit Gefahren und Chancen der transatlantischen Zusammenarbeit überhaupt und rechtzeitig wahrgenommen werden können, müssen die Eliten hüben wie drüben Austauschprogramme
durchlaufen – sei es über Parlamente, Universitäten, Schulen, *Think
Tanks* oder andere Nichtregierungsorganisationen –, damit sie lernen, die gesellschaftliche und politische Dynamik des anderen zu
verstehen.

Amerika befindet sich in einer »Sattelzeit«,[12] einer Zeit dyna-
mischer gesellschaftlicher, wirtschaftlicher und politischer Umbrü-
che. Diese Faktoren werden die Supermacht selbst und die Weltpolitik verändern. Das weltweite Ausmaß dieser Veränderungen
werden Experten in den einzelnen Ländern und Regionen in entsprechenden Expertisen einzuschätzen versuchen, aber wohl erst
Historiker in der Rückschau ermessen können. Die Ursachen dieser Veränderungen sind aber schon heute auszumachen: Es sind
die sozialen Gleichgewichtsstörungen, die politische Ohnmacht,
die wirtschaftlichen Herzrhythmusprobleme und die energetische

Antriebsschwäche der vom Kollaps bedrohten Supermacht. Diese Beschwerden werden den amerikanischen Patienten daran hindern, seine vitalen Interessen in der Welt so umsichtig zu vertreten wie bisher.

Wir sollten uns in unserem eigenen Interesse darauf einstellen.

Dank

Wer nach der Klausur, die mit dem Schreiben eines Buches in der Regel verbunden ist, noch Freunde hat, kann sich glücklich schätzen. Ich danke meiner Familie, meinen Freunden und Kollegen für ihre Treue und Hilfe, insbesondere Arne Baumann, David Bosold, Bastian Giegerich, Walter Gruhn, Wolfgang Hauptmann, Grethe und Foad Kazemzadeh, Hubert Knirsch, Stefan Meister sowie Andreas Rötzer, die nicht müde wurden, einzelne Fragen mit mir zu diskutieren und das Manuskript kritisch zu prüfen. Meiner Frau Alina bin ich tief verbunden, weil sie mit mir durch dick und dünn geht und mein Leben und Arbeiten täglich bereichert.

Ganz besonderer Dank gilt Tobias Winstel, der mich zu dieser Tat angestiftet und während des Recherche- und Schreibprozesses immer wieder ermuntert hat. Er und die anderen Mitarbeiter des Verlages, vor allem Claudia Feldtenzer, Sara Seppelfeld und Markus Desaga, haben mich in professioneller Weise unterstützt und mich in meiner Hoffnung auf ein Leben nach Erscheinen des Buches bestärkt.

»Alles wird gut«, mit dieser äußerst knappen und klaren Aussage verscheuchte Ditta Ahmadi in einer kritischen Phase die aufkommenden Zweifel. Wer ihr beim sprachlichen Feinschliff eines Manuskripts über die Schulter schauen darf, kann eine Menge lernen und gewinnt die Zuversicht, dass wirklich noch sehr vieles besser wird. So hege ich die Hoffnung, dass die hier vorgelegte Diagnose, für die ich ganz alleine die Verantwortung trage, vielleicht doch etwas zu pessimistisch ausgefallen ist und dass sich der »amerikanische Patient« als ungeahnt vital erweist und sich schneller erholen wird, als ich erwarte. Schließlich war es neben der Offenheit und Gastfreundschaft vieler Amerikanerinnen und Amerikaner gerade die amerikanische Vitalität, die in mir die Begeisterung für dieses Land geweckt hat, wo mir ein Gutteil meiner professionellen Ausbildung und persönlichen Weiterentwicklung zuteilwurde.

Josef Braml
Berlin, im Januar 2012

Anmerkungen

Vorwort

1 In den USA werden nur 9 Prozent der Haushaltseinkommen umverteilt, der OECD-Durchschnitt liegt dagegen bei 22 Prozent; Organisation for Economic Co-operation and Development (OECD), »Growing Unequal? Income Distribution and Poverty in OECD Countries«, Paris, Oktober 2008 (vgl. insbesondere »Country Notes: United States«). Der »begrenzte Umverteilungseffekt« in den USA ist vor allem auf die relativ niedrigen Sozialleistungen zurückzuführen: 6 Prozent (USA) versus 16 Prozent (OECD-Durchschnitt) der Haushaltseinkommen. Vgl. dazu OECD, »Divided We Stand: Why Inequality Keeps Rising«, Paris, Dezember 2011 (vgl. insbesondere »Country Notes: United States«).

2 Dieser Begriff wurde von dem amerikanischen Politikwissenschaftler Joseph Nye geprägt. Siehe zum Beispiel ders., *Bound To Lead: The Changing Nature of American Power*, New York 1990.

Gleichgewichtsstörungen

1 Gary Shteyngart im Interview mit Johanna Adorján, »Der Untergang Amerikas«, in: *Frankfurter Allgemeine Sonntagszeitung*, 10. Juli 2011, S. 23.

2 So zum Beispiel der Kolumnist Robert J. Samuelson, »Why Our Children's Future No Longer Looks so Bright«, in: *The Washington Post*, 17. Oktober 2011.

3 So Gregory Spencer, Leiter der Abteilung für Bevölkerungsprojektion im U.S. Census Bureau, zitiert in: Paola Scommegna, »U.S. Growing Bigger, Older, and More Diverse«, Population Reference Bureau, April 2004, abrufbar unter <http://www.prb.org/Articles/2004/USGrowingBiggerOlderandMoreDiverse.aspx?p=1>.

4 Ebd.

5 Gleichwohl gibt es signifikante Unterschiede zwischen Frauen (80,4 Jahre) und Männern (75,4 Jahre) sowie zwischen der afro-amerikanischen und

der weißen Bevölkerung. Angehörige der weißen Bevölkerung leben durchschnittlich 4,8 Jahre länger. Siehe Laura B. Shrestha und Elayne J. Heisler, »The Changing Demographic Profile of the United States«, CRS Report for Congress, Congressional Research Service, 31. März 2011, S. 8 – 9.

6 Ebd., S. 4 – 5.

7 Die letzte Volkszählung fand 2010 statt. Siehe ebd., S. 1.

8 Ebd., S. 12.

9 Zitiert in: ebd., S. 12 – 13.

10 Pew Hispanic Center, »The Mexican-American Boom: Births Overtake Immigration«, Washington, D.C., 14. Juli 2011, S. 2 – 3.

11 Siehe die Alterspyramiden des Pew Hispanic Center, »Statistical Portrait of Hispanics in the United States, 2009« (Tabelle 10a. Age and Gender Distributions for Race, Ethnicity and Nativity Groups 2009), abrufbar unter <http://pewhispanic.org/files/factsheets/hispanics2009/Table%20 10a.pdf>.

12 National Research Council, *Multiple Origins, Uncertain Destinies. Hispanics and the American Future*, Washington, D.C., 2006, S. 3.

13 Siehe etwa Annamaria Lusardi und Olivia S. Mitchell, »Financial Literacy and Retirement Preparedness. Evidence and Implications for Financial Education«, in: *Business Economics*, 42 (Januar 2007), S. 35 – 44.

14 Alan Greenspan, »Prepared Statement before the U.S. Senate Committee on Banking, Housing, and Urban Affairs«, U.S. Congress, Washington, D.C., 5. Februar 2002.

15 So lautet die »Mission« der gemeinsamen Initiative, abrufbar unter <http://www.rand.org/labor/centers/financial-literacy.html>.

16 Die Ausnahmen sind Kanada und Australien.

17 Organisation for Economic Co-operation and Development (OECD), *Education at a Glance 2011*, OECD Indicators, Paris 2011, S. 91 – 92.

18 Pew Hispanic Center, »Statistical Portrait of Hispanics in the United States, 2009«, a.a.O. (Tabelle 22. Educational Attainment, by Race and Ethnicity).

19 Zahlen für 2010 nach U.S. Department of Commerce/U.S. Census Bureau, »Income, Poverty, and Health Insurance Coverage in the United States: 2010«, Washington, D.C., September 2011, S. 6.

20 Zahlen für 2009; Anteile der jeweiligen Ausbildungsgruppen im Verhältnis zur Gesamtbevölkerung: *below upper secondary*: 11 Prozent; *upper secondary*: 47 Prozent; *tertiary*: 41 Prozent; laut OECD, *Education at a Glance 2011*, a.a.O., S. 38, 130.

21 U.S. Department of Labor/Bureau of Labor Statistics, »The Employment Situation – September 2011«, Washington, D.C., 7. Oktober 2011.

22 U.S. Department of Commerce/U.S. Census Bureau, »Income, Poverty, and Health Insurance Coverage in the United States: 2010«, a.a.O., S. 34.

23 Der Wert bewegt sich zwischen 0 (das Einkommen ist für alle gleichmäßig verteilt) und 1 (ein Einziger bezieht das gesamte Einkommen).

24 Der Gini-Index betrug Ende der 1960er Jahre (1967) noch 0,397; heute (2010) misst die Kennzahl 0,462. Siehe U.S. Department of Commerce/ U.S. Census Bureau, »Income, Poverty, and Health Insurance Coverage in the United States: 2010«, a.a.O., S. 41–44.

25 OECD, »Divided We Stand: Why Inequality Keeps Rising« a.a.O., S. 1f.

26 Pew Research Center, »Twenty-to-One. Wealth Gaps Rise to Record Highs between Whites, Blacks and Hispanics«, Washinton, D.C., 26. Juli 2011.

27 U.S. Department of Commerce/U.S. Census Bureau, »Income, Poverty, and Health Insurance Coverage in the United States: 2010«, a.a.O., S. 14–15.

28 So die Pressemitteilung des Pew Hispanic Center, »The Toll of the Great Recession: Childhood Poverty among Hispanics Sets Record, Leads Nation«, Washington, D.C., 28. September 2011.

29 U.S. Department of Commerce/U.S. Census Bureau, »Income, Poverty, and Health Insurance Coverage in the United States: 2010«, a.a.O., S. 23–24.

30 Ron Pollack, zitiert in: Michael A. Fletcher, »Nearly One in Six in Poverty in the U.S.; Children Hit Hard, Census Says«, in: The Washington Post, 13. September 2011.

31 »Poverty and Health Care: Shocking Numbers, Just as Sacrifices are being Demanded«, in: The Economist, 17. September 2011.

32 Siehe das CNN-Transkript der Radioansprache von Präsident Bill Clinton vom 27. Januar 1996, abrufbar unter <http://edition.cnn.com/US/9601/budget/01-27/clinton_radio/>.

33 Präsident Bill Clinton unterzeichnete am 22. August 1996 den Personal Responsibility and Work Opportunity Reconciliation Act (PRWORA) und löste damit sein Wahlkampfversprechen ein: »In my administration we're going to put an end to welfare as we have come to know it.« Siehe auch: Bill Clinton, »The New Covenant: Responsibility and Rebuilding the American Community«, Rede an der Georgetown University, Washington, D.C., 23. Oktober 1991, abrufbar unter <http://www.dlc.org/ndol_ci.cfm?contentid=2783&kaid=128&subid=174>.

34 Differenzierte Analysen im Vorfeld der Wahlen zeigten, dass jene Wähler, denen Wirtschaftsthemen am wichtigsten waren, den designierten Präsidentschaftskandidaten der Demokraten, Senator Barack Obama, klar dem Bewerber der Republikaner, Senator John McCain, vorzogen. Vgl. Umfragen, zitiert in: Kevin Friedl und Mary Gilbert, »To Withdraw, Or Not To Withdraw?«, in: National Journal Poll Track, 15. Juli 2008.

35 Nach einer Analyse der Daten des U.S. Census Bureau wurde eine von vier Stimmen von »nicht-weißen« Wählern abgegeben. Insbesondere konnte die Wahlbeteiligung afro-amerikanischer Wähler gesteigert werden, und zwar von 60,3 (2004) auf 65,2 (2008) Prozent. Der Prozentsatz der Wähler hispanischer Herkunft erhöhte sich ebenfalls, nämlich von 47,2 (2004) auf 49,9 Prozent (2008). Siehe Mark Hugo Lopez und Paul Taylor, »Dissecting the 2008 Electorate: Most Diverse in U.S. History«, Pew Research Center Report, Washington, D.C., 30. April 2009.

36 »Presidential Election Results. How the Race Was Won«, in: *The Economist*, 6. November 2008.

37 In vier der sechs *swing states*, die Präsident George W. Bush bei den Wahlen 2004 mit nur fünf oder weniger Prozentpunkten Vorsprung gewann, konzentriert sich die Wählerschaft der Latinos, das waren New Mexico (mit einem Anteil von 37 Prozent der Wahlberechtigten), Florida (14 Prozent), Nevada (12 Prozent) und Colorado (12 Prozent). Weitere Staaten mit einem hohen Anteil hispanischer Wahlberechtigter sind Texas (25 Prozent), Kalifornien (23 Prozent), Arizona (17 Prozent) und New York (11 Prozent). Siehe Paul Taylor und Richard Fry, »Hispanics and the 2008 Election: A Swing Vote?«, Pew Hispanic Center, Washington, D.C., Dezember 2007, S. 18. Siehe auch: Josef Braml, »US-Wahlen: Mit Spanglish ins Weiße Haus: Wie Demokraten und Republikaner um die Latino-Wähler werben«, in: *Internationale Politik*, Oktober 2008, S. 86 – 89.

38 Ausführlicher zur Machtsymbiose zwischen Christlich-Rechten und Republikanern: Josef Braml, *Amerika, Gott und die Welt. George W. Bushs Außenpolitik auf christlich-rechter Basis*, Berlin 2005.

Alles reine Kopfsache: die Ohnmacht der Politik

1 Nach einer Umfrage der *Washington Post* vom 9. August 2011, abrufbar unter <http://www.washingtonpost.com/wp-srv/politics/polls/post-poll_080911.html>.

2 Die folgenden Ausführungen stammen sinngemäß aus: James Allen Smith, »Think Tanks and the Politics of Ideas«, in: David C. Colander und A. W. Coats (Hgg.), *The Spread of Economic Ideas*, Cambridge 1989, S. 175 – 194.

3 Siehe Henry J. Aaron, *Politics and the Professors. The Great Society in Perspective*, Washington, D.C., 1978; George L. Perry und James Tobin (Hgg.), *Economic Events, Ideas, and Policies. The 1960s and After*, Washington, D.C., 2000.

4 Smith, »Think Tanks and the Politics of Ideas«, a.a.O., S. 175 – 194, hier S. 192.

5 Friedrich A. von Hayek, *The Road To Serfdom*, Chicago 1944 (= *Der Weg*

zur Knechtschaft, München 2007); ders., *Individualism and Economic Order. Essays*, Chicago 1948 (= »Wahrer und falscher Individualismus«, in: *ORDO – Jahrbuch für die Ordnung von Wirtschaft und Gesellschaft*, Band 1, 1948, S. 19 – 55).

6 Prominente Werke sind: Milton Friedman, *Capitalism and Freedom*, Chicago 1962; Milton Friedman und Anna Jacobson Schwartz, *A Monetary History of the United States, 1867 – 1960*, Princeton 1963.

7 Siehe Umfragedaten des *Pew Research Center*, zitiert in: Andrew Kohut, John C. Green, Scott Keeter und Robert C. Toth, *The Diminishing Divide. Religion's Changing Role in American Politics*, Washington, D.C., 2000, S. 131.

8 Richard M. Weaver, *Ideas Have Consequences*, Chicago 1948.

9 Sidney Blumenthal, *The Rise of the Counter-establishment. From Conservative Ideology to Political Power*, New York 1986.

10 Im Interview mit dem Autor vom 25. Mai 2000.

11 James G. McGann, »Academics to Ideologues. A Brief History of the Public Policy Research Industry«, in: *PS: Political Science & Politics*, 25 (1992) 4, S. 733 – 740.

12 Andrew Rich und R. Kent Weaver, »Advocates and Analysts: Think Tanks and the Politicization of Expertise«, in: Allan J. Cigler und Burdett A. Loomis (Hgg.), *Interest Group Politics*, Washington, D.C., 1998, S. 235 – 254, hier S. 250.

13 Donald T. Critchlow, *The Brookings Institution, 1916 – 1952. Expertise and the Public Interest in a Democratic Society*, DeKalb, IL, 1985, S. 17.

14 Blumenthal, *The Rise of the Counter-establishment*, a.a.O., S. 11.

15 Winand Gellner, *Ideenagenturen für Politik und Öffentlichkeit. Think Tanks in den USA und in Deutschland*, Opladen 1995, S. 254.

16 Josef Braml, *Think Tanks versus »Denkfabriken«? U.S. and German Policy Research Institutes' Coping with and Influencing Their Environments; Strategien, Management und Organisation politikorientierter Forschungsinstitute* (dt. Zusammenfassung), Aktuelle Materialien zur Internationalen Politik 68, Stiftung Wissenschaft und Politik, Baden-Baden 2004, S. 50 – 70.

17 Hugh Heclo, »Issue Networks and the Executive Establishment«, in: Samuel Beer und Anthony King (Hgg.), *The New American Political System*, Washington, D.C., 1978, S. 87 – 124.

18 Gellner, *Ideenagenturen für Politik und Öffentlichkeit*, a.a.O., S. 26 – 27; Paul Sabatier, »Advocacy-Koalitionen, Policy-Wandel und Policy-Lernen: Eine Alternative zur Phasenheuristic«, in: *PVS-Sonderheft*, 24 (1993), S. 116 – 148.

19 Richard E. Neustadt beschreibt das amerikanische System treffend als »government of separated institutions sharing powers«. Charles O. Jones präzisierte Neustadts Idiom folgendermaßen: »separated institutions sharing and competing for powers«. Siehe Richard Neustadt, *Presidential*

Power and the Modern Presidents: The Politics of Leadership from Roosevelt to Reagan, New York/Toronto 1990, S. 29; Charles O. Jones, *The Presidency in a Separated System*, Washington, D.C., ²2005, S. 24.

20 »Nor should one expect political parties in a separated system to exercise power they do not or cannot possess.« Siehe ebd., S. 18.

21 Datenquelle: Website des Center for Responsive Politics, Washington, D.C., abrufbar unter <http://www.opensecrets.org/>.

22 Peter Lösche, »Thesen zum amerikanischen Konservatismus«, in: *Aus Politik und Zeitgeschichte*, Heft B49, Dezember 1982, S. 37 – 45, hier S. 41.

23 Zitiert in: Linda Feldmann, »In Politics, the Rise of Small Donors«, in: *The Christian Science Monitor*, 28. Juni 2004.

24 Vgl. Thomas Edsall, »Kerry Breaks Bush Record For Pace of Fundraising«, in: *The Washington Post*, 17. Juni 2004, S. A1; Jim VandeHei und Thomas Edsall, »Democrats Outraising the GOP This Year. But Republicans Still Have Financial Lead«, in: *The Washington Post*, 21. Juli 2004, S. A1.

25 Übersetzt aus Richard Stevenson und Adam Nagourney, »Bush '04 Readying for One Democrat, Not 10«, in: *The New York Times*, 29. September 2003. Für ausführlichere Informationen zur Bedeutung des so genannten »Bodenkrieges« im Wahlkampf siehe Quin Monson, »Get On TeleVision vs. Get On the Van. GOTV and the Ground War in 2002«, in: David Magleby und J. Quin Monson (Hgg.), *The Last Hurrah? Soft Money and Issue Advocacy in the 2002 Congressional Elections*, Washington, D.C., 2004, S. 90 – 116.

26 Michael Malbin, »All CFI Funding Statistics Revised and Updated for the 2008 Presidential Primary and General Election Candidates«, Campaign Finance Institute, Washington, D.C., 8. Januar 2010.

27 David Vogel, *Kindred Strangers. The Uneasy Relationship between Politics and Business in America*, Princeton, NJ, 1996, S. 5 – 6; ders., *Fluctuating Fortunes. The Political Power of Business in America*, New York 1989.

28 Interview des Autors mit Lori Waters, Executive Director, Eagle Forum, 14. Juli 2003.

29 Ausführlicher: Josef Braml, »Das Themennetzwerk der Christlichen Rechten als politischer Machtfaktor in den USA«, in: Winand Gellner und Gerd Strohmeier (Hgg.), *Politische Strukturen und Prozesse im Wandel*, PIN-Jahrbuch 2004, Baden-Baden 2005, S. 81 – 95.

30 Um parlamentarische Manöver im Senat, so genannte *filibuster*, abzuwenden *(to invoke cloture)*, ist eine qualifizierte Mehrheit von drei Fünfteln (60) der Senatoren erforderlich.

31 In Neustadts Terminologie muss der Präsident »Überzeugungskraft« *(the power to persuade)* an den Tag legen; siehe Neustadt, *Presidential Power and the Modern Presidents*, a.a.O.

32 Die Machtverhältnisse verändern sich jedoch grundlegend, wenn, wie mit den Anschlägen vom 11. September 2001 deutlich wurde, Gefahr in Verzug ist. Denn in Kriegszeiten ist jeder einzelne Abgeordnete und Senator angehalten, Partei für die nationale Sicherheit zu ergreifen. Obschon amerikanische Kongressmitglieder grundsätzlich keine Parteisoldaten, sondern unabhängige politische Unternehmer sind, stehen auch sie in solchen Zeiten an der Seite des Obersten Befehlshabers, wenn es darum geht, ihm »patriotische Handlungsbefugnisse« zu gewähren und ihn bei der »Verteidigung des Heimatlandes« zu unterstützen.

33 James L. Sundquist, »Needed: A Political Theory for the New Era of Coalition Government in the United States«, in: *Political Science Quarterly*, 103 (1988) 4, S. 613 – 635.

34 Auch Weaver und Rockman differenzieren zwischen diesen beiden »Regimetypen«; vgl. R. Kent Weaver und Bert A. Rockman, »Assessing the Effects of Institutions«, in: dies. (Hgg.), *Do Institutions Matter? Government Capabilities in the United States and Abroad*, Washington, D.C., 1993, S. 1 – 41.

35 »The Bail-out Plan: A Shock from the House«, in: *The Economist*, 29. September 2008.

36 Der Begriff stammt von Winand Gellner, der das Konzept der *advocacy coalitions* von Paul Sabatier in den deutschen wissenschaftlichen Sprachgebrauch einführte. Vgl. Gellner, *Ideenagenturen für Politik und Öffentlichkeit*, a.a.O., S. 26 – 27; Sabatier, »Advocacy-Koalitionen, Policy-Wandel und Policy-Lernen: Eine Alternative zur Phasenheuristic«, a.a.O., S. 116 – 148.

37 Robert Zoellick, zitiert in: Alexander Bolton, »Lawmakers Show Worry over U.S. Dollar's Dwindling Status«, in: *The Hill*, 8. Oktober 2009.

38 Vgl. ebd.

39 Zitiert in: D. Ku, »Treasuries Purchases Will Depend on Risk: China's Wen«, in: *Reuters*, 31. Januar 2009.

40 »Moody's-Warnung erschüttert das Vertauen in die US-Wirtschaft«, in: *Handelsblatt*, 2. Juni 2011.

41 Dominique Strauss-Kahn, »Toward a More Stable International Monetary System«, Rede vom 10. Februar 2011, Washington, D.C., abrufbar unter <http://www.imf.org/external/np/speeches/2011/021011.htm>; siehe auch das von Strauss-Kahn gepriesene Arbeitspapier: Reza Moghadam, »Enhancing International Monetary Stability – A Role for the SDR?«, IWF, Washington, D.C., 7. Januar 2011, abrufbar unter <http://www.imf.org/external/np/pp/eng/2011/010711.pdf>.

42 Die jeweils aktuellen Gewichtungen sind über die Website des IWF abrufbar unter <http://www.imf.org/external/np/tre/sdr/sdrbasket.htm>.

43 Stand: Oktober 2011. Das entspricht einem Viertel (24 Prozent) aller ausländischen Forderungen. Siehe U.S. Department of the Treasury, »Major

Foreign Holders of Treasury Securities«, Washington, D.C., 15. Dezember 2011, abrufbar unter <http://www.treasury.gov/resource-center/data-chart-center/tic/Documents/mfh.txt>.

44 Sandra Heep und Hanns Günther Hilpert, »Chinas währungspolitische Offensive. Renminbi und IWF-Sonderziehungsrechte – Alternativen zum Dollar?«, Stiftung Wissenschaft und Politik, Berlin, SWP-Aktuell Nr. 65/2009, S. 7.

45 Maximilian Mayer und Jost Wübbeke, »Das Ende der Dollar-Dominanz«, in: *Internationale Politik*, März/April 2010, S. 89.

46 Barry Eichengreen, »What China is After Financially«, in: *East Asia Forum*, 30. Januar 2011.

Herzrhythmusprobleme: das wirtschaftliche Auf und Ab

1 Am 1. Dezember 2008 datierte das *National Bureau of Economic Research* (NBER) den Beginn der Rezession auf Dezember 2007. Da im dritten und vierten Quartal 2009 das Bruttoinlandsprodukt (BIP) im Vergleich zu den jeweiligen Vorquartalen wieder um 2,2, beziehungsweise 5,9 Prozent gewachsen ist, kann man nach der technischen Definition von einem Ende der Rezession ausgehen.

2 So US-Notenbankchef Ben Bernanke bei der Jahreskonferenz der Notenbanker in Jackson Hole, zitiert in: »Bernanke lässt die Dollar tanzen«, in: *Financial Times Deutschland*, 22. September 2011.

3 Joseph Stiglitz, *Im freien Fall. Vom Versagen der Märkte zur Neuordnung der Weltwirtschaft*, München 2010, S. 28.

4 Renae Merle, »Unemployment Spike Compounds Foreclosure Crisis«, in: *The Washington Post*, 18. August 2009.

5 Laut Bericht des Representative of German Industry and Trade (RGIT), Nr. 4/2011, Washington, D.C.

6 Gregory White, »Joseph Stiglitz Predicts Another 2 Million Foreclosures in 2011«, in: *Business Insider*, 9. Februar 2011.

7 »America's Property Market. On a Losing Streak«, in: *The Economist*, 24. März 2011.

8 Gemäß einer Studie von LPS Applied Analytics, zitiert in: »Government's Overwhelming Role in Mortgages«, in: *Wall Street Journal*, 12. Januar 2011.

9 Nils Rüdel, »Fannie Mae und Freddie Mac – Der Amerikanische Traum wird abgewickelt«, in: *Handelsblatt*, 11. Februar 2011.

10 Siehe zum Beispiel: White House/Office of the Press Secretary, »Fact Sheet: America's Ownership Society: Expanding Opportunities«, Washington, D.C., 9. August 2004, abrufbar unter <http://georgewbush-whitehouse.archives.gov/news/releases/2004/08/20040809-9.html>.

11 U.S. Department of the Treasury/U.S. Department of Housing and Urban Development, »Reforming America's Housing Finance Market. A Report to Congress«, Washington, D.C., Februar 2011, abrufbar unter <http://portal.hud.gov/hudportal/documents/huddoc?id=housingfinm arketreform.pdf>.

12 Ebd., S. 1.

13 Congressional Oversight Panel, »February Oversight Report: Commercial Real Estate Losses and the Risk to Financial Stability«, 10. Februar 2010, Washington, D.C., S. 2 – 4, 102, 131 – 132.

14 Zitiert in: »FDIC-insured ›Problem‹ Institutions. Botched Banks«, in: *The Economist*, 26. Oktober 2010.

15 ABC News Consumer Confidence Index vom 6. Februar 2011, abrufbar unter <http://www.langerresearch.com/uploads/m020611.pdf>. Vgl. auch den Bloomberg Weekly Consumer Comfort Index vom 15. Dezember 2011, abrufbar unter <http://bloomberg.econoday.com/byshoweventfull.asp?fid =450275&cust=bloomberg-us&year=2011&lid=0#top>.

16 Vgl. U.S. Bureau of Labor Statistics, »Labor Force Statistics from the Current Population Survey, Monthly Seasonally Adjusted Household Data«, a.a.O.

17 Daten des U.S. Department of Labor, zitiert in: The Council of State Governments, »State Unemployment Insurance Trust Funds«, March 2011 Update, 29. März 2011, abrufbar unter: <http://knowledgecenter.csg.org/ drupal/content/state-unemployment-insurance-trust-funds-march-2011- update>.

18 John Maggs, »Jobless Picture Is Worse Than It Seems«, in: *National Journal*, 17. Oktober 2009.

19 The Council of State Governments, »State Unemployment Insurance Trust Funds«, a.a.O.

20 Nach den Daten des International Center for Prison Studies am King's College in London, zitiert in: Adam Liptak, »American Exception: Inmate Count in U.S. Dwarfs Other Nations'«, in: *The New York Times*, 23. April 2008.

21 James Whitman, zitiert in: ebd.

22 Matt Kennard, »States Seek to Privatize Prisons«, in: *Financial Times*, 30. September 2011, S. 2.

23 Congressional Budget Office, »CBO's 2011 Long-term Projections for Social Security«, Summary, Washington, D.C., August 2011, abrufbar unter <http://www.cbo.gov/doc.cfm?index=12375>.

24 Congressional Budget Office, »The Underfunding of State and Local Pension Plans«, Economic and Budget Issue Brief, Washington, D.C., Mai 2011, abrufbar unter <http://www.cbo.gov/doc.cfm?index=12084>.

25 Deloitte Consulting/Manufacturing Institute, »Boiling Point? The Skills

Gap in U.S. Manufacturing«, Oktober 2011, abrufbar unter <http://www. deloitte.com/us/mfgskillsgap>.

26 Emily DeRocco, zitiert in: Hal Weitzman, »Skills Shortage Threatens US Manufacturers«, in: *Financial Times*, 17. Oktober 2011.

27 Nach den Daten des U.S. Department of the Treasury und des Congressional Budget Office, abrufbar unter <http://www.cbo.gov/>.

28 Im Gegensatz zum *gross federal debt* beinhaltet die so genannte *debt held by the public* nur die – aufgrund ihres Einflusses auf Zinssätze und Investitionsentscheidungen privater Akteure – in ökonomischer Hinsicht relevanten Staatsschulden, die über den Kreditmarkt veräußert werden. Hingegen beinhaltet das *gross federal debt* auch intragouvernementale Verbindlichkeiten und Verpflichtungen *(trust funds)*, etwa gegenüber der Sozial- und Arbeitslosenversicherung oder Pensionskassen für Staatsbedienstete.

29 So der Direktor des Congressional Budget Office: Douglas W. Elmendorf, »Confronting the Nation's Fiscal Policy Challenges«, Testimony before the Joint Select Committee on Deficit Reduction, U.S. Congress, Washington, D.C., 13. September 2011, S. 17, abrufbar unter <http://cbo.gov/doc. cfm?index=12413>.

30 Office of Management and Budget, »Mid-session Review, Budget of the U.S. Government, Fiscal Year 2010«, Washington, D.C., 25. August 2009, S. 25, abrufbar unter <http://www.gpoaccess.gov/usbudget/fy10/pdf/10msr.pdf>.

31 Congressional Budget Office, »CBO's 2011 Long-term Budget Outlook«, Washington, D.C., Juni 2011, S. 2 – 3, abrufbar unter <http://www.cbo. gov/ftpdocs/122xx/doc12212/06-21-Long-Term_Budget_Outlook.pdf>.

32 Elmendorf, »Confronting the Nation's Fiscal Policy Challenges«, a.a.O., S. 4.

33 Auch amerikanische Banken sitzen weiterhin auf »faulen Krediten«, die sie nach und nach aus ihren Büchern nehmen müssen, um ihre Bilanzen zu bereinigen.

34 Board of Governors of the Federal Reserve, »FOMC Statement and Board Approval of Discount Rate Requests of the Federal Reserve Banks of New York, Cleveland, Richmond, Atlanta, Minneapolis, and San Francisco«, Pressemitteilung vom 16. Dezember 2008, abrufbar unter <http://northcoastinvestmentresearch.wordpress.com/2008/12/16/fomc-statement-and-board-approval-of-discount-rate-requests/>.

35 Vgl. die Rede von Ben S. Bernanke, »The Crisis and the Policy Response«, London School of Economics, 13. Januar 2009, abrufbar unter <http://www.federalreserve.gov/newsevents/speech/bernanke20090113a.htm>.

36 »Conference Board. Hohe Spritpreise dämpfen US-Verbraucherstimmung«, in: *Handelsblatt*, 29. März 2011.

37 Nils Rüdel, »Bernankes Twist soll die Stimmung drehen«, in: *Handelsblatt*, 21. September 2011.

38 Bob Ivry, Bradley Keoun und Phil Kuntz, »Secret Fed Loans Gave Banks $13 Billionx«, in: *Bloomberg Markets Magazine*, 27. November 2011, abrufbar unter <http://www.bloomberg.com/news/2011-11-28/secret-fed-loans-undisclosed-to-congress-gave-banks-13-billion-in-income.html>.

39 Alan Greenspan, zitiert in: »Assessing Quantitative Easing«, in: *The Economist*, 13. August 2009.

40 Laut U.S. Federal Reserve, Pressemitteilung vom 8. September 2011, abrufbar unter <http://www.federalreserve.gov/newsevents/press/monetary/20110809a.htm>.

41 Barack Obama, zitiert in: Neil Irwin, »With Big Government Boost, U.S. Economy Grew in 3rd Quarter«, in: *The Washington Post*, 30. Oktober 2009.

Antriebsschwäche: das Energiedilemma

1 White House, »State of the Union Address by the President«, 31. Januar 2006, abrufbar unter <http://www.whitehouse.gov/stateoftheunion/2006/>.

2 Energy Information Administration, »Annual Energy Review 2009«, Washington, D.C., August 2010, S. 310 (Abbildung 11.3).

3 Der »Annual Energy Review 2011« wird von der Energiebehörde erst im August 2012 veröffentlicht.

4 Vgl. Nader Elhefnawy, »Toward a Long-Range Energy Security Policy«, in: *Parameters*, Frühjahr 2006, S. 101 – 114.

5 Ein Fass entspricht 159 Litern; Energy Information Administration, »Annual Energy Review 2010«, Washington, D.C., Oktober 2011, S. 133 (Abbildung 5.1b).

6 Ebd., S. 162 (Tabelle 5.13c), S. 361 (Abb. F1).

7 Council on Foreign Relations, »National Security Consequences of U.S. Oil Dependency«, Independent Task Force Report No. 58, New York 2006, S. 14.

8 Die USA beziehen netto derzeit nur etwa 10 Prozent ihres Gasverbrauchs von außerhalb; Energy Information Administration, »Annual Energy Review 2010«, a.a.O., S. 192 (Abb. 6.1).

9 Energy Information Administration, »Annual Energy Outlook 2011«, Washington, D.C., 26. April 2011, Executive Summary (Daten: Figure 1. U.S. liquids fuel consumption, 1970 – 2035).

10 Energy Information Administration, »Annual Energy Outlook 2007«, Washington, D.C., Februar 2007, S. 5, 36.

11 Vgl. Friedemann Müller, »Energie-Außenpolitik. Anforderungen veränderter Weltmarktkonstellationen an die internationale Politik«, Stiftung Wissenschaft und Politik, Berlin, SWP-Studie 33/2006, S. 13.

12 James K. Jackson, »U.S. Trade Deficit and the Impact of Rising Oil Prices«, CRS Report for Congress, Congressional Research Service, Washington, D.C., 13. April 2007, S. 1, 4.

13 James K. Jackson, »U.S. Trade Deficit and the Impact of Rising Oil Prices«, CRS Report for Congress, Congressional Research Service, Washington, D.C., 28. Februar 2011, S. 6.

14 Ebd., Summary.

15 Zitiert in: Jeannine Aversa, »Oil Prices Said to Slow U.S. Economy a Bit«, in: *Associated Press*, 18. Juli 2005.

16 Vgl. Jeffrey M. Jones, »Oil Company Greed Seen as Major Reason for High Gas Prices«, Gallup, Washington, D.C., 30. Mai 2007.

17 So der Chefökonom von Goldman Sachs im Interview mit Jan Hatzius, »›Der Ölpreis steigt auf 140 Dollar‹«, in: *Handelsblatt*, 27. Juni 2011, S. 38 – 39.

18 Siehe zum Beispiel James Hamilton, »Historical Oil Shocks«, Beitrag für das *Handbook of Major Events in Economic History* (erscheint demnächst).

19 James Hamilton, zitiert in: »Brad Plumer, How Much of Our Economic Woes are Caused by Oil?«, in: *The Washington Post Blog*, 11. August 2011, abrufbar unter <http://www.washingtonpost.com/blogs/ezra-klein/post/how-much-of-our-economic-woes-are-caused-by-oil/2011/08/11/gI-QALABx8I_blog.html?wpisrc=nl_politics>.

20 International Energy Agency, »World Energy Outlook 2010«, Paris, abrufbar unter <http://www.worldenergyoutlook.org/docs/weo2010/weo 2010_es_german.pdf>, Zusammenfassung, S. 5 – 6.

Vitale Interessen amerikanischer Außenpolitik

1 Flynt Leverett und Pierre Noel, »The New Axis of Oil«, in: *National Interest*, Sommer 2006, S. 62 – 70.

2 Vgl. Müller, »Energie-Außenpolitik«, a.a.O., S. 28.

3 Seymour Martin Lipset, *American Exceptionalism. A Double-Edged Sword*, New York/London 1996.

4 Ausführlicher zu den unterschiedlichen, kontinuierlich widerstreitenden Elementen der nationalen Identität der Vereinigten Staaten siehe Walter Russel Mead, *Special Providence. American Foreign Policy and How it Changed the World*, New York 2001.

5 Peter Rudolf, »Amerikas neuer globaler Führungsanspruch. Außenpolitik unter Barack Obama«, Stiftung Wissenschaft und Politik, Berlin, SWP-Aktuell Nr. 77/2009.

6 Christian Hacke, *Zur Weltmacht verdammt. Die amerikanische Außenpolitik von Kennedy bis Clinton*, Berlin 1997.

7 Hillary Clinton, »America's Pacific Century«, in: *Foreign Policy*, November 2011, abrufbar unter <http://www.foreignpolicy.com/articles/2011/10/11/americas_pacific_century>.

8 Joseph Nye Jr., »Recovering American Leadership«, in: *Survival*, 50 (2008) 1, S. 55 – 68, hier S. 62.

9 Siehe zum Beispiel Charles Krauthammer, »Democratic Realism: An American Foreign Policy for a Unipolar World«, American Enterprise Institute, AEI Annual Dinner Speech/Irving Kristol Lecture, Washington, D.C., 10. Februar 2004.

10 Brent Scowcroft und Samuel R. Berger, »In the Wake of War: Getting Serious about Nation-Building«, in: *National Interest*, Herbst 2005, S. 49 bis 53, hier S. 52.

11 Fareed Zakaria, *Der Aufstieg der Anderen. Das postamerikanische Zeitalter*, München 2009, S. 254.

12 Richard Haass, *The Reluctant Sheriff. The United States After the Cold War*, Washington, D.C., 1997.

13 Vgl. auch Josef Joffe, *Die Hypermacht. Warum die USA die Welt beherrschen*, München 2006.

14 Robert Kagan, *Macht und Ohnmacht. Amerika und Europa in der neuen Weltordnung*, München 2003.

15 Ivo Daalder und James Lindsay, *America Unbound. The Bush Revolution in Foreign Policy*, Washington, D.C., 2003.

16 Ernst-Otto Czempiel, »Die Außenpolitik der Regierung George W. Bush«, in: *Aus Politik und Zeitgeschichte (APuZ)*, Heft Nr. B45/2004, S. 20.

17 »Unmanned Aerial Warfare: Flight of the Drones. Why the Future of Air Power Belongs to Unmanned Systems«, in: *The Economist*, 8. Oktober 2011.

18 Edward Helmore, »US Now Trains More Drone Operators than Pilots«, in: *The Guardian*, 23. August 2009, abrufbar unter <http://www.guardian.co.uk/world/2009/aug/23/drones-air-force-robot-planes>.

19 Craig Whitlock und Greg Miller, »U.S. Assembling Secret Drone Bases in Africa, Arabian Peninsula, Officials Say«, in: *The Washington Post*, 21. September 2011.

20 Barack Obama, »Vorwort des US-Präsidenten zur Nationalen Sicherheitsstrategie der Vereinigten Staaten«, Washington, D.C., 27. Mai 2010.

21 »Unmanned Aerial Warfare: Flight of the Drones«, a.a.O.

22 U. S. Department of Defense, »Fiscal Year 2012 Budget Request, Overview«, Washington, D.C., Februar 2011, Kap. 2-1.

23 George W. Bush, »National Security Strategy of the United States of America«, Washington, D.C., September 2002, S. 1, abrufbar unter <http://georgewbush-whitehouse.archives.gov/nsc/nss/2002/>.

24 Siehe zum Beispiel Richard N. Haass, *War of Necessity, War of Choice. A Memoir of Two Iraq Wars*, New York, NY, 2009.

25 George W. Bush, »Bericht zur Lage der Nation«, Übersetzung der amerikanischen Botschaft in Berlin, USINFO-B-DE, Washington, D.C., 28. Januar 2003.

26 »Wir gehen mit Zuversicht voran, weil dieser Ruf der Geschichte das richtige Land erreicht hat. [...] Die Freiheit, die wir schätzen, ist nicht Amerikas Geschenk an die Welt, sie ist das Geschenk Gottes an die Menschheit. Wir Amerikaner glauben an uns, aber nicht nur an uns. Wir geben nicht vor, alle Wege der Vorsehung zu kennen, aber wir vertrauen in sie, setzen unser Vertrauen in den liebenden Gott, der hinter allem Leben und der gesamten Geschichte steht. Möge Er uns jetzt leiten. Und möge Er weiterhin die Vereinigten Staaten von Amerika segnen.« So lauteten die Schlusssätze der kriegsvorbereitenden Rede des amerikanischen Präsidenten zur Lage der Nation; siehe ebd.

27 Angesichts der mangelnden parteiübergreifenden Unterstützung im Vorfeld des Irak-Krieges – 84 Prozent der Parteigänger des Präsidenten unterstützten den Krieg; auf Seiten der Demokraten waren dagegen nur 37 Prozent der Befragten bereit, dem Kurs George W. Bushs zu folgen – war für George W. Bush der Rückhalt seiner Parteifreunde umso wichtiger. Differenzierte Analysen zeigen darüber hinaus, dass neben der Parteizugehörigkeit auch religiöse Faktoren für die Unterstützung des Kriegskurses von Bush ausschlaggebend waren: Von den Amerikanern, die in der *Gallup*-Umfrage angaben, dass ihnen Religion »sehr wichtig« sei, unterstützten rund 60 Prozent den Krieg. Dagegen fiel dieser Wert bei den Befragten, die zu Protokoll gaben, dass ihnen Religion »nicht sehr wichtig« sei, mit 49 Prozent deutlich niedriger aus; vgl. Frank Newport, »Support for War Modestly Higher among More Religious Americans: Those Who Identify with the Religious Right Most Likely to Favour Military Action«, Gallup Poll Analyses, Washington, D.C., 27. Februar 2003.

28 Im Vorfeld der Wiederwahl George W. Bushs – die in den Augen vieler Beobachter wegen des Irak-Krieges gefährdet schien – wurde deutlich, dass Menschen, die oft in die Kirche gingen, auch nach dem Waffengang eher geneigt blieben, den Krieg zu unterstützen, als weniger religiöse Amerikaner; siehe Annenberg Public Policy Center of the University of Pennsylvania, »Blacks, Hispanics Resist Republican Appeals But Conservative White Christians Are Stronger Supporters than in 2000«, National Annenberg Election Survey, 25. Juli 2004, S. 2, 5 u. 7.

29 Thomas Jäger, Alexander Höse und Kai Oppermann (Hgg.), *Transatlantische Beziehungen. Sicherheit – Wirtschaft – Öffentlichkeit*, Wiesbaden 2005.

30 Joseph Biden, »Rede bei der 45. Münchner Sicherheitskonferenz« am 7. Februar 2009.

31 Siehe Henner Fürtig, »Irak: Regimewechsel im Zweistromland«, in: Josef Braml, Thomas Risse und Eberhard Sandschneider (Hgg.), *Einsatz für den Frieden. Sicherheit und Entwicklung in Räumen begrenzter Staatlichkeit (Jahrbuch Internationale Politik, Band 28)*, München 2010, S. 129 – 136.

32 Biden, »Rede bei der 45. Münchner Sicherheitskonferenz«, a.a.O.

33 Ebd.

34 Vgl. etwa Henry Kissinger, »A Strategy for Afghanistan«, in: *The Washington Post*, 26. Februar 2009, S. A19.

35 Bislang haben nach dem Prinzip »costs lie where they fall« die truppenstellenden Nationen auch die Kosten zu tragen.

36 Dan Hamilton, Charles Barry, Hans Binnendijk, Stephen Flanagan, Julianne Smith und James Townsend, »Alliance Reborn. An Atlantic Compact for the 21st Century«, The Washington NATO Project, Washington, D.C., Februar 2009, S. 15, 45 – 48.

37 Jonathan Broder, »Bearing the Burden of NATO«, in: *CQ Weekly*, 18. Juni 2011.

38 Vgl. Office of Management and Budget (OMB), »Budet of the U.S. Government. Fiscal Year 2012«, Washington, D.C., 14. Februar 2011, S. 64.

39 Broder, »Bearing the Burden of NATO«, a.a.O.

40 Patrick Keller, »Challenges for European Defense Budgets after the Economic Crisis«, in: *AEI National Security Outlook*, Nr. 1/2011, American Enterprise Institute, Washington, D.C., Juli 2011.

41 Richard F. Grimmett, »War Powers Resolution: Presidential Compliance«, CRS Report for Congress, Congressional Research Service, Washington, D.C., 12. April 2011, S. 2.

42 Government Accountability Office, »Iraq and Afghanistan. Availability of Forces, Equipment, and Infrastructure Should Be Considered in Developing U.S. Strategy and Plans«, Washington, D.C., 12. Februar 2009.

43 Amy Belasco, »The Cost of Iraq, Afghanistan, and Other Global War on Terror Operations Since 9/11«, CRS Report for Congress, Congressional Research Service, Washington, D.C., 29. März 2011, Summary.

44 Zitiert in: Edward Epstein, »Pelosi Orders Classified Afghanistan Briefings for Members«, in: *CQ Today*, 23. Februar 2009.

45 John Kerry, »A Race Against Time in Afghanistan«, in: *The Washington Post*, 10. Februar 2009, S. A17.

46 Andrea Szukala und Thomas Jäger, »Neue Konzepte für neue Konflikte. Deutsche Außenpolitik und internationales Krisenmanagement«, in: *Vorgänge*, Nr. 1/2002, S. 70 – 80.

47 Siehe zum Beispiel: Ted Galen Carpenter, »NATO's Welfare Bums«, in: *National Interest Online*, 19. Februar 2009, abrufbar unter <http://www.nationalinterest.org/Article.aspx?id=20880>.

48 Robert Gates, zitiert in: Greg Jaffe und Michael Birnbaum, »Gates Re-
    bukes European Allies in Farewell Speech«, in: *The Washington Post*, 10.
    Juni 2011.

49 Die Strategie wurde im März 2009 bekanntgegeben und nach der Über-
    prüfung im Dezember 2009 in Obamas Rede in West Point im Kern be-
    stätigt. Vgl. Barack Obama, »Remarks by the President in Address to the
    Nation on the Way Forward in Afghanistan and Pakistan«, United States
    Military Academy at West Point, NY, 1. Dezember 2009, abrufbar unter
    <http://www.whitehouse.gov/the-press-office/remarks-president-ad-
    dress-nation-way-forward-afghanistan-and-pakistan>; Barack Obama,
    »Remarks by the President on a New Strategy for Afghanistan and Pakis-
    tan«, Washington, D.C., 27. März 2009, abrufbar unter <http://www.
    whitehouse.gov/the_press_office/Remarks-by-the-President-on-a-New-
    Strategy-for-Afghanistan-and-Pakistan/>; ausführlicher zur Strategie
    und ihren Teilkomponenten siehe: »White Paper of the Interagency Po-
    licy Group's Report on U.S. Policy toward Afghanistan and Pakistan«,
    Washington, D.C., März 2009.

50 Zur Kluft zwischen europäischen Ansprüchen und der Wirklichkeit siehe:
    Bastian Giegerich, »European Military Crisis Management: Connecting
    Ambition and Reality«, Adelphi Paper Nr. AP397, International Institute
    for Strategic Studies (IISS), London, 2008.

51 Markus Kaim, »Pragmatismus und Grand Strategy. Die NATO-Debatte
    in den Vereinigten Staaten«, Stiftung Wissenschaft und Politik, Berlin,
    SWP-Studie S31/2006.

52 James Dobbins, »NATO Peacekeepers Need a Partner«, in: *International
    Herald Tribune*, 30. September 2005.

53 Helga Haftendorn, »Für einen neuen strategischen Dialog im Bündnis.
    Dialogfähigkeit als Anpassungsaufgabe der NATO«, in: Henning Riecke
    (Hg.), *Die Transformation der NATO. Die Zukunft der euro-atlantischen
    Sicherheitskooperation*, Baden-Baden 2006, S. 141–174, hier S. 153.

54 »Kyrgyzstan Says U.S. Air Base Decision is Final«, in: *Reuters*, 6. Februar
    2009.

55 So der Vorsitzende des Auswärtigen Ausschusses des Russischen Födera-
    tionsrates, Mikhail Margelov, »Russia's Silver Bullet for Afghanistan«, in:
    The Moscow Times, 9. Februar 2009.

56 Peter Baker, »Obama Offered Deal to Russia in Secret Letter«, in: *The
    New York Times*, 3. März 2009.

57 Vgl. Karl Kaiser, »An alternative to NATO Membership«, in: *International
    Herald Tribune*, 5. Februar 2009.

58 Vgl. Robert Burns, »Allies Find Agreement on Ties with Russians«, in:
    Associated Press, 5. März 2009.

59 Erklärung von US-Außenministerin Hillary Clinton auf der Pressekon-
    ferenz beim Treffen der NATO-Außenminister am 5. März 2009, ab-

rufbar unter <http://www.state.gov/secretary/rm/2009a/03/120068.htm>.

60 Bruce Riedel, zitiert in: James Kitfield, »›Af-Pak‹ Presents a Daunting Challenge«, in: *National Journal*, 21. Februar 2009.

61 James Lamont und Farhan Bokhari, »US to Cut Pakistan Aid Projects«, in: *Financial Times*, 2. Februar 2011.

62 Karen DeYoung, »U.S. Withholding Military Aid to Pakistan«, in: *The Washington Post*, 10. Juli 2011.

63 Karen DeYoung, »U.S. Sharpens Warning to Pakistan«, in: *The Washington Post*, 21. September 2011.

64 Karin Brulliard, »Pakistan Turns Tables on U.S. Accusations About Sheltering Militants«, in: *The Washington Post*, 20. Oktober 2011.

65 Mike Mullen, zitiert in: *Deutsche Presseagentur (dpa)*, 23. September 2011.

66 Zitiert in einem Meinungsbeitrag: »Don't Give Up on Pakistan«, in: *Los Angeles Times*, 1. Oktober 2011.

67 Ebd.

68 Siehe Peter Spiegel, »West Must Keep Pakistan Ties, Says Nato Chief«, in: *Financial Times*, 17. Oktober 2011.

69 Bruce Riedel, »Ten Years Gone. The Unraveling of Afghanistan«, in: *National Interest*, 11. Oktober 2011, abrufbar unter <http://nationalinterest.org/commentary/ten-years-gone-the-unraveling-afghanistan-5997>.

70 Bruce Riedel, »A New Pakistan Policy: Containment«, in: *The New York Times*, 14. Oktober 2011.

71 Jason Alderwick und Bastian Giegerich, »Navigating Troubled Waters: NATO's Maritime Strategy«, in: *Survival*, 52 (August – September 2010) 4, S. 13 – 20.

72 Dilip Hiro, »Slippery Road Ahead«, in: *The Times of India*, 14. Oktober 2011.

73 Laura King, »India's Diplomatic Ties with Afghanistan Worry Pakistan«, in: *Los Angeles Times*, 13. Mai 2011.

74 Manmohan Singh, »Statement to the Media during Visit of President Karzai«, erhältlich über die Website der indischen Botschaft in Kuwait <http://www.indembkwt.org/Recent%20Statements/view.php?id=79>.

75 Matthias Dembinski, »Die Transformation der NATO. Amerikanische Vorstellungen und Risiken für Europa«, Hessische Stiftung Friedens- und Konfliktforschung, Frankfurt/Main, HSFK-Report 11/2006, S. 25 bis 26.

76 G. John Ikenberry und Anne-Marie Slaughter, »Forging a World of Liberty Under Law«, The Princeton Project Papers, Princeton University, September 2006, S. 27 – 28.

77 Leon Panetta, »From Tripoli to Chicago: Charting NATO's Future on the Way to the 2012 Summit«, Transkript der Rede vom 5. Oktober 2011 in

Brüssel, abrufbar über die Website von Carnegie Europe unter <http://carnegieendowment.org/2011/10/05/leon-panetta-from-tripoli-to-chicago-charting-nato-s-future-on-way-to-2012-summit/5dvz>.

78 Karl-Heinz Kamp, »›Global Partnership‹. Ein neuer Streitpunkt in der NATO«, Konrad-Adenauer-Stiftung, St. Augustin, Mai 2006, S. 3.

79 Anders Fogh Rasmussen, »From Aspiration to Action. NATO is on the Path to a New Strategic Concept and a New Partnership Policy«, in: *Atlantic Times*, 2. Februar 2011, Titelseite.

80 Vgl. dazu auch das *Political Military Framework* der NATO: »Partner Involvement in NATO-led Operations«, Brüssel, 15. April 2011.

81 Barack Obama, Transkript der Rede in Berlin, in: *The New York Times*, 24. Juli 2008.

82 Ebd.

83 John McCain, Außenpolitische Grundsatzrede an der Hoover Institution, Stanford, CA, 1. Mai 2007, abrufbar unter <http://www.cfr.org/publication/13252/>.

84 Ausführlicher zu amerikanischen NATO-Perspektiven: Josef Braml, »Der weltweite Westen: Perspektiven amerikanischer NATO-Politik unter Präsident Obama«, in: *Zeitschrift für Außen- und Sicherheitspolitik (ZfAS)*, Nr. 2/2009, S. 364 – 378.

85 Vgl. auch Ikenberry und Slaughter, »Forging a World of Liberty Under Law«, a.a.O., S. 7, 23 – 26, 61.

86 Siehe Ivo Daalder und James Lindsay, »An Alliance of Democracies. Our Way or the Highway«, in: *Financial Times*, 6. November 2004.

87 Ebd.

88 Will Marshall, »Taking NATO Global«, Memo to the New President, Democratic Leadership Council, Washington, D.C., 15. Januar 2009.

89 Barack Obama, »Remarks by President Barack Obama at Suntory Hall«, Tokio, Japan, abrufbar unter <http://www.whitehouse.gov/the-press-office/remarks-president-barack-obama-suntory-hall>.

90 Hillary Clinton, zitiert in: »Clinton declares U.S. ›is back‹ in Asia«, in: *Associated Press*, 22. Juli 2009.

91 Vgl. Obama, Transkript der Rede in Berlin, a.a.O.

92 Clinton, »America's Pacific Century«, a.a.O.

93 Ebd.

94 Ferner versuchen die USA im Rahmen der *Trans-Pacific Partnership* (TPP) die Liberalisierung und Marktintegration in der transpazifischen Region voranzutreiben. Fraglich bleibt indes, ob die US-Administration das dafür nötige innenpolitische Kapital einsetzen wird, dem protektionistisch eingestellten Kongress dieses Freihandelsabkommen abzuringen.

95 Im Rahmen des Ostasiengipfels treffen sich seit 2005 die 16 Staats- und Regierungschefs der zehn ASEAN-Staaten sowie Chinas, Japans, Südkoreas, Australiens, Neuseelands und Indiens.

96 China, das ebenso Hoheitsrechte beansprucht, verwendet die Bezeichnung »Diaoyu«-Inseln.

97 Erklärung der designierten Außenministerin Hillary Clinton vor dem Auswärtigen Ausschuss des Senats am 13. Januar 2009, siehe das Transkript auf der Website der *New York Times*: <http://www.nytimes.com/2009/01/13/us/politics/13text-clinton.html>.

98 Nach China, das knapp ein Viertel (24 Prozent) aller US-Staatsanleihen hält, ist Japan mit einem Fünftel (21 Prozent, das sind 979 Milliarden Dollar) der zweitwichtigste Financier von Amerikas Staatsschulden (Stand: Oktober 2011). Siehe U.S. Department of the Treasury, »Major Foreign Holders of Treasury Securities«, Washington, D.C., 15. Dezember 2011, abrufbar unter <http://www.treasury.gov/resource-center/data-chart-center/tic/Documents/mfh.txt>.

99 Das Defizit hat sich seit dem Rekordjahr 2006 (88 Milliarden Dollar) merklich verringert; 2007: 83 Milliarden Dollar, 2008: 72 Milliarden Dollar, 2009: 45 Milliarden Dollar und 2010 (nur Januar bis Oktober): 48 Milliarden Dollar; laut U.S. Commerce Department, Census Bureau, zitiert in: Emma Chanlett-Avery, William H. Cooper und Mark E. Manyin, »Japan-U.S. Relations: Issues for Congress«, CRS Report for Congress, Congressional Research Service, Washington, D.C., 24. März 2011, S. 13.

100 So unterstützte Japan bereits logistisch und finanziell den Kriegseinsatz der USA im Irak und die von den USA geführte *Operation Enduring Freedom* (OEF) in Afghanistan. Das Mandat im Indischen Ozean für die Betankung alliierter Truppen in Afghanistan ist im Januar 2010 ausgelaufen.

101 Vgl. Emma Chanlett-Avery, William H. Cooper und Mark E. Manyin, »Japan-U.S. Relations: Issues for Congress«, CRS Report for Congress, Congressional Research Service, Washington, D.C., 3. Juni 2009, S. 1, 8, 10 und 11.

102 Barack Obama, zitiert in: Glenn Kessler, »Japan Premier Cautious on N. Korea«, in: *The Washington Post*, 25. Februar 2009.

103 Siehe zum Beispiel: »East Asian Integration«, in: *The Korea Times*, 20. Oktober 2011, abrufbar unter <http://www.koreatimes.co.kr/www/news/opinon/2011/10/137_97022.html>.

104 Ebd.

105 »China und Japan vereinbaren Währungspakt«, in: *Handelsblatt*, 26. Dezember 2011, abrufbar unter <http://www.handelsblatt.com/politik/international/china-und-japan-vereinbaren-waehrungspakt/5995930.html>.

106 Der Betrag lautete auf 188 Milliarden Yen; vgl. Masami Ito, »Host-nation Support to stand at ¥ 188 Billion until 2016«, in: *The Japan Times*, 14. Dezember 2010.

107 Vgl. United States International Trade Commission, »US Korea Free Trade Agreement, Potential Economy Wide and Selected Sectoral Effects«, September 2007, abrufbar unter <http://www.usitc.gov/publications/pub3949.pdf>.

108 Aidan Foster-Carter, »Lee Myung Bak's Nordpolitik. A U-turn in the Pipeline? (Part II)«, in: *38 North* (Website für Nordkorea-Studien des U.S. Korea Institute an der Paul H. Nitze School of Advanced International Studies der Johns Hopkins University), 26. September 2011, abrufbar unter <http://38north.org/2011/09/afostercarter091111-2/>.

109 Dmitri Medwedew, »Meeting with Journalists Following Talks with Chairman of the State Defence Commission of the Democratic People's Republic of Korea Kim Jong II«, 24. August 2011, abrufbar unter <http://eng.kremlin.ru/news/2733>.

110 Etwa John J. Mearsheimer, »The Gathering Storm: China's Challenge to US Power in Asia«, in: *Chinese Journal of International Politics*, Band 3, 2010, S. 381 – 396, hier S. 395.

111 Stephen Smith, zitiert in: Anna Fifield, Peter Smith und Kathrin Hille, »Australia Tightens US Military Ties«, in: *Financial Times*, 15. September 2011, S. 6.

112 Ebd.

113 Nach den Daten des indischen Handels- und Industrieministeriums, zitiert in: Alan Kronstadt, Paul K. Kerr, Michael F. Martin und Bruce Vaughn, »India-U.S. Relations«, CRS Report for Congress, Congressional Research Service, Washington, D.C., 27. Oktober 2010, S. 46.

114 Amerikanische Importe beliefen sich 2009 auf einen Wert von 21 Milliarden Dollar. Die US-Exporte nach Indien betrugen 2009 bereits 17 Milliarden Dollar; laut U.S. Commerce Department, Census Bureau, zitiert in: ebd., S. 46; Alan Kronstadt, »India-U.S. Relations«, CRS Report for Congress, Congressional Research Service, Washington, D.C., 30. Januar 2009, S. 56.

115 Vgl. Kronstadt, Kerr, Martin und Vaughn, »India-U.S. Relations«, a.a.O., »Summary«.

116 Vgl. Christian Wagner, »Indien als strategischer Partner der USA«, Stiftung Wissenschaft und Politik, Berlin, SWP-Aktuell Nr. 13/2006.

117 Vgl. David Brewster, »The US-India Strategic Partnership: A Fair Weather Friendship?«, in: *East Asia Forum*, 12. Dezember 2009.

118 Joseph Biden, »Die Beziehungen zwischen den Vereinigten Staaten und China«, Rede des Vizepräsidenten vom 21. August 2011 an der Sichuan University in Chengdu (China), Übersetzung der amerikanischen Botschaft in Berlin.

119 Mearsheimer, »The Gathering Storm«, a.a.O., S. 389.

120 Zum Begriff des *congagement* siehe: Zalmay Khalilzad, Abram N. Shulsky, Daniel Byman, Roger Cliff, David T. Orletsky, David A. Shlapak und

Ashley J. Tellis, *The United States and a Rising China. Strategic and Military Implications*, Santa Monica, CA, 1999.

121 U.S. Department of Defense, »Annual Report to Congress, Military Power of the People's Republic of China 2009«, Washington, D.C., 25. März 2009.

122 Jason Dean, »China Defense Budget To Increase By 17,7 %«, in: *The Wall Street Journal*, 4. März 2011, S. 7.

123 Chinas Militärausgaben für 2010 wurden auf über 160 Milliarden Dollar geschätzt; Office of the Secretary of Defense, »Annual Report to Congress. Military and Security Developments Involving the People's Republic of China 2011«, Washington, D.C., August 2011, S. 41, abrufbar unter <http://www.defense.gov/pubs/pdfs/2011_cmpr_final.pdf>.

124 So Michael Schiffer, der für Ostasien zuständige Deputy Assistant Secretary of Defense im amerikanischen Verteidigungsministerium, zitiert in: Richard Weitz, »Will China Be Rome or Greece?«, in: *The Diplomat*, 26. August 2011.

125 So der Meinungsbeitrag von Aaron L. Friedberg, »China's Challenge at Sea«, in: *The New York Times*, 4. September 2011.

126 Jim Wolf und Paul Eckert, »Obama Proposes His First Arms Sales to Taiwan«, in: *Reuters*, 29. Januar 2010, abrufbar unter <http://www.reuters.com/article/2010/01/30/us-taiwan-arms-usa-idUSTRE60S4X420100 130>.

127 Richard McGregor und Kathrin Hille, »US Poised to Unveil Taiwan Arms Deal«, in: *Financial Times*, 20. September 2011.

128 Stand: Oktober 2011. Das entspricht einem Viertel (24 Prozent) aller ausländischen Forderungen. Siehe U.S. Department of the Treasury, »Major Foreign Holders of Treasury Securities«, a.a.O.

129 Die Zahlen beinhalten nur Güter, ohne Dienstleistungen. Siehe Wayne M. Morrison, »China-U.S. Trade Relations«, CRS Report for Congress, Congressional Research Service, Washington, D.C., 7. Januar 2011, S. 2.

130 International Energy Agency, »World Energy Outlook 2011«, Paris 2011, S. 103 – 119.

131 Vgl. Matthew Forney, »China's Going-out Party«, in: *Time Magazine*, 17. Januar 2005.

132 Vgl. Wu Lei und Shen Qinyu, »Will China Go to War over Oil?«, in: *Far Eastern Economic Review*, 69 (April 2006) 3, S. 38 – 40.

133 Heinrich Kreft, »Chinas energische Energiesicherungspolitik«, in: Josef Braml, Karl Kaiser, Hanns W. Maull, Eberhard Sandschneider und Klaus Werner Schatz (Hgg.), *Weltverträgliche Energiesicherheitspolitik (Jahrbuch Internationale Politik*, Band 27), München 2008, S. 234 – 242, hier S. 240.

134 Etwa Christopher J. Pehrson, »String of Pearls. Meeting the Challenge of China's Rising Power across the Asian Littoral«, Strategic Studies Institute, Washington, D.C., Juli 2006.

135 Etwa Christina Lin, »The New Silk Road: China's Energy Strategy in the Greater Middle East«, The Washington Institute for Near East Policy, Washington, D.C., Policy Focus No. 109, April 2010.

136 Eberhard Sandschneider, *Globale Rivalen. Chinas unheimlicher Aufstieg und die Ohnmacht des Westens*, München 2007.

137 Energy Information Administration, »Annual Energy Review 2009«, a.a.O., S. 313 (Tabelle 11.4).

138 Vgl. Council on Foreign Relations, »National Security Consequences of U.S. Oil Dependency«, a.a.O., S. 30.

139 Guido Steinberg, »Irak: Ölgroßmacht in Wartestellung«, in: Braml et al., *Weltverträgliche Energiesicherheitspolitik*, a.a.O., S. 100 – 108, hier S. 101.

140 Henner Fürtig, »Ölmonarchie Saudi-Arabien«, in: Braml et al., *Weltverträgliche Energiesicherheitspolitik*, a.a.O., S. 88 – 93, hier S. 89.

141 Ebd., S. 88.

142 Vgl. Alfred B. Prados und Christopher M. Blanchard, »Saudi Arabia. Current Issues and U.S. Relations«, CRS Report for Congress, Congressional Research Service, Washington, D.C., 11. Juli 2006, S. 15 – 17.

143 Vgl. Christopher M. Blanchard, »Saudi Arabia. Background and U.S. Relations«, CRS Report for Congress, Congressional Research Service, Washington, D.C., 10. März 2011, S. 6.

144 Vgl. White House, »Inaugural Address by George W. Bush«, 20. Januar 2005, abrufbar unter <http://www.whitehouse.gov/news/releases/2005/01/print/20050120-1.html>; White House, »The National Security Strategy of the United States of America«, März 2006, abrufbar unter <http://www.whitehouse.gov/nsc/nss/2006/nss2006.pdf>.

145 White House, »Remarks by the President on a New Beginning«, Cairo University, 4. Juni 2009, abrufbar unter <http://www.whitehouse.gov/the-press-office/remarks-president-cairo-university-6-04-09>.

146 Als »Investition in die regionale Stabilität« haben die USA seit 1979 jährlich durchschnittlich zwei Milliarden Dollar an Ägypten entrichtet. Trotz enormer Sparzwänge und Haushaltsprobleme hat Präsident Obama Kairo auch für das Haushaltsjahr 2012 wieder 1,6 Milliarden Dollar Auslandshilfe in Aussicht gestellt, davon allein 1,3 Milliarden als Militärhilfe. Siehe Jeremy M. Sharp, »Egypt in Transition«, CRS Report for Congress, Congressional Research Service, Washington, D.C., 21. September 2011, insbesondere »Summary« und S. 14ff.

147 Zum Beispiel der ehemalige US-Regierungsbeamte und Ex-Präsident des Council on Foreign Relations, Leslie H. Gelb, »Beware Egypt's Muslim Brotherhood«, in: *The Daily Beast*, 29. Januar 2011, abrufbar unter <http://www.thedailybeast.com/articles/2011/01/29/beware-egypts-muslim-brotherhood.html>.

148 So Walter Russel Mead, »Will Egypt Have A Revolution?«, in: *The Ame-*

rican Interest, 2. Oktober 2011, abrufbar unter <http://blogs.the-american-interest.com/wrm/2011/10/02/will-egypt-have-a-revolution/>.

149 Vgl. Karen Matusic, »Saudis Extend Geopolitical Base with Gas Deals«, in: *Oil Daily*, 2. Februar 2004.

150 Flynt Leverett und Jeffrey Bader, »Managing China-US Energy Competition in the Middle East«, in: *Washington Quarterly* (Winter 2005 – 2006), S. 187 – 201, hier S. 191 – 192.

151 Borzou Daragahi, »China Goes Beyond Oil in Forging Ties to Persian Gulf«, in: *The New York Times*, 13. Januar 2005.

152 Khalid Al-Falih, zitiert in: Anthony DiPaola, »Aramco, PetroChina Plan 200,000 Barrel Oil Refinery in China«, in: *Business Week/Bloomberg*, 20. März 2011, abrufbar unter <http://www.businessweek.com/news/2011-03-20/aramco-petrochina-plan-200-000-barrel-oil-refinery-in-china.html>.

153 Zitiert in: ebd.

154 Vgl. »Construction of Sino-Myanmar Oil-and-gas Pipelines to Begin in Sept«, in: *Global Times*, 17. Juni 2009, abrufbar unter <http://business.globaltimes.cn/china-economy/2009-06/437638.html>.

155 Ebd.

156 »Myanmar and America. A New Great Game?«, in: *The Economist*, 3. Dezember 2011.

157 Vgl. »Saudi Arabia: A Balancing Act«, in: *Stratfor Weekly*, 30. Januar 2004, S. 1f.

158 Wladimir Putin, zitiert in: »Russia, Saudi Arabia Energy Partners, Not Rivals – Putin«, in: *Russian News & Information Agency RIA Novosti*, 12. Februar 2007, abrufbar unter <http://en.rian.ru/russia/20070212/60580105.html>.

159 König Abdullah, zitiert in: »Editorial Note«, in: *National Interest Online*, 13. Februar 2007, abrufbar unter <http://www.nationalinterest.org/Article.aspx?id=13584>.

160 Vgl. Central Intelligence Agency (CIA), »Unclassified Report to Congress on the Acquisition of Technology Relating to Weapons of Mass Destruction and Advanced Conventional Munitions, Januar – Juni 2003«, abrufbar unter <http://www.cia.gov/library/reports/archived-reports-1/jan_jun 2003.html>.

161 Steven Lee Meyers, »Pact with Iran on Gas Sales is Possible, Putin Says«, in: *The New York Times*, 2. Februar 2007, S. A10.

162 Vgl. Andreas Goldthau, »Gaskartell unter russischer Führung?«, in: Braml et al., *Weltverträgliche Energiesicherheitspolitik*, a.a.O., S. 259 – 265.

163 »Iran-China Oil Deal on the Way«, in: *Trade Arabia*, 18. Februar 2006.

164 Energy Information Administration, »Country Analysis Briefs: Iran«,

Januar 2010, S. 9, abrufbar unter <http://www.eia.doe.gov/emeu/cabs/ Iran/pdf.pdf>.

165 Laut einer Meldung der Nachrichtenagentur *Associated Press* vom 14. Januar 2009: »Iran Signs Oil Deal with China«.

166 Lin, »The New Silk Road«, a.a.O., S. 7.

167 Matthew Lee, »US Spares Japan Firm from Iran Sanctions«, in: *Associated Press*, 17. November 2010; »Japan's Top Energy Explorer Quits Iran Oil Project«, in: *Associated Press*, 15. Oktober 2010.

168 »Senior China Official Calls for Stronger Iran Ties«, in: *Associated Press*, 29. September 2010.

169 Manochehr Dorraj und Carrie L. Currier, »Lubricated with Oil. Iran-China Relations in a Changing World«, in: *Middle East Policy*, Sommer 2008.

170 Energy Information Administration, »Country Analysis Briefs: Iran«, a.a.O., S. 1, 3, 8.

171 Vgl. Anthony H. Cordesman, »Iran, Oil, and the Strait of Hormuz«, Center for Strategic and International Studies (CSIS), Washington, D.C., 26. März 2007, S. 2, 7.

172 James Risen, »U.S. Identifies Vast Mineral Riches in Afghanistan«, in: *The New York Times*, 13. Juni 2010.

173 John Shroder, »Afghanistan's Development and Functionality: Renewing a Collapsed State«, in: *GeoJournal*, 70 (2007) 2 – 3, abrufbar unter <http://www.springerlink.com/content/lm85632x845l67l5//fulltext.html#Tab2>.

174 Vgl. BP Statistical Review of World Energy, Juni 2006; Energy Information Administration, Juli 2006, zitiert in: Bernard A. Gelb, »Caspian Oil and Gas. Production and Prospects«, CRS Report for Congress, Congressional Research Service, Washington, D.C., 8. September 2006, S. 1 – 2.

175 Vgl. ebd., S. 2.

176 International Energy Agency, »World Energy Outlook 2010«, a.a.O., S. 11.

177 Ben Farey, »Yolotan-Osman Field a ›Super-Giant‹«, in: *Bloomberg*, 20. Februar 2009, abrufbar unter <http://www.oilandgaseurasia.com/news/p/0/news/4068>.

178 International Energy Agency, »World Energy Outlook 2010«, a.a.O., S. 12.

179 Office of the Vice President, »Vice President's Remarks in a Press Availability with President Nursultan Nazarbayev of the Republic of Kazakhstan in the Presidential Palace, Astana, Kazakhstan«, 5. Mai 2006, abrufbar unter <http://www.whitehouse.gov/news/releases/2006/05/20060505-4.html>.

180 Energy Information Administration, »Country Analysis Briefs: Kazakhstan«, Washington, D.C., November 2010.

181 Lin, »The New Silk Road«, a.a.O., S. 7.

182 International Energy Agency, »World Energy Outlook 2010«, a.a.O., S. 12.

183 Vgl. Heinrich Kreft, »Neomerkantilistische Energie-Diplomatie. China auf der Suche nach neuen Energiequellen«, in: *Internationale Politik*, Februar 2006, S. 57.

184 Die unter dem Namen »Cheney Energy Task Force« bekannte Gruppe erarbeitete einen Bericht: »National Energy Policy Report of the National Energy Policy Development Group«, Washington, D.C., Mai 2001, Zitat siehe 8. Kapitel, S. 11.

185 Vgl. White House, »The National Security Strategy of the United States of America«, Washington, D.C., September 2002, S. 19 – 20, abrufbar unter <http://www.whitehouse.gov/nsc/nss/2002/index.html>.

186 Vgl. John C. K. Daly, »Questioning AFRICOM's Intentions«, in: *ISN Security Watch*, 2. Juli 2007, abrufbar unter <http://www.isn.ethz.ch/news/sw/details.cfm?id=17811>.

187 Zitiert in: Lauren Ploch, »Africa Command: U.S. Strategic Interests and the Role of the U.S. Military in Africa«, CRS Report for Congress, Congressional Research Service, Washington, D.C., 22. Juli 2011, S. 16.

188 Ebd. S. 11 – 12.

189 Ausführlicher ebd., S. 9.

190 Ebd., S. 12.

191 Vgl. Walter H. Kansteiner III und J. Stephen Morrison, »Rising U.S. Stakes in Africa: Seven Proposals to Strengthen U.S.-Africa Policy«, Bericht des Africa Policy Advisory Panel, Center for Strategic and International Studies, Washington, D.C., Mai 2004.

192 Vgl. Energy Information Administration, »Annual Energy Outlook 2007«, a.a.O., S. 71.

193 Nach den Daten der Energy Information Administration, abrufbar unter <http://www.eia.gov>.

194 Nach den Daten der Energy Information Administration, »Annual U.S. Imports from Nigeria of Crude Oil and Petroleum Products«, abrufbar unter <http://205.254.135.24/dnav/pet/hist/LeafHandler.ashx?n=pet&s=mttimusnii&f=a>.

195 Energy Information Administration, »Country Analysis Briefs: Nigeria«, Washington, D.C., August 2011.

196 Stand Januar 2011, laut *Oil and Gas Journal*, zitiert in: ebd.

197 Energy Information Administration, »Country Analysis Briefs: Angola«, Washington, D.C., August 2011.

198 Ebd.

199 Nach den Daten der Energy Information Administration, »Annual U.S. Imports from Angola of Crude Oil and Petroleum Products«, abrufbar unter <http://205.254.135.24/dnav/pet/hist/LeafHandler.ashx?n=pet&s=mttimusao1&f=a>.

200 Zitiert in: ebd.

201 Jochen Steinhilber, »Pekings Strategien der Energiesicherung in Nahost und Nordafrika«, in: *Internationale Politik und Gesellschaft (IPG)*, Nr. 4/2006, S. 80 – 104, hier S. 89.

202 Erica Strecker Downs, *China's Quest for Energy Security*, Santa Monica, CA, 2000, S. 17 – 18.

203 Steinhilber, »Pekings Strategien der Energiesicherung in Nahost und Nordafrika«, a.a.O., S. 89 – 90.

204 Vgl. Denis M. Tull, »Die Afrikapolitik der Volksrepublik China«, Stiftung Wissenschaft und Politik, Berlin, SWP-Studie S 20/2005.

205 Council on Foreign Relations, »U.S.-Latin America Relations: A New Direction for a New Reality«, Bericht einer unabhängigen Expertengruppe, New York 2008, S. 4 – 5.

206 Vgl. Günther Maihold, »Mexiko zwischen Autonomie und Einbindung: Energiepolitik im Hinterhof der USA«, in: Günther Maihold und Jörg Husar (Hgg.): *Energie und Integration in Nord- und Südamerika*, Opladen und Farmington Hills, MI, 2010, S. 131 – 146, hier S. 142 – 143.

207 Carl Ek und Ian F. Fergusson, »Canada-U.S. Relations«, CRS Report to Congress, Congressional Research Service, Washington, D.C., 13. September 2011, S. 13 – 14.

208 Daten von 2010; vgl. ebd., S. 18.

209 Ian F. Fergusson, »United States-Canada Trade and Economic Relationship: Prospects and Challenges«, CRS Report for Congress, Congressional Research Service, Washington, D.C., 19. September 2011, S. 3.

210 Nach Angaben der kanadischen Regierung auf ihrer Website, abrufbar unter <http://www.canadainternational.gc.ca/detroit/bilat_can/energy-energie.aspx?lang=eng&view=d>.

211 Nach den Daten der Energy Information Administration, »Annual U.S. Imports from Canada of Crude Oil and Petroleum Products«, abrufbar unter <http://205.254.135.24/dnav/pet/hist/LeafHandler.ashx?n=pet&s=mttimusca1&f=a>.

212 Ek und Fergusson, »Canada-U.S. Relations«, a.a.O., S. 18, 66, 68.

213 Ebd.; vgl. auch »Tabelle 4. Die 11 erdölreichsten Länder, 2010«, S. 69.

214 Nach Angaben der kanadischen Regierung, a.a.O.

215 Darauf hat schon sehr früh hingewiesen: David Bosold, »Öldorado? Kanadas Aufstieg zur Energiemacht wird Wunschdenken bleiben«, DGAP-analyse, Deutsche Gesellschaft für Auswärtige Politik, Berlin, Juni 2009, S. 13.

216 Fergusson, »United States-Canada Trade and Economic Relationship«, a.a.O., S. 8.

217 So Hillary Clinton in ihrer Rede vor dem Commonwealth Club in San Francisco, zitiert in: Juliet Eilperin und Steven Mufson, »Obama Allies'

Interests Collide over Keystone Pipeline«, in: *The Washington Post*, 17. Oktober 2011.

218 Vgl. die Aussagen der kanadischen Regierung auf ihrer Website, a.a.O.

219 Eilperin und Mufson, »Obama Allies' Interests Collide over Keystone Pipeline«, a.a.O.

220 Samuel Huntington, *Who Are We? The Challenges to America's National Identity*, New York, NY, 2004.

221 Ausführlicher: Susanne Gratius, »Machtfaktor Hispanics? Die Folgen der lateinamerikanischen Zuwanderung für die USA und Spanien«, Stiftung Wissenschaft und Politik, Berlin, SWP-Studie S 14/2005.

222 M. Angeles Villarreal, »U.S.-Mexico Economic Relations: Trends, Issues, and Implications«, CRS Report for Congress, Congressional Research Service, Washington, D.C., 24. Februar 2011, S. 2, 4 – 5.

223 Maihold, »Mexiko zwischen Autonomie und Einbindung«, a.a.O., S. 132.

224 Ebd. S. 133.

225 Council on Foreign Relations, »U.S.-Latin America Relations«, a.a.O., S. 50.

226 Nach den Daten der Energy Information Administration, »Annual U.S. Imports from Venezuela of Crude Oil and Petroleum Products«, abrufbar unter <http://205.254.135.24/dnav/pet/hist/LeafHandler.ashx?n=pet&s=mttimusve1&f=a>.

227 Nick Paton Walsh, »Moscow Snubs US to Sell Arms to Venezuela«, in: *The Guardian*, 28. Juli 2006.

228 So Dennis Blair, Director of National Intelligence, in einer Anhörung vor dem Kongress: U.S. Senate Select Committee on Intelligence, »Annual Threat Assessment of the US Intelligence Community«, 2. Februar 2010, S. 33, abrufbar unter <http://www.dni.gov/testimonies/20100202_testimony.pdf>.

229 Mark P. Sullivan, »Venezuela: Issues in the 111th Congress«, in: CRS Report for Congress, Congressional Research Service, Washington, D.C., 24. November 2010, S. 32.

230 »Russia to Build Nuclear Power Station in Venezuela«, in: *Reuters*, 15. Oktober 2010.

231 »Iran Helps Venezuela Find Uranium Deposits«, in: *BBC Monitoring Caucasus*, 26. September 2009, zitiert in: Mark P. Sullivan, »Venezuela. Issues in the 111th Congress« a.a.O., S. 40.

232 Ebd., S. 39.

233 Vgl. Kerry Dumbaugh und Mark P. Sullivan: »China's Growing Interest in Latin America«, CRS Report for Congress, Congressional Research Service, Washington, D.C., 20. April 2005, S. 4.

234 Juan Forero, »China's Oil Diplomacy Lures Latin America«, in: *The New York Times*, 2. März 2005.

235 Vgl. Andy Webb-Vidal, »US to Look into Venezuela Oil Supply Reliance«, in: *Financial Times*, 13. Januar 2005.

236 Council on Foreign Relations, »U.S.-Latin America Relations«, a.a.O., S. 51.

237 Energy Information Administration, »Country Analysis Briefs: Venezuela«, Washington, D.C., März 2011, S. 6.

238 Vgl. Hans-Jürgen Burchardt, »Das soziale Elend des Hugo Chávez: Die Wirtschafts- und Sozialpolitik der Fünften Republik«, in: Oliver Diel und Wolfgang Muno (Hgg.), *Venezuela unter Chávez – Aufbruch oder Niedergang?*, Frankfurt/Main, S. 99 – 125.

239 Energy Information Administration, »Country Analysis Briefs: Venezuela«, a.a.O., S. 7.

240 Vgl. Oliver Buchholz, »Venezuela. Dreh- und Angelpunkt der hemisphärischen Energiebeziehungen«, in: Günther Maihold und Jörg Husar (Hgg.), *Energie und Integration in Nord- und Südamerika*, Opladen und Farmington Hills, MI, 2010, S. 241 –261, hier S. 250.

241 Dennis Blair in einer Anhörung vor dem Kongress am 2. Februar 2010, a.a.O., S. 32.

242 Vgl. Klaus Bodemer, »›Petropolitics‹: politischer Diskurs, Geopolitik und ökonomisches Kalkül in den Beziehungen zwischen Venezuela und den Vereinigten Staaten«, in: *Lateinamerika Analysen*, 16 (2007) 1, S. 169 – 201, hier S. 186, 198.

243 Siehe Luiz Inácio Lula da Silva, »Globales Regieren: Die Herausforderung der nachhaltigen Entwicklung und die Rolle der Biotreibstoffe«, in: Günther Würtele (Hg.), *Machtworte. Wirtschaftslenker und Staatsmänner stellen sich den Fragen der Zukunft*, Frankfurt/Main 2007, S. 59 – 70.

244 Detlef Nolte und Christina Stolte, »Brasilien: Das grüne Saudi-Arabien?«, in: Braml et al., *Weltverträgliche Energiesicherheitspolitik*, a.a.O., S. 152 – 159, hier S. 153.

245 Ebd., S. 152; »Alcohol Starts to Make a Comeback«, in: *Latin American Weekly Report*, 24. September 2002.

246 Nolte und Stolte, »Brasilien: Das grüne Saudi-Arabien?«, a.a.O., S. 153.

247 Gerd Kohlhepp, »Der Biokraftstoff Ethanol. Ein Schwerpunkt der Produktion erneuerbarer Energien in Brasilien«, in: *Tópicos*, Nr. 2/2011, S. 27 bis 29, hier S. 27.

248 Dumbaugh und Sullivan, »China's Growing Interest in Latin America«, a.a.O., S. 3.

249 Nach den Daten der Energy Information Administration, »Annual U.S. Imports from Brazil of Crude Oil and Petroleum Products«, abrufbar unter <http://205.254.135.24/dnav/pet/hist/LeafHandler.ashx?n=pet&s=mttimusbr1&f=a>.

250 Peter J. Meyer, »Brazil-U.S. Relations«, CRS Report for Congress, Con-

gressional Research Service, Washington, D.C., 29. Juli 2011, S. 22; »The Next Oil Giant«, in: *The Economist*, 19. März 2011.

251 Stand: 2010; laut Energy Information Administration, »Country Analysis Briefs: Brazil«, Washington, D.C., Januar 2011.

252 José Sergio Gabrielli de Azevedo, zitiert in: Alexander Busch und Dirk Heilmann, »Gewaltiger Ölfund. Brasilien wird bedeutender Ölexporteur«, in: *Handelsblatt*, 14. November 2007.

253 Energy Information Administration, »Country Analysis Briefs: Brazil«, a.a.O.

254 José Sergio Gabrielli de Azevedo, zitiert in: Busch und Heilmann, »Gewaltiger Ölfund«, a.a.O.

255 U.S. Department of State, »Memorandum of Understanding between the U.S. and Brazil to Advance Cooperation on Biofuels«, Washington, D.C., 9. März 2007, abrufbar unter <http://www.state.gov/p/wha/rls/158654.htm>.

256 »Brazilian Brew. America Opens Up to Brazilian Ethanol«, in: *The Economist*, 7. Januar 2012.

257 Detlef Nolte und Christina Stolte, »Machtressource Bioenergie: Eine neue strategische Partnerschaft zwischen Brasilien und den USA«, GIGA Focus Nr. 3, Hamburg 2007.

258 Ausführlicher ebd.

259 Nur über den Umweg karibischer Staaten, die über Handelsvereinbarungen (wie die *Caribbean Basin Initiative* oder das *Central American Free Trade Agreement*) Sondervereinbarungen mit den USA haben, konnte dort verarbeitetes, aus Brasilien stammendes Ethanol ohne Importzölle in die USA eingeführt werden.

Amerikas neue Energie?

1 Siehe zum Beispiel Jan H. Kalicki und David L. Goldwyn (Hgg.), *Energy and Security. Toward a New Foreign Policy*, Washington, D.C., 2005, S. 7.

2 Die dem Pentagon nahestehende *RAND Corporation* schätzt, dass etwa 12 bis 15 Prozent des jährlichen Verteidigungshaushalts eingespart werden könnten, wenn man allein die Sorge um die Sicherung der Ölimporte aus dem Persischen Golf nicht hätte. Vgl. Keith Crane, Andreas Goldthau, Michael Toman, Thomas Light, Stuart E. Johnson, Alireza Nader, Angel Rabasa und Harun Dogo, »Imported Oil and U.S. National Security. Does Imported Oil Threaten U.S. National Security?«, Research Brief, Rand Corporation, Washington, D.C./Santa Monica, CA, 2009, Summary, S. XV.

3 Vgl. Juliet Eilperin, »Military Sharpens Focus on Climate Change«, in: *The Washington Post*, 15. April 2007, S. A06.

4   Vgl. CNA Corporation, »National Security and the Threat of Climate Change«, Alexandria, VA, 2007, abrufbar unter <http://securityandclimate.cna.org/report/National%20Security%20and%20the%20Threat%20of%20Climate%20Change.pdf>.

5   Für einen Überblick siehe Pew Center on Global Climate Change, »Adaptation Planning – What U.S. States and Localities are Doing«, Washington, D.C., abrufbar unter <http://www.pewclimate.org/docUploads/State_Adapation_Planning_final8%2008%2007.pdf>.

6   Zitiert in: Juliet Eilperin, »Obama Pulls Back Proposed Smog Standards in Victory for Business«, in: *The Washington Post*, 2. September 2011.

7   Barack Obama, »Renewing American Leadership«, in: *Foreign Affairs*, Juli/August 2007, S. 2f.

8   Mitt Romney, »Rising to a New Generation of Global Challenges«, in: *Foreign Affairs*, Juli/August 2007, S. 17f.

9   Siehe zum Beispiel: Perry Bacon Jr., »Rick Perry Calls for Increased Oil and Energy Production to Reboot U.S. Economy«, in: *The Washington Post*, 14. Oktober 2011.

10 Siehe zum Beispiel: »CNBC Republican Debate: Rick Perry, Rick Santorum on Energy Policy«, in: *NewHampshirePrimary.blogspot.com*, 10. November 2011, abrufbar unter <http://newhampshireprimary.blogspot.com/2011/11/cnbc-republican-debate-rick-perry-rick.html>.

11 Newt Gingrich, zitiert in: Bruce Smith, »Gingrich Says Energy Policy Must Change. Development of Domestic Fuel Offshore is Key«, in: *Associated Press*, 14. Juli 2011.

12 Council on Foreign Relations, »National Security Consequences of U.S. Oil Dependency«, a.a.O., S. 8.

13 International Energy Agency, »World Energy Outlook 2010«, a.a.O., S. 10.

14 Vgl. Elhefnawy, »Toward a Long-Range Energy Security Policy«, a.a.O., S. 101 – 114.

Was sollten Deutschland und Europa tun?

1   Ausführlicher: Joachim Krause, »Multilateralismus in der Sicherheitspolitik – europäische und amerikanische Sichtweisen«, in: Johannes Varwick (Hg.), *NATO – EU. Partnerschaft, Konkurrenz, Rivalität?*, Opladen 2005, S. 219 – 238; siehe auch Thomas Risse, »The Crisis of the Transatlantic Security Community«, in: Kostas Ifantis, Dimitris Bourantonis und Panayotis Tsakonas (Hgg.), *Multilateralism and Security Institutions in an Era of Globalization*, London/New York 2008, S. 78 – 100; Reinhard C. Meier-Walser (Hg.), *Die Außenpolitik der USA. Präsident Obamas neuer*

Kurs und die Zukunft der transatlantischen Beziehungen, München, 2009, S. 12.

2 Carlo Masala, »Möglichkeiten einer Neuorientierung deutscher Außen- und Sicherheitspolitik«, in: *Internationales Magazin für Sicherheit*, Nr. 5/ 2008, S. 12 – 25.

3 Umfrage vom 25. Mai bis 17. Juni 2011; German Marshall Fund of the United States, »Transatlantic Trends 2011«, Topline Data, Brüssel, Juli 2011, S. 69.

4 John B. Bellinger III, »Will Drone Strikes Become Obama's Guantanamo?«, in: *The Washington Post*, 3. Oktober 2011.

5 Clinton, »America's Pacific Century«, a.a.O.

6 Siehe Punkt 29 der Erklärung der Staats- und Regierungschefs, »Gipfeltreffen in Pittsburgh vom 24./25. September 2009«, Übersetzung der Bundesregierung, S. 21 – 22, abrufbar unter <http://www.bundesregierung.de/ nsc_true/Content/DE/StatischeSeiten/Breg/G8G20/Anlagen/G20-erklaerung-pittsburgh-2009-de,property=publicationFile.pdf/G20-erklaerung-pittsburgh-2009-de>.

7 Eine von den Regierungschefs der G20-Staaten in Auftrag gegebene Analyse der Internationalen Energie-Agentur verdeutlicht, »dass die Abschaffung der staatlichen Subventionen auf die Nutzung fossiler Brennstoffe, die sich 2009 auf 312 Milliarden USD beliefen, erhebliche Beiträge zur Energieversorgungssicherheit sowie zu Umweltschutzzielen wie der Verringerung von Kohlendioxid- und anderen Emissionen leisten könnte«. Siehe International Energy Agency, »World Energy Outlook 2010«, a.a.O., Zusammenfassung, S. 4.

8 Vgl. International Energy Agency, *Energy Policies of IEA Countries*, Paris 2006, S. 179.

9 International Energy Agency, »World Energy Outlook 2010«, a.a.O., S. 10 – 11.

10 Gellner, *Ideenagenturen für Politik und Öffentlichkeit*, a.a.O.

11 Claus Leggewie, *Der Geist steht rechts. Ausflüge in die Denkfabrik der Wende*, Berlin 1987.

12 Diesen Begriff prägte der Historiker Reinhart Koselleck, »Einleitung«, in: Otto Brunner, Werner Conze und Reinhart Koselleck (Hgg.), *Geschichtliche Grundbegriffe*, Band 1, Stuttgart 1979, S. XV.

Register